SABINA SCHWACHENWALDE

UNGLEICH BEHANDELT

GOLDMANN

SABINA SCHWACHENWALDE

UNGLEICH BEHANDELT

Warum unser Gesundheitssystem
die meisten Menschen diskriminiert

GOLDMANN

MIX
Papier | Fördert gute Waldnutzung
FSC® C014496

Penguin Random House Verlagsgruppe FSC® N001967

1. Auflage
Originalausgabe April 2024

Redaktion: Antje Steinhäuser
Umschlag: Uno Werbeagentur, München
Umschlagmotiv: © FinePic®, München
Satz: Mediengestaltung Vornehm GmbH, München
Druck und Bindung: GGP Media GmbH, Pößneck
Printed in Germany
EB · CF
ISBN 978-3-442-31687-8

www.goldmann-verlag.de

Inhalt

Vorbemerkung zu Sprache, Begriffen und Konzepten

Bevor es losgeht, kurz ein paar Erklärungen zu Begriffen und (Sprach-)Konzepten, die ich im Buch verwende – wer direkt mit dem Lesen beginnen möchte, kann natürlich auch einfach bei Bedarf zu diesem kleinen Glossar zurückblättern. Ich habe mich in diesem Buch um eine inklusive und sensible Sprache bemüht. Das bedeutet, Menschen so zu nennen, wie sie genannt werden möchten, und Menschen nicht unerwähnt zu lassen, die zu oft unsichtbar gemacht werden. Es werden euch folgende Formulierungen begegnen:

- **Ableismus; ableistisch:** kommt vom englischen Wort *to be able*, was so viel heißt wie fähig sein, und beschreibt die Diskriminierung aufgrund von Behinderung und/oder chronischer Krankheit.[1]
- **Behinderung; behindert:** Ich spreche von *Menschen mit Behinderung* oder *behinderten Menschen* als neutrale (Selbst-) Bezeichnung und erkenne die soziale Dimension des Behindert-Werdens durch gesellschaftliches Stigma und Teilhabebarrieren an, die eine Beeinträchtigung zu einer Behinderung machen.[2] Genauso wird die Bezeichnung *Menschen mit Lernschwierigkeiten* von Betroffenen als Bezeichnung gefordert.[3] Der Begriff *Krüppel* (oder englisch: *crip*) wird als

emanzipatorische Selbstbezeichnung verwendet, die nichtbehinderte Menschen nicht als Fremdbezeichnung benutzen sollten. Ich orientiere mich an den Empfehlungen des Projektes *Leidmedien.*[4]

- **Binarität; (nicht-)binär:** Der Begriff bezieht sich hier auf das gesellschaftliche Geschlechtersystem, in dem davon ausgegangen wird, dass es nur zwei gegensätzliche Geschlechter gibt: Frau und Mann. Viele Menschen, zum Beispiel inter* oder nicht-binäre Personen, passen nicht in dieses System und erfahren dadurch gesellschaftliche Ausschlüsse.[5]
- **Cis:** Wer sich mit dem Geschlecht identifiziert, das bei der Geburt anhand von Genitalien zugewiesen wurde, wird als *cis* bezeichnet. Das Adjektiv *cis* ist das Gegenstück zu *trans**, wer sich also zum Beispiel als Frau identifiziert und auch bei der Geburt in die Kategorie *weiblich* eingeteilt wurde, ist eine cis Frau.
- **Dekolonialisierung; dekolonial bzw. Postkolonialismus; postkolonial:** Die Begriffe stehen für Ansätze, die dem Kolonialismus kritisch gegenüberstehen und seinen fortdauernden Einfluss überwinden möchten.[6] Dabei geht es auch um die Sichtbarmachung von und den Kampf gegen koloniale Strukturen, die bis zum heutigen Tag andauern.
- **Disability:** Das englische Wort für Behinderung ist *Disability*, im Buch begegnet es uns, wenn es um Aktivist*innen aus der (englischsprachigen) Behindertenrechtsbewegung geht.
- **Diskriminierung:** Damit sind sowohl Herabwürdigung und Belästigung auf individueller als auch Benachteiligung auf struktureller Ebene gemeint.
- **Feminismus; feministisch:** Verschiedene Formen von Diskriminierung können nur schwer getrennt voneinander betrachtet werden, sondern sie sind sogar eng miteinander

verflochten. Anders formuliert: Sie überkreuzen (engl.: *to intersect*) und verstärken sich gegenseitig, wie es die US-amerikanische Juristin Kimberlé Crenshaw formuliert hat. Sie gilt als Begründerin des sogenannten *intersektionalen Feminismus*, auf dessen Grundidee ich mich in diesem Buch beziehe.[7,8] Diese Form des Feminismus steht dafür ein, dass verschiedene gesellschaftlich unterdrückte Gruppen nicht gegeneinander um mehr Rechte kämpfen, sondern gemeinsam und solidarisch füreinander einstehen.

- **Klassismus; klassistisch:** beschreibt die Diskriminierung aufgrund von sozialer Herkunft und Einkommen.
- **Marginalisierung; marginalisiert:** Oft spreche ich von *marginalisierten Menschen*, was vom lateinischen Wort *margo* für Rand kommt. Es geht dabei um alle, die in der Gesellschaft, und eben auch in der Medizin, nicht im Mittelpunkt stehen, sondern an die Seite gedrängt werden.
- **Misogynie; misogyn:** Das Wort steht im engeren Sinne für Frauenhass und bezeichnet im weiteren Sinne die Abwertung von allen weiblichen und femininen (wahrgenommenen) Menschen.[9]
- **Patriarchat; patriarchal:** bezeichnet eine Gesellschaftsordnung, in der in allen Bereichen überwiegend Männer die Macht haben.
- **Queersein/Queerness; queer:** Wenn ich die Selbstbezeichnung *queere Menschen* benutze, dann meine ich damit Menschen, die vielfältige Geschlechtsidentitäten, Beziehungskonzepte und sexuelle Orientierungen haben, die jenseits der gesellschaftlich gesetzten Norm liegen.[10] Viele verbinden den Begriff auch mit einer politischen Haltung, die eben diese *Heteronormativität*, also den gesellschaftlichen Standard von romantischen Beziehungen ausschließlich zwi-

schen Frauen und Männern, hinterfragt. *Trans* Menschen* identifizieren sich, anders als *cis Menschen*, nicht mit dem Geschlecht, das ihnen bei der Geburt von außen zugewiesen wurde. *Intergeschlechtliche* oder *inter* Menschen* entsprechen nicht der medizinischen festgelegten Norm von männlichen oder weiblichen Körpern, sondern einem breiten Spektrum dazwischen. *Nicht-binäre Menschen* finden sich selbst nicht wieder im *binären Geschlechtersystem*, also in der Annahme, es gäbe nur Frauen und Männer. Manchmal wird auch eine Abwandlung der Abkürzung *LSBTIQ** verwendet, die für *Lesben, Schwule, Bisexuelle, trans*-, intergeschlechtliche und queere Menschen* steht.

- **Rassismus; rassifiziert:** *Menschen, die negativ von Rassismus betroffen sind*, bezeichne ich nach dem Vorbild zum Beispiel von Şeyda Kurt als *rassifiziert*,[11] um das soziale Konstrukt, das zur Diskriminierung führt, sichtbar zu machen. Denn es gibt keine menschlichen »Rassen«, Rassismus aber sehr wohl. Außerdem verwende ich die Schreibweise Schwarz/*weiß*,[12] wie es die *Initiative Schwarzer Menschen in Deutschland* vorschlägt,[13] um deutlich zu machen, dass es hier nicht um Hautfarben, sondern um gesellschaftliche Positionen geht. In manchen Zitaten wird auch die Abkürzung *Bi_PoC* verwendet, die für die englische Selbstbezeichnung *Black, indigenous, _ und People of Color* steht.[14] Bei anderen Formulierungen orientiere ich mich an den Empfehlungen der *Neuen deutschen Medienmacher*innen*.[15]
- **Repräsentativ:** ist ein (ungenauer) Begriff aus der Statistik. Er bedeutet, von der Stichprobe, die in einer Studie untersucht wurde, kann auf eine größere Menge geschlossen werden. Eine (vermutlich) repräsentative Datenmenge liegt zum Beispiel vor, wenn für eine Befragung eine Gruppe

an Menschen in Deutschland ausgewählt werden, die in ihrer Zusammenstellung der Gesamtgesellschaft entspricht.

- **Statistisch signifikant:** Eine Formulierung aus dem Bereich der Statistik, die manchmal bei der Erwähnung von Studienergebnissen auftaucht, ist *signifikant*. Das bedeutet, dass die Unterschiede, die in einer Studie festgestellt wurden – zum Beispiel zwischen verschiedenen Patient*innengruppen – nicht zufällig sind. Unter Forschenden wurde sich darauf geeinigt, erst ab einer Irrtumswahrscheinlichkeit von unter 5 Prozent (also einem sogenannten p-Wert von 0,05) von signifikanten Ergebnissen zu sprechen, manche Studien weichen aber auch etwas hiervon ab.[16]

Das Konstrukt eines binären Geschlechtersystems möchte ich sprachlich aufbrechen durch die Verwendung von *geschlechtersensibler Sprache*, die allen Geschlechtern einen Platz einräumt. Dabei orientiere ich mich an den Empfehlungen des Projektes *Genderleicht* des *Deutschen Journalistinnenbunds.*[17] Menschen sollen, wenn es um sie geht, explizit mitgenannt werden, denn mitgemeint ist nicht mitgedacht, wie Studien belegen.[18–21] Hierzu benutze ich das *Gendersternchen* in Formulierungen wie »Patient*innen«, wobei der Stern eine Lücke im Wort erzeugt, um so Platz für andere Geschlechter jenseits von Frau und Mann zu machen. Mir ist mit der Zeit klar geworden: Auch ich selbst fühle mich nicht recht wohl damit, wenn ich von anderen als Frau bezeichnet werde, weshalb ich für mich selbst die Schreibweise mit Genderstern, also zum Beispiel Ärzt*in, Autor*in oder Aktivist*in bevorzuge. Wenn jemand über mich spricht und das Pronomen *sie* verwendet, finde ich das okay, am liebsten benutze ich aber gar kein Pronomen oder meinen Namen. Wenn ich Expert*innen und Betroffene zitiere, verwende ich jeweils die Pronomen, die sie selbst für sich benutzen, weshalb ihr an manchen Stellen zum Beispiel Formulierungen wie *sie**, *er** oder *sier* lesen werdet. Außerdem werden euch in Zitaten auch andere Formen der geschlechtersensiblen Sprache begegnen, zum Beispiel mit Unterstrich (»Patient_innen«) oder Doppelpunkt (»Patient:innen«).

Wenn möglich, möchte ich Menschengruppen und Sachverhalte konkret und korrekt benennen. Wenn es also zum Beispiel um das Thema Geburt geht, wäre es falsch, pauschal von Frauen zu sprechen, da zum Beispiel auch trans* Männer und nicht-binäre Menschen gebären können. Hier könnte eine Formulierung heißen: *Menschen, die schwanger werden können* oder *Menschen mit Uterus*. Ebenso ist es ungenau, von *Menschen mit Migrationshintergrund* zu sprechen,[22] wenn es eigentlich um das Benennen von Rassismus geht, denn es gibt Menschen, die seit vielen Generationen in Deutschland leben und trotzdem rassifiziert werden, und solche, die als *weiße* Einwanderer nicht der gleichen Diskriminierung ausgesetzt sind.

Und noch ein Wort zu den Endnoten: Das Quellenverzeichnis zu diesem Buch ist online einzusehen unter www.penguin.de/schwachenwalde-ungleich

Einleitung

Eine meiner frühen Kindheitserinnerungen ist eine Situation in Leuchtstoffröhrenlicht, das auf weiße Fliesen fällt, ein mechanisches Surren im Hintergrund, und der Geruch von Blut liegt in der Luft. Ich sitze an einem Tisch und male Bilder mit Buntstiften, später darf ich in die Kühlkammer schauen, ein eiskalter Raum voll roter Flüssigkeit in Plastikbeuteln. Meine Mutter arbeitete als medizinisch-technische Assistentin im Labor des Blutspendediensts und nahm mich manchmal dorthin mit, wenn sie am Wochenende oder nachts arbeiten musste. Manchmal begleitete ich auch meine Tante zu ihrer Arbeit, sie war Pflegerin in der Sterbebegleitung. Die Menschen, die sich in ihren letzten Lebenswochen befanden, freuten sich immer, wenn ich zu ihnen ins Zimmer kam, um die Pflanzen zu gießen, und ich fand nichts Ungewöhnliches daran, mich mit ihnen zu unterhalten. Vielleicht habe ich es meiner Familie und diesen frühen Kontakten mit dem Gesundheitssystem zu verdanken, dass ich am Ende beruflich selbst dort gelandet bin.

Während meiner Ausbildung im Rettungsdienst und später im Medizinstudium merkte ich aber mit der Zeit, dass in diesem System einiges schiefläuft. Besonders deutlich wurde mir das bewusst, seit ich nicht nur Ärzt*in, sondern selbst auch Patient*in bin. Es ist oft die Rede davon, dass wir in Deutschland eines der besten Gesundheitssysteme der Welt hätten. Da frage ich mich: das beste System für wen genau? Und kann medizinischer Fortschritt das einzige Kriterium für eine Medizin sein, die wir als »modern« bezeichnen, obwohl sie so konservativ und rückschrittlich sein kann? Kann ein System, das die meisten Menschen diskriminiert, wirklich als gut bezeichnet werden? Die Medizin ist nämlich nur auf einen sehr spezifischen Standard von Mensch ausgerichtet, wer aber nicht in die definierten Gesellschafts-, Geschlechter-, Begehrens- oder Körpernormen passt, wird nicht nur vernachlässigt, sondern sogar gefährdet.

Darum müssen wir über Diskriminierung sprechen: Es geht um unsere Gesundheit, und manchmal geht es um Leben und Tod. Gesellschaftliche Benachteiligung bedeutet gesundheitliche Benachteiligung, marginalisierte Menschen leben kränker und sterben früher. Weil sie dem Dauerstress der Diskriminierung ausgesetzt sind, weil ihnen ihre Beschwerden nicht geglaubt werden, weil sie gewaltvoll in Normen gezwängt werden, weil uns die Daten und das Wissen über sie fehlen, weil sie *ungleich behandelt* werden. Bestimmte Patient*innen haben es besonders schwer im Patriarchat, das fiel mir mehr und mehr auf, im Hörsaal und im Behandlungszimmer, anhand von Sprüchen und Vorschriften, durch Erlebnisse und Erzählungen. Warum sprechen wir nicht häufiger und nachdrücklicher darüber, dass manche Körper weniger beachtet, weniger umsorgt, weniger geschützt werden, während für andere alles denkbar Mögliche getan wird? Dass manches Sterben hingenommen wird, während um anderes Überleben gekämpft wird? Und warum ist das so? Das wollte ich herausfinden.

Die Rechercheriese führte mich von mittelalterlicher Misogynie und den Posterboys der Medizingeschichte über koloniale Kontinuität und Gendermedizin bis hin zu Aktivismus und Arbeitskämpfen. Besonders viel lernen konnte ich von den vielen engagierten Menschen, die sich tagtäglich für eine gerechtere Gesundheit einsetzen, sei es kämpferisch auf der Straße, aufklärend bei Podiumsdiskussionen, einfühlsam im Patient*innenkontakt oder kreativ im Netz. Denn ich bin nur eine Person von vielen, die versuchen, auf dieses Thema aufmerksam zu machen. Für die Inspiration, den Status quo zu hinterfragen, für das nötige Empowerment, die Verhältnisse nicht länger hinzunehmen, und nicht zuletzt für das ungeahnte Wissen, das die Schwarmintelligenz zutage förderte, war die unverzichtbare Grundlage unser Verein *Feministische Medizin*, den ich 2020 zusammen mit anderen kritischen Menschen aus dem Gesundheitssystem gegründet habe. Der Verein und vor allem die tollen Menschen, die ihn ausmachen, haben mir den nötigen Mut gegeben, meine feministischen Überzeugungen nicht länger aus dem Medizinkontext herauszuhalten, zu lange biss ich mir auf die Zunge und nickte freundlich – damit ist jetzt Schluss. Denn krank machende Verhältnisse zu bekämpfen, ist die beste Gesundheitsprävention, und Feminismus ist die beste Medizin in einem diskriminierenden System.

Um das zu belegen und zu veranschaulichen, habe ich in diesem Buch wissenschaftliche Erkenntnisse und feministische Konzepte versammelt, viele traurige »Fun Facts« und Expert*innenstimmen. Ich möchte nicht nur Zahlen nennen (was manchen vielleicht zu trocken wäre), sondern auch Geschichten erzählen (was andere vielleicht zu unsachlich finden). Beide Wissensformen haben ihre Berechtigung und ergänzen sich gegenseitig. Schließlich sind es oft Geschichten, die von immer mehr Menschen erzählt werden, Erfahrungen, die von immer mehr Menschen geteilt werden, die zur Erhebung von Daten und Untersuchungen von Zusammenhängen führen. Wo ich eigene Erfahrungen habe, erzähle ich von ihnen, wo nicht, möchte ich Betroffene zu Wort kommen lassen oder erzähle aus beobachtender Perspektive. Dabei ist der Grat zwischen solidarischer Thematisierung und Aneignung sicherlich manchmal sehr schmal. Denn manche Formen der Diskriminierung erlebe ich selbst, andere betreffen mich nicht.

Ich schreibe aus der Perspektive einer queeren, von außen meist weiblich gelesenen Person mit chronischer Erkrankung, die aus einem nicht-akademischen ostdeutschen Familienhintergrund kommt. Gleichzeitig bin ich privilegiert unter anderem als junge, *weiße* Person, die einen Universitätsabschluss machen durfte und einen deutschen Pass hat. Sicherlich werde ich beim Schreiben nicht alles richtig machen und möchte im Buch auch reflektieren, an welchen Stellen ich Teil des Problems, weil Teil des Systems bin. Ich beanspruche nicht, stellvertretend für andere Betroffene zu sprechen, und erhebe keinen Anspruch auf Vollständigkeit. Wenn ich von Medizin und Gesundheitssystem spreche, beziehe ich mich vor allem auf Daten und Diskurse aus dem deutschsprachigen Raum, wo nötig, greife ich auf Studien aus anderen Ländern zurück. Dass es dabei hauptsächlich um die sogenannte »westliche Schulmedizin« geht, liegt schlicht daran, dass ich in diesem System fachlich ausgebildet (und sozialisiert) wurde und meine Einblicke dementsprechend aus diesem Bereich stammen. Das soll aber nicht heißen, dass dieses System das einzig nennenswerte oder richtige wäre, um mit Krankheit umzugehen – im Gegenteil. Bei all seinen Errungenschaften für unsere Gesundheit soll es ja um einen kritischen Blick auf die negativen Seiten ebendieses Systems gehen. Verschiedene Systeme zu vergleichen, hätte wohl leider den Rahmen gesprengt, und natürlich gibt es noch viele weitere Zusammenhänge und Formen der Diskriminierung, wie etwa Alters- oder Gewichtsdiskriminierung, auf die ich nicht genauer eingehe.

Eine kurze Triggerwarnung möchte ich aussprechen, an vielen Stellen geht es um schwierige Themen wie Menschenfeindlichkeit, Gewalt, Selbstmord und Tod. Passt beim Lesen gut auf euch auf und sprecht mit jemandem darüber, wenn alte oder aktuelle Traumata hochkommen. Auch ich brauchte beim Schreiben ab und zu ein wenig Abstand von einer deprimierenden Datenlage. Insgesamt hat mir aber die Arbeit am Buch viel Freude bereitet und vor allem einen Sinn gegeben, um während meiner langen und bis heute andauernden Post-Covid-Erkrankung nicht den Mut zu verlieren. Gleichzeitig hat genau diese Erkrankung inklusive Brain Fog und anfänglichen Kopfschmerzen das Schreiben manchmal sehr herausfordernd gestaltet. Umso froher bin ich, nach all der langen Zeit nun diesen Text mit euch, liebe Lesende, teilen zu können. Ich hoffe sehr, dass dieses Buch Diskussionen anstößt, Debatten anregt, dass wir ins Reden und dann vor allem ins Handeln kommen.

1. Hierarchie und Heilkunde
Die Urenkel*innen der Hexen

»Die feministische Agenda ermutigt Frauen dazu, ihre Ehemänner zu verlassen, ihre Kinder zu töten, Hexerei zu praktizieren, den Kapitalismus zu zerstören und lesbisch zu werden.«[1]

Pat Robertson

Auf einer ärztlichen Fortbildung für Geburtshilfe unterhielt ich mich beim Small Talk in der Pause mit einer Kollegin. Ich erzählte ihr, das viele Namedropping von ausschließlich cis männlichen Professoren und deren Erfindungen und Entdeckungen ärgere mich an der Fortbildung. Vor allem, wenn es um Uterus, Eierstöcke und Co. geht, kommt es mir immer so befremdlich vor, wie in Power-Point-Präsentationen Bilder von bärtigen Männern, von Menschen ohne Uterus, auftauchen, die bis heute als die ursprünglichen Experten für Geburt zelebriert werden. Es erinnert mich an das Bild der ehemaligen Chefärzte der Klinik für Geburtshilfe auf dem Flur vor dem Kreißsaal in der Charité: ein Mosaik aus ebenso aussehenden Männern, die ersten noch als Schwarz-Weiß-Bilder, später in Farbe. Meine Kollegin blickte mich nach meinem Kommentar ungläubig an und erwiderte, dass die Geburtshilfe ja nun einmal ein klassisch männlicher Beruf sei, unter anderem, weil Frauen körperlich nicht stark genug dafür sind. Mir sind fast die Catering-Häppchen aus dem Mund gefallen, derart schockiert muss ich sie angeschaut haben. Aber vielleicht sollte es mich gar nicht so sehr überraschen, diese internalisierte Misogynie aus dem Mund einer jungen Ärztin zu hören. Schließlich gibt sie nur wieder, was ihr und mir beigebracht wurde: Medizin ist männlich.

Macht und Medizinelite

Die Machtverteilung in der Medizin folgt immer noch klassistischen und elitären Prinzipien. Wer heute das Sagen über unsere Gesundheit hat, ist meist *weiß*, cis-männlich, heterosexuell, nicht-behindert und finanziell privilegiert. In Gesundheitsberufen machen Frauen zwar 75 Prozent der Beschäftigten aus, Entscheidungsträgerinnen sind aber nur ein Bruchteil von ihnen.[2] Sie arbeiten besonders häufig in den schlechter bezahlten und weniger anerkannten Jobs wie der Pflege, während die besser bezahlten ärztlichen Stellen eher männlich besetzt sind, vor allem je weiter oben in der Hierarchie wir nachschauen.[2] An den 35 deutschen Universitätskliniken sind die Führungspositionen der Lehrstühle, Klinikdirektionen und Abteilungsleitungen durchschnittlich nur zu 13 Prozent von Frauen besetzt, in Würzburg, Magdeburg und Homburg beträgt der Frauenanteil in Spitzenpositionen sogar sagenhafte 0 Prozent. Das fand eine Studie des *Deutschen Ärztinnenbundes* 2019 heraus. »Aktuell wird durch die Besetzung von 87 Prozent der Führungspositionen durch Männer die klinische universitäre Medizin von Männern geprägt. In diesen Führungspositionen werden therapeutische Konzepte, medizinische Meinungsbildungen, Strategien in der studentischen Lehre, Personalpolitik, Außendarstellung usw. gestaltet«[3] heißt es in der Studie. In kaum einer Disziplin ist die Diskrepanz zwischen dem Frauenanteil unter Studierenden gegenüber dem in Führungspositionen so stark wie in der Medizin.[4] Dazu erklärt Mattis Manke, Bundeskoordinator für medizinische Ausbildung in der *Bundesvertretung der Medizinstudierenden in Deutschland* (bvmd), in einem Interview: »Studentinnen werden auch in Forschung und Lehre durch männliche Gatekeeper unbewusst benachteiligt: Schlüsselpositionen in Wissenschaftsredaktionen sind hauptsächlich von Männern besetzt, die wiederum Männer fördern.«[5]

Ich erinnere mich noch gut an meinen allerersten medizinischen Fachkongress, den ich 2018 besucht habe. Als Student*in durfte ich erste eigene Forschungsdaten, die ich für meine Doktorarbeit gesammelt hatte, bei einem kurzen Vortrag vorstellen. Auf der Tagung trifft sich regelmäßig die Szene der Gynäkologie und Geburtshilfe, um sich fachlich auszutauschen und zu vernetzen. Meine Aufregung war groß, einige Namen aus dem Programm waren mir aus dem Studium und Fachartikeln bekannt, ich stellte mir vor, wie sich wichtige Menschen aus der Fachwelt vielleicht für meine Forschungsdaten interessieren könnten. Im Laufe des Kongresses wurde mir klar, dass alles etwas anders war, als ich es mir so idealistisch vorgestellt hatte. Damals kannte ich das Wort noch nicht, aber ich machte beim Anblick der Podiumsdiskussionen das erste Mal Bekanntschaft mit »Manels« – also Panels, die ausschließlich mit Männern besetzt sind. Ich weiß nicht, warum ich so überrascht war, schließlich sah es in den Hörsälen an der Uni ähnlich aus – fast immer sind es ältere *weiße* Männer, die Fachwissen vermitteln. Aber hier, wo sie nebeneinander aufgereiht saßen, fiel mir diese Einseitigkeit plötzlich sehr auf. Dass seit Jahren diese Art von Kongressen immer wieder genau so aussehen, wird gern mit dem Argument gerechtfertigt, es gebe eben nicht genug kompetente Expertinnen, die eingeladen werden könnten. Mandy Mangler, eine der wenigen Chefärztinnen in Deutschland, hatte irgendwann genug von dieser immer gleichen Ausrede für die Unterrepräsentation von Frauen in der medizinischen Fachwelt. Darum organisierte sie 2021 kurzerhand selbst einen Kongress zu gynäkologischen Krebserkrankungen – mit ausschließlich weiblichen Referentinnen. Mit der 100-prozentigen Frauenquote wollte sie ein Zeichen setzen und zeigen: »Es gibt so viele hochqualifizierte Frauen.«[6]

Wäre der erste Kongress, an dem ich teilnahm, auch so organisiert gewesen, wären mehr Menschen wie Mangler involviert gewesen, wäre ich wahrscheinlich nicht mit einem so unguten Gefühl nach Hause gegangen. Insbesondere ein Seminar für Studierende und Berufsanfänger*innen hinterließ bei mir einen faden Beigeschmack. Der Referent sprach sehr ausführlich über die »Feminisierung der Medizin«, aus seiner Sicht ein großes Problem. Eine weitere der vielen impliziten Stimmen, dass Frauen in der Medizin nichts zu suchen haben. Ich hatte das Gefühl, mir wurde, schon bevor ich überhaupt in den Beruf eingetreten bin, signalisiert: Ich bin unerwünscht, ich gehöre dort nicht hin. Und warum? Weil ich als Mensch mit Uterus später »zum Problem« werden könnte, zumindest aus Arbeitgeber*innensicht. Dieses Gefühl verstärkte sich später bei der Jobsuche. Vor fast ausschließlich männlichen Chefärzten saß ich in den Vorstellungsgesprächen; neben übergriffigen Kommentaren zu meinem Lächeln oder Outfit und unangemessenen Fragen zu meinem Privatleben und Beziehungsstatus kam auch immer wieder der Hinweis: ich sei leider ein Risiko, weil ich ausfallen würde, wenn ich schwanger werde. Ich habe gelernt, in solchen Situationen freundlich zu lächeln und das innere »WTF?!« zu ignorieren. Später aber, je mehr ich darüber nachdachte, desto wütender wurde ich. All die harte Arbeit, all das jahrelange Lernen, Wiederholen, Üben, Untersuchen, Pipettieren, Wiederholen, Aufzeichnen, Mitschreiben, Wiederholen, Präparieren, Nachfragen, Wiederholen, Vorbereiten, Nachbereiten, Wiederholen … all die Leistungen meines Gehirns sind am Ende doch nie ganz so viel wert, weil ich einen Uterus habe. Zumindest war das die Botschaft, die mir meine potenziellen Vorgesetzten vermittelten. Die Studierendeninitiative *Kritische Medizin München* schreibt dazu: »Die Ursache für den Mangel an Ärztinnen im Krankenhaus liegt (…) nicht in ihrem fehlenden Interesse an dem Beruf. Stattdessen begegnen sie tagtäglich einem hierarchischen und patriarchalen Berufsalltag. (…) Die Forderung nach einer Work-Life-Balance und die Absage an eine 90-Stunden-Woche sind weder neu, revolutionär noch frauenspezifisch.«[4] Nebenbei bemerkt, sind unsere Arbeitsbedingungen für menschliche Körper egal welchen Geschlechts unzumutbar, so geht zum Beispiel die Einführung von 24-Stunden-Schichten auf einen Arzt zurück, der nur deshalb so lang am Stück arbeiten und wach bleiben konnte, weil er kokainabhängig war.[7]

Aber nicht nur in der Wahrnehmung der Männer in Machtpositionen gehört neben ihnen niemand in den ärztlichen Beruf. Diese Denkweise ist mir auch bei Patient*innen und außerhalb des Gesundheitssystems begegnet. Da sind die vielen Male, die ein Praktikant oder Student bei der Visite für den Arzt gehalten wird, während die danebenstehende Oberärztin gar nicht beachtet wird. Oder die zahlreichen Gespräche, bei denen ich mich bei Patient*innen als Ärzt*in vorstellte und am Ende der Untersuchung doch wieder von ihnen gefragt wurde, wann denn nun eigentlich der Arzt kommt. Weil sie mich als weiblich wahrnehmen, wirke ich automatisch weniger kompetent. »Ich habe hier schon eine Woche lang keinen Arzt gesehen«, sagte ein älterer Patient einmal zu einer Stationsärztin; als diese ihm sagte, sie selbst sei die Ärztin, lachten er und seine Angehörige nur.[8] Oder da ist die Geschichte von meinem Nachbarn, der nachts gern laut Techno hört. Als ich genervt bei ihm klingelte, um ihn zu bitten, die Musik leiser zu machen, denn ich müsste früh aufstehen, um im Krankenhaus zu arbeiten, entgegnete er nur, er wusste nicht, dass ich Krankenschwester bin. Es scheint noch nicht in unserem gesellschaftlichen Bild angekommen zu sein, dass inzwischen knapp die Hälfte des derzeit arbeitenden ärztlichen Personals nicht männlich ist, Tendenz steigend.[9]

Die Auslöschung der »anderen«

Männer scheinen also heutzutage noch die Hoheit über Gesundheit zu haben, einflussreiche Positionen sind weiterhin meist von ihnen besetzt, wie in so vielen Berufen. Im Patriarchat ist das vielleicht nicht überraschend. Die Besonderheit bei der Medizin ist, dass das vorherrschende Machtgefälle kein bloßes Nebenprodukt gesellschaftlicher Strukturen ist. Schauen wir uns an, wie der ärztliche Beruf historisch entstanden ist, wie die Medizin professionalisiert wurde, dann wird klar: Medizin war immer eng verknüpft mit Hierarchie und Machtpolitik, sie hat eine aktive Rolle in der Etablierung und Aufrechterhaltung von Unterdrückungssystemen gespielt. Die Entstehung der sogenannten »westlichen« Medizin, wie wir sie heute kennen, fällt in die Zeit der europäischen Hexenverfolgungen und des Kolonialismus, was alles andere als ein Zufall ist.

Die Autorin und Aktivistin Barbara Ehrenreich und die Journalistin Deirdre English erzählen in ihrem Buch *Hexen, Hebammen und Krankenschwestern: The Witches Are Back*[10] vom Zusammenhang zwischen Hexen und Heilen. Wir kennen die Geschichte aus Sicht der Hexen nicht, merken sie an, sondern nur aus den Berichten ihrer Verfolger und Folterer, denn sie sind es, die zur Wissenselite gehörten, sie und ihre Version der Geschichte sind es, die überlebt haben. Und selbst die heutige Sicht ist je nach Perspektive anders gefärbt: Historikerinnen weisen darauf hin, wie unsäglich und scherzhaft ihre männlichen Kollegen teils an das Thema herangehen – als ginge es nicht um einen gewaltvollen Massenmord an marginalisierten Menschen.[10] Was wir jedenfalls aus dieser Zeit wissen, ist Folgendes:

Vom 14. bis ins 18. Jahrhundert, also noch bis in die Anfänge der Aufklärung hinein, wurden in Europa Menschen verfolgt, festgenommen, erniedrigt, gefoltert, verurteilt und hingerichtet, die als Hexen oder Hexer bezeichnet wurden. Die Definitionsmacht, wer in diese Kategorie fiel, sowie die Finanzierung und Organisation lagen in den Händen einer engen Kooperation aus Kirche und Herrschaftsklasse.[10] Als Grundlage für Verdächtigungen und Verurteilungen galt das Buch *Malleus Maleficarum,* auch der *Hexenhammer* genannt, in dem 1484 von den Inquisitoren Heinrich Kramer und Jakob Sprenger detailliert benannt wurde, wer als Hexe*r galt und wie der Prozess und die Exekution abzulaufen hatten. Die Verdächtigten wurden festgenommen, dann meist nackt ausgezogen und am ganzen Körper rasiert, teils vergewaltigt, worauf verschiedene Foltermethoden folgten, die letztendlich Geständnisse herbeiführten, wenn die Folter nicht schon zum Tod geführt hatte.[10] Die Beschuldigten wurden anschließend öffentlich lebendig verbrannt oder erhängt. Insgesamt wird von 50 000 bis 100 000 Opfern ausgegangen, nicht eingerechnet die, die bei der Folter starben, sich selbst das Leben nahmen oder gelyncht wurden.

In Relation zu den damaligen Bevölkerungszahlen sind die Todeszahlen enorm, teils wurden ganze Familien ausgelöscht. Circa 80 – 85 Prozent der so ermordeten Menschen waren cis Frauen, insbesondere solche, die sich nicht der ihnen zugedachten sozialen Rolle fügten. Besonders Frauen, die nicht nur allein dachten, sondern auch selbstständig lebten und handelten, fielen den Hexenverfolgungen zum Opfer. »Einem Nachbar Widerworte zu geben, laut zu sprechen, einen starken Charakter oder eine freizügige Sexualität zu haben oder irgendwie ein Störenfried zu sein, reichte schon, um sich in Gefahr zu bringen.«[11] Das schreibt die Autorin und Chefredakteurin der französischen Zeitung *Le Monde diplomatique*, Mona Chollet, in ihrem Buch *Hexen – die unbesiegte Macht der Frauen*. Als eine Art mittelalterliches Slutshaming bezogen sich Beschuldigungen häufig auf körperliche Selbstbestimmung und Sexualität, die jenseits von ehelicher Pflichterfüllung und dem Zweck der Fortpflanzung gelebt wurde.[12] Sexuelle Lust musste christlichen Vorstellungen zufolge zwangsläufig von einem Bündnis (und Sex) mit dem Teufel herrühren.[10] Wer sich dem System nicht fügte, wurde gewaltsam aussortiert. Die Massenermordung von als eigenwillig empfundenen Frauen war ein politisches Mittel, mit dem die Machthabenden ihre Stellung im patriarchalen System sicherten.[12]

Beim Lesen der grausamen Praktiken und der rechtfertigenden Logik dahinter fühle ich mich ein wenig an die aktuellen Daten zu Femiziden erinnert, auf die Aktivist*innen immer wieder versuchen aufmerksam zu machen. Von »Beziehungstaten« und, wie auch bei rassistischen Morden, »Einzelfällen« ist die Rede, wenn ein Mann seine (Ex-)Partnerin auf gewaltsame Weise tötet, weil diese sich von ihm trennt, sich seinem Besitz entzieht. Der *Deutsche Juristinnenbund* sieht eine eindeutige Systematik in dieser Art und Weise, auf die rund jeden dritten Tag in Deutschland eine Frau ums Leben kommt.[13] Die Anerkennung von Femiziden und ihre Aufnahme in Kriminalstatistiken wird seit Jahren von Feminist*innen gefordert, bisher ohne Erfolg. Das Aussortieren, das Auslöschen, das brutale Ermorden insbesondere von weiblich verorteten Personen, die entgegen der Logik der Unterwürfigkeit gegenüber (Ehe-) Männern handeln, ist heute privatisierter, als es zur Zeit der Hexenverfolgungen war.

Selbstbestimmung unerwünscht

So weit, so sexistisch. Aber was hat das alles mit Medizin zu tun? Ein wichtiger weiterer Grund, damals als Hexe*r verdächtigt zu werden, war die Fähigkeit, zu heilen. Die Linderung von Krankheiten war nach damaliger Logik Hexerei, denn Erkrankungen galten als Strafe Gottes für Sünden, und nur wer mit dem Teufel verbündet ist, könnte sich darüber hinwegsetzen.[10] Laienheiler*innen und weise Alte waren vor allem in der armen Bevölkerung für die Versorgung von Wunden, Fieber und Infektionen zuständig, von manchen schon damals entdeckten Heilpflanzen wie dem Fingerhut wird noch heute Gebrauch gemacht.[10,12] Vor allem die Versorgung von Schwangeren und Gebärenden übernahmen erfahrene Frauen aus den Gemeinschaften, sie betreuten Geburten und Fehlgeburten, und wenn gewünscht, teilten sie ihr Wissen über Abtreibungen und Verhütungsmethoden.[11] Sie ermöglichten die reproduktive Selbstbestimmung der Arbeiter*innen und waren damit Kirche und Staat ein besonderer Dorn im Auge. »Niemand schadet dem katholischen Glauben mehr als die Hebammen«[14], heißt es im *Hexenhammer*, und den verfolgten Hebammen wurde vorgeworfen, Babys dem Teufel zu opfern. Der Kampf gegen Abtreibungen und jene, die sie ermöglichen, ist so alt wie die Praktiken der reproduktiven Selbstbestimmung selbst. Menschen, die schwanger werden können, haben schon immer Abtreibungen gehabt und werden sie immer haben, nur der gesellschaftliche Umgang und die Rahmenbedingungen ändern sich von Zeit zu Zeit. Die Abtreibungsgegner*innen von heute haben noch immer den Staat im Rücken, veraltete Paragrafen auf ihrer Seite, und die systematische Einschüchterung ist weiterhin von Fanatismus und Feindseligkeit geprägt, wenn auch die Mittel und Methoden weit weniger brutal sind als zu Zeiten der Hexenverfolgung. Menschen Entscheidungen über ihren Körper, ihre Sexualität und Reproduktion zuzutrauen und zuzugestehen, ist bis heute nicht selbstverständlich.

»Dafür, dass wir in Deutschland heute im Gegensatz zum Mittelalter Zugang zu Informationen und alle Möglichkeiten haben, um Abbrüche sicher und unkompliziert durchzuführen, ist es ziemlich schlimm, was wir derzeit rund um Schwangerschaftsabbrüche erleben«[15], findet Sibel Schick. Die Autorin, Journalistin und Podcasterin hat selbst miterlebt, wie der bis heute erschwerte Zugang zu selbstbestimmten Abtreibungen mitunter sogar lebensgefährlich für Menschen mit Uterus werden kann. »Ich wurde ungewollt schwanger und bin fast daran gestorben«[16], schreibt sie über ihre Erfahrung mit dem deutschen Gesundheitssystem. Sie berichtete in den sozialen Medien, wie ihre ungewollte Schwangerschaft eine beidseitige Lungenembolie bei ihr auslöste – ein lebensbedrohlicher Zustand. Sie musste aber die schmerzliche Erfahrung machen, dass der Gesundheit des Embryos gegenüber ihrer eigenen Gesundheit von den behandelnden Ärzt*innen Vorrang gegeben wurde. »Meine Stimme wurde nicht gehört, ich hatte das Gefühl, dass eine Lebensgefahr in Kauf genommen wurde«[16], schreibt Schick. »Natürlich wusste ich aufgrund meiner Arbeit als feministische Autorin, dass die gesamte Situation rund um Schwangerschaftsabbrüche in Deutschland total entmündigend ist. Das aber auf dieser persönlichen Ebene zu erleben, war schockierend. Normalerweise fällt es mir nicht schwer, wütend zu werden, doch in diesem Moment fühlte ich mich ohnmächtig. Ich dachte ›Passiert das gerade wirklich?‹ – ›Bin ich hier in einem dystopischen Sci-Fi?‹ – ›Wo bin ich gelandet?‹«,[15] erzählt sie später in einem Interview. Dort berichtet sie von ihrem Eindruck, dass ihre behandelnden Ärzt*innen auch deshalb so zurückhaltend in der angemessenen medizinischen Behandlung waren, weil sie rechtliche Konsequenzen fürchteten. »Ich finde es bezeichnend, dass selbst hochqualifizierte, supermodern erscheinende, junge Mediziner*innen total verunsichert wirken, wenn es um Schwangerschaftsabbrüche geht.«[15]

Damit spricht sie ein wichtiges Problem an, das vielen nicht bewusst ist: Schwangerschaftsabbrüche sind in Deutschland illegal. Die aktuelle Regelung im Strafgesetzbuch stammt aus der Zeit des Deutschen Reichs aus dem Jahr 1871. Während Abtreibungen in der DDR weitestgehend legalisiert waren,[17] besteht im wiedervereinten Deutschland bis heute eine gesetzlich geregelte Zugangsbeschränkung zu Abtreibungen. Sind bestimmte Bedingungen erfüllt, bleiben sie zwar straffrei, aber die Durchführung ist für Betroffene und ihre Ärzt*innen durch die rechtliche Situation stark erschwert. Das ging bis vor Kurzem so weit, dass Ärzt*innen, die Abtreibungen durchführten, neben der Belästigung von Abtreibungsgegner*innen auch dem Risiko ausgesetzt waren, angezeigt zu werden, wenn sie sachliche Informationen zum Thema auf ihrer Website zur Verfügung stellten. So erging es der Gießener Ärztin Kristina Hänel, die 2018 wegen »Werbung« für den Abbruch einer Schwangerschaft nach Strafgesetzbuch angezeigt und verurteilt wurde. Das ließ die Allgemeinmedizinerin aber nicht auf sich sitzen. Sie wehrte sich medienwirksam gegen die absurde Rechtslage, hielt Vorträge und Reden, schrieb ein Buch, wurde überregional bekannt und erfuhr große Solidarität. Sie sitzt heute im Beirat der *Doctors for Choice Germany*, die sich ehrenamtlich für einen selbstbestimmten Umgang mit Sexualität, Fortpflanzung und Familienplanung einsetzen. Der Verein ist ein Schwester-Verein der *Medical Students for Choice*, die Seminare für Studierende organisieren. Denn nicht nur wird Ärzt*innen wie Hänel die Durchführung von Abbrüchen schwer gemacht; die Problematik beginnt schon früher, nämlich in der medizinischen Ausbildung. Da wird so getan, als würden Schwangerschaftsabbrüche schlicht nicht existieren. Die medizinischen Aspekte werden kaum unterrichtet, was dazu führt, dass ärztliches Personal nicht auf Schwangerschaftsabbrüche vorbereitet oder befähigt wird, zumindest nicht innerhalb des offiziellen Lehrplans.

Ich erinnere mich noch, wie ich zusammen mit einer Freundin und einer Papaya in der Tasche abends einen Seminarraum auf dem Unigelände betrat, der gefüllt war mit Ärztinnen und

Studierenden, die ihre Freizeit damit verbrachten, diese große Informationslücke der medizinischen Ausbildung zu füllen. In diesem Papaya-Workshop wurde mithilfe dieser Frucht die konkrete Handhabung einer der möglichen Vorgehensweisen bei einem Schwangerschaftsabbruch geübt und mit vielen Mythen, die selbst unter Mediziner*innen verbreitet sind, aufgeräumt. Vor Ort war auch Alicia Baier, die Gründerin dieser Gruppe nach internationalem Vorbild. »If you can't trust me with a choice, how can you trust me with a child?«[18], wird auf ihrer Website mit einem Zitat der Autorin Gayle Forman die Pro-Choice-Einstellung der Gruppierung treffend zusammengefasst. Wenn ihr mir keine Entscheidung zutraut, wie könnt ihr mir ein Kind zutrauen? Baier ist inzwischen Ärztin, Mitbegründerin der *Doctors for Choice Germany* und wie Hänel eine wichtige Stimme im Kampf um Selbstbestimmung.

Im Jahr 2022 bekam ich am 24. Juni eine Nachricht von einer Freundin und Vereinsmitstreiterin: »219a ist weg!«, gefolgt von zwei Sektgläser-Emojis. Damit meinte sie, dass nach jahrzehntelangem Kampf endlich der aus dem Jahr 1933 stammende Paragraf zur »Werbung« für Abtreibung, nach dem Kristina Hänel und so viele andere angeklagt wurden, vom Deutschen Bundestag abgeschafft wurde. Ein unglaublicher historischer Tag für alle, die sich über die Jahre unermüdlich für Selbstbestimmung und gegen geltendes Recht eingesetzt hatten. Wir waren in Feierstimmung, denn endlich würden Ärzt*innen nicht mehr dafür kriminalisiert werden, dass sie ungewollt Schwangeren medizinische Informationen zukommen ließen. Leider hielt die Freude nicht lang an, denn noch am gleichen Tag wurde am anderen Ende der Welt, in den USA, das Abtreibungsrecht drastisch eingeschränkt, indem ein Grundsatzurteil vom Obersten Gerichtshof gekippt wurde. Was für ein surrealer Zustand. »Die letzten Tage haben gezeigt, wie fragil feministische Errungenschaften sind. Und wie wichtig es ist, dranzubleiben, zu informieren, zu diskutieren, zu protestieren, laut und solidarisch zu sein – über Grenzen hinweg«,[19] schrieb eine Freundin für unseren Verein in den sozialen Medien. Und auch hierzulande geht der Kampf um Selbstbestimmung weiter, denn: »… unter Paragraf 218 StGB sind Schwangerschaftsabbrüche in Deutschland weiterhin nicht legal. Von den Krankenkassen werden sie nicht bezahlt. Es gibt weiterhin viel zu wenig Ärzt*innen, die Abbrüche durchführen – und es werden immer weniger.«[19] Feminist*innen kämpfen weiter und fordern unermüdlich: »Mein Körper, meine Entscheidung!« Das bedeutet: Es geht um körperliche Selbstbestimmung, um das Recht, gut und umfassend informiert zu sein und daraus eine eigene Entscheidung abzuleiten, es geht um das Recht, die Wahl zu haben. Das Recht, Kinder bekommen zu können, genauso wie um das Recht, keine Kinder haben zu wollen. Das Recht, die eigene Sexualität zu leben, ohne stigmatisiert zu werden. Das Recht, den eigenen Körper in dieser Welt Raum einnehmen zu lassen und ihn zu umsorgen, ihn jenseits von Normen präsentieren zu wollen oder ihn bedecken zu wollen. Das wird nicht nur durch veraltete Gesetze erschwert, sondern auch durch veraltete Weltanschauungen und Rollenzuschreibungen.

Noch heute haben auch religiöse Vorstellungen einen gewissen Einfluss darauf, reproduktive Selbstbestimmung einzuschränken. In Kliniken mit christlichem Träger werden beispielsweise keine Schwangerschaftsabbrüche durchgeführt. Als angestellte*r Ärzt*in muss ich ungewollt Schwangere abweisen und ihnen meine medizinische Hilfe verwehren. Eine Kollegin berichtet mir aus ähnlichen Situationen in der Psychiatrie, wo auch sie oft vor einem Dilemma der Unvereinbarkeit der christlichen Vorstellungen des Klinik-Trägers mit ihrem medizinisch notwendigen Handeln steht. Zum Beispiel wenn eine Patientin in einem manischen oder psychotischen Zustand ungeschützten Sex hatte und sie von ärztlicher Seite die (äußerst zeitsensible) »Pille danach« nicht erhalten darf, um eine ungeplante, ungewollte Schwangerschaft zu verhindern.

(In)kompetente Konkurrenz

Natürlich war der Einfluss der Kirche zur Zeit der Verfolgung von Hebammen als Hexen weitaus größer als heute, es ging um viel Macht und noch mehr um deren Erhalt. Das Monopol des Eingreifens in den Körper und die Gesundheit sollte in der Hand dieser mächtigen Institution bleiben. Denn allzu unterschiedlich waren die Naturheilmittel, die Laienheiler*innen verwendeten, nicht von denen, die in den Klostergärten nach dem Vorbild von Nonnen wie Hildegard von Bingen hergestellt wurden. Aber während die einen außerhalb der Klostermauern als Hexen verfolgt wurden, waren die anderen religiös legitimiert in ihrem Tun. »Die einen sammelten draußen in der Natur, was die anderen in den Kräutergärten ihrer Klöster anbauten«,[20] schreibt der Arzt Dietrich Grönemeyer dazu. Er stellt die gleiche Überlegung an, die sich auch bei Barbara Ehrenreich und Deirdre English findet: »Fürchtete der Klerus zum ausgehenden Mittelalter schlichtweg um seine Vormachtstellung im Gesundheitswesen, bei der ›Behandlung‹ der Menschen? Ging er deshalb so erbarmungslos gegen diejenigen vor, die ihm frei praktizierend ins medizinische Handwerk pfuschten? Betrachten wir die düstere Geschichte der Hexenverfolgung einmal aus dem Blickwinkel patriarchalischer Dominanz und betriebswirtschaftlichen

Eigennutzes – könnte es nicht sein, dass es auch hier um Macht, Konkurrenzkampf und Eitelkeiten ging?«[20]

Wer behandeln und heilen darf, war und ist politisch. Denn es ging und geht um nichts Geringeres als die Gesundheit, um Definitionsmacht, um biologistische Rechtfertigungen für Diskriminierung, um die Entscheidungshoheit darüber, »wer leben und wer sterben darf, wer fruchtbar und wer unfruchtbar, wer ›verrückt‹ und wer normal ist«,[10] wie Ehrenreich und English schreiben. Während Frauen systematisch verfolgt und ermordet wurden, wenn sie Menschen bei gesundheitlichen Fragen berieten und behandelten, wurde ebendieses Gebiet ab dem 13. Jahrhundert von gut gestellten Männern erschlossen und institutionalisiert. Zwar hatte es schon Universitäten gegeben, die gelehrte Frauen wie Trota von Salerno hervorbrachten. Sie hatte im 12. Jahrhundert ein Standardwerk der Gynäkologie herausgegeben, welches später einem Mann zugeschrieben wurde.[11] Ab dem 14. Jahrhundert aber, im Zuge der Hexenverfolgungen und im Laufe der Geschichte, wurden lange Zeit alle, die keine Männer waren, aus der institutionalisierten Heilkunde verb(r)annt.[12] »Die westliche Medizin ist ein System der Macht – eines, das über seine lange Geschichte hinweg immer männliches Wissen und Expertise bevorzugt hat.«[12] So beschreibt es die Kulturwissenschaftlerin und Autorin Elinor Cleghorn in ihrem medizinhistorischen Buch *Die kranke Frau: Wie Sexismus, Mythen und Fehldiagnosen die Medizin bis heute beeinflussen*. Und Mona Chollet schreibt: »Die Medizin scheint tatsächlich eine bedeutende Bühne für die Austragung dieses Krieges der modernen Wissenschaft gegen die Frauen gewesen zu sein. Die Medizin, wie wir sie kennen, beruht auf körperlicher Auslöschung.«[11]

Der ärztliche Beruf entstand, während das Talent und Wissen der Frauen, die sich nicht der ihnen vorgeschriebenen Rolle fügten, ausradiert wurden. »Vor allem die moderne Medizin baute auf (...) dem direkten Bezug zu Hexenverfolgungen auf, die den damaligen offiziellen Ärzten erlaubten, die Konkurrenz der Heilerinnen auszuschalten – die im Allgemeinen kompetenter waren als sie«,[11] so Chollet. Damit bezieht sie sich auf die Anfänge der sogenannten »westlichen« Medizin, die alles andere als wissenschaftlich waren. Die damals entwickelten Therapien und verbreiteten Praktiken beruhten auf religiösen Überzeugungen,[12] sie waren aber meist nicht sonderlich gut für die Gesundheit der Menschen, oder schadeten sogar. So etwa die Therapie für Epilepsie, die noch in den 1860er-Jahren praktiziert wurde: Weil ein führender Gynäkologe davon ausging, Masturbation entziehe dem Gehirn Energie und führe zu Krampfanfällen, führte er die chirurgische Entfernung der Klitoris als Therapieform (und zugleich als Erziehungsmaßnahme gegen sexuelle Selbstbefriedigung) ein.[12] Eines der grausameren Beispiele für misogynes medizinisches »Wissen«, das sich als schlichtweg falsch herausstellte. Über die meisten damaligen Therapien können wir heute nur noch den Kopf schütteln. Der Datenjournalist Tin Fischer schreibt über die Anfänge der »modernen« Medizin: »In vielen Fällen entpuppten sich die Pillen und Säfte später, mit robusteren Tests, als wirkungslos.«[21] Das Unwissen der ersten Generationen von Ärzten wurde vor allem in der Geburtshilfe sichtbar. »In unheilverkündender Ironie hatten sich die Ärzte und Chirurgen der Hebammen entledigt und beschuldigten sie insbesondere der Unreinheit«,[11] schreibt Mona Chollet. Dabei waren es die Mediziner selbst, die mit ungewaschenen Händen aus dem Leichensaal kamen, um die Gebärenden zu untersuchen. Darum starben im 17. und 18. Jahrhundert bis zu einem Viertel der Frauen bei der Geburt durch eine Wochenbett-Sepsis, ausgelöst durch Bakterien, die von den ärztlichen Händen in die Geburtswunden eindrangen.[11] »Männliche Ärzte waren sowohl gefährlicher als auch weniger effektiv gegenüber weiblichen Laienheilerinnen«,[22] resümieren Barbara Ehrenreich und Deirdre English. Und Fischer schreibt in Bezug auf die neu entstandene »Wissenschaft«: »Die kurierende Medizin dürfte bis zur Einführung standardisierter statistischer Testverfahren in der zweiten Hälfte des 20. Jahrhunderts kaum etwas zum Anstieg der Lebenserwartung beigetragen haben.«[21]

In der Vergangenheit hat die aufkommende »moderne« Medizin äußerst unwissenschaftlich dafür gesorgt, Annahmen zu zementieren, deren Nachhall bis heute durch rechte Internetforen und Chatgruppen geistert und die leider teils auch in der Wissenschaft noch auftauchen. Die Annahme zum Bespiel, cis Frauen seien inhärent defizitär, körperlich und intellektuell unterlegen gegenüber cis Männern. »In der Medizin sind noch heute alle Aspekte der zur Zeit der Hexenverfolgung entstandenen Wissenschaften auffallend konzentriert erkennbar: ein aggressiver Eroberergeist und Frauenhass; der Glaube an die Allmacht der Wissenschaft und derjenigen, die sie ausüben«,[11] so Mona Chollet. Noch heute wird der mittelalterliche Konflikt zwischen Ärzt*innen und Hebammen ausgetragen,[23] und noch heute scheint so mancher Arzt der Geburtshilfe die empfundene Konkurrenz durch Hebammen kleinhalten zu wollen.

Bei meinem besagten ersten gynäkologischen Kongress mit all den männlichen Experten, die über Frauengesundheit sprachen, gab es auch einen Vortrag zum Thema Akademisierung des Hebammenberufs. Der Referent Christian Albring, Präsident des *Berufsverbands der Frauenärzte*, sprach sich stark gegen ein Studium der Hebammenwissenschaften aus, von einer Arbeit auf Augenhöhe könne keine Rede sein, so Albring. Nur Ärzte könnten eine gute Versorgung für Schwangere gewährleisten, hieß es weiter, die Hebammen sollten sich nicht einmischen und die ihnen zugeteilten Kompetenzen nicht überschreiten.[24] Ich war überrascht, wie ungeschönt unkollegial die Botschaft des Vortrags war, und gleichzeitig erschrocken von der Selbstverständlichkeit, mit der manche Ärzt*innen sich bis heute über alle anderen stellen. In der Zwischenzeit sind es die werdenden Eltern, die unter dem Machtkampf zwischen den beiden Berufsgruppen leiden, wie die Bundeselterninitiative *Mother Hood* in einer Stellungnahme betont.[25] Ende 2019 fand eine Anhörung im Gesundheitsausschuss des Bundestages zum geplanten Hebammenreformgesetz statt, das laut Gesundheitsministerium den Hebammenberuf moderner und attraktiver machen soll. Neben verschiedenen Hebammenverbänden war auch Christian Albring als Sachverständiger eingeladen. Dass die Abgeordneten keine Fragen an diejenigen hatten, um die es gar nicht ging, und ihm zur Abwechslung keine Bühne gegeben wurde, schien ihn entrüstet zu haben. »(Es) wurde zwei Stunden lang fast ausschließlich den Vertreterinnen der Hebammenverbände Raum für ihre Statements gegeben, etwas anderes hat die Abgeordneten überhaupt nicht interessiert«,[26] beschwert er sich in einer Pressemitteilung der *Deutschen Gesellschaft für Gynäkologie und Geburtshilfe*. Das Gesetz wurde kurze Zeit später trotz Protest der gynäkologischen Berufsverbände verabschiedet, seit 2020 ist das Studium für Hebammen der neue Standard.

Pathologisierung und Paternalismus

Bis Frauen nach ihrer weitreichenden Vernichtung und Verdrängung durch die Hexenverfolgungen schließlich offiziellen Zugang zu Universitäten und damit zu institutionalisiertem Wissen hatten, vergingen mehrere Jahrhunderte. Hermine Heusler-Edenhuizen war eine dieser Frauen. 1899 durfte sie in Deutschland einen Hörsaal in Berlin betreten und wurde später die erste offiziell anerkannte Frauenärztin. Vom schwierigen Weg dorthin berichtet sie in ihren *Lebenserinnerungen im Kampf um den ärztlichen Beruf der Frau*. Als ihr mit Anfang zwanzig in einer Buchhandlung der feministische Aufsatz *Was wir wollen* von Helene Lange aus der damaligen Frauenbewegung in die Hände fiel, wurde etwas in ihr angestoßen. »Mir war nie der Gedanke gekommen, daß diese herrschende Anschauung der Superiorität des Mannes falsch sein könnte«,[27] schreibt sie. An diesem Tag beschließt sie, Ärztin zu werden, um sich und ihrem Umfeld zu beweisen, dass Frauen es können. Der Besuch der nötigen privaten Gymnasialkurse war möglich, weil sie als Arzttochter sozial und finanziell sehr privilegiert war. Heusler-Edenhuizen war sich schmerzlich bewusst, dass ein persönliches Scheitern als Beweis für die Unfähigkeit ihres ganzen Geschlechts ausgelegt werden könnte. »Zur Zeit, in der dies alles spielte, hielt man die Frau ernsthaft für geistig minderwertig. Nach der Theorie eines Professors Bischof sei ihr Gehirn zu klein und im Gewicht zu leicht, wobei ein Männerhirn als Norm hingestellt wurde.«[27] Immer wieder wurden solche biologistischen Vorurteile besonders von Medizinern verbreitet und »die Gefahr des Frauenstudiums« für die Gesellschaft betont. Der Neurologe Paul Möbius schrieb sogar ein ganzes Buch, *Über den physiologischen Schwachsinn des Wei-*

bes, in dem es heißt: »Gelehrte Frauen sind Ergebnisse der Entartung.«[28]

Frauen sollten in ihrer gesellschaftlichen Rolle, die darin bestand, Kinder zu gebären und aufzuziehen, gehalten werden, und nicht zu eigenem Denken und Bildung ermutigt werden. Als Instrument hierzu diente die männlich geprägte Medizin, die absurde Theorien aufstellte und Krankheiten erfand. Mutmaßungen und Mythen über den weiblichen Körper wurden als medizinische Wahrheiten gehandelt, um die Kontrolle über reproduktionsfähige Körper auszuüben.[12] Ärzte stellten im 19. Jahrhundert die oben erwähnte Theorie der »Energieerhaltung« auf, nach der alle Organe des menschlichen Körpers um zirkulierende Energie kämpfen müssen. »Ärzte (...) zogen daraus sehr schnell die Konsequenz, dass höhere Bildung für Frauen physisch schädlich sein könnte. Eine zu starke Entwicklung des Denkvermögens, so rieten sie, würde den Uterus schrumpfen lassen.«[29] Die Paternalisierung und Pathologisierung von weiblich verorteten Menschen wurde so von Ärzten auf ein pseudowissenschaftliches Fundament gestellt. Als Frauen begannen, ihre Position an europäischen Universitäten einzufordern, wurden die pseudomedizinischen Theorien, die sie davon abhalten sollten, noch abenteuerlicher und vehementer. Es gab die Theorie, Lesen und Lernen könnte die Eierstöcke reizen und die Frau krank machen, dazu unfruchtbar und »hysterisch«, nach der griechischen Bezeichnung »hystéra« für den Uterus.[12] Aber schon immer gab es kluge Köpfe, die sich die Pathologien des Patriarchats nicht andichten lassen wollten. Mary Putnam Jacobi, eine der ersten Ärztinnen der USA, setzte sich ihr Leben lang gegen solche medizinbasierte Misogynie ein. 1876 widerlegte sie – im Gegensatz zu ihren männlichen Konkurrenten mithilfe wissenschaftlicher Methoden –

die These, dass die Menstruation Frauen schwächt und daher unfähig zu studieren macht.[12] Viele der Annahmen über die Körper von Menschen mit Uterus, die sich leider bis heute halten, beruhen auf diesen frühen Mythen der »Hysterie« und Anfälligkeit. Das zeigte sich, als im Jahr 2021 vermehrt menstruierende Menschen über eine veränderte Periode nach einer Covid-Impfung in den sozialen Medien berichteten. So schrieb etwa der trans* Mann Linus Giese von der schmerzlichen Rückkehr seiner Periode nach drei Jahren Testosterontherapie, die die Blutungen eigentlich unterdrückt.[30] Während sich online auch von anderen die Berichte über ein plötzliches »Blutbad« oder sogar das Wiederauftreten von Blutungen nach den Wechseljahren häuften, wurden diese Berichte von der Fachwelt lang nicht ernst genommen.[31] Ein führender Gynäkologe sagte sogar, es würde nur zu verstärkten Periodenblutungen kommen, weil Frauen vor der Impfung so aufgeregt seien.[32] Die Jahrhunderte der »fachlich fundierten« Frauenverachtung und medizinischer Missbilligung von Menschen mit Uterus lassen grüßen. Der Mann, der hinter diesem Unsinn steckt, ist uns schon einmal in diesem Kapitel begegnet: Es handelt sich auch hier um den Präsidenten des *Berufsverbands der Frauenärzte,* Christian Albring. Inzwischen haben verschiedene Studien Zyklusveränderungen als Nebenwirkung von Covid-Impfungen bestätigt.[33–36]

Menschen nicht ernst zu nehmen, vor allem alle nicht-cis-männlichen Menschen, ist seit jeher integraler Bestandteil der Medizin. Als Ärzt*innen wird uns beigebracht, dass wir die Deutungshoheit über die Körper anderer haben. Das geschieht inzwischen weniger explizit als zu Zeiten der Entstehung »moderner« Medizin, ist aber heute nicht weniger gefährlich oder gruselig. Wie die Erziehungswissenschaftlerin Houda Hallal erklärt, gibt es eine Art versteckten Lehrplan, der Medizinstudierenden beibringt, sich in das hierarchische System einzufügen und um jeden Preis Autorität gegenüber Patient*innen auszustrahlen.[37] Oft gilt in der Medizin: Fehlerkultur – Fehlanzeige. Als Ärzt*innen lernen wir nicht, zu sagen, »Wir wissen (noch) nicht, was ihnen fehlt. Alle Tests, die (bisher) existieren, blieben ergebnislos.« Stattdessen sagen wir – auch um die Scham über unser eigenes Unwissen zu vertuschen: »Wir können nichts finden, was Ihnen fehlt, Sie müssen sich das Ganze wohl eingebildet haben.« Wie schmerzhaft und schlimm dieses »Medical Gaslighting«, also das Absprechen und Verharmlosen von Symptomen, sein kann, erfahre ich eindrücklich, seit ich durch meine Infektion mit dem Coronavirus selbst Patient*in wurde. Wir seien doch alle mal erschöpft, wurde mir von einer medizinischen Fachangestellten gesagt, als ich von meiner Fatigue, der extremen Erschöpfung nach kleinsten Anstrengungen, berichtete. Ich solle mich eben einfach entspannen, meinte ein Vertretungsarzt, dem ich von Kurzatmigkeit in der Akutphase meiner Infektion erzählte, schließlich schien kein Test auf einen Sauerstoffmangel hinzuweisen. Dass ich vor körperlicher Schwäche anfangs die Wohnung nicht mehr verlassen konnte, wurde auf eine angebliche Depression geschoben, und ich wurde bei meinem ersten Reha-Aufenthalt in eine psychologische Abteilung geschickt. Ich müsste mich nur etwas anstrengen, und Sport würde mir guttun, hieß es von verschiedenen Ärzt*innen und Physiotherapeut*innen. Dabei hatte ich längst die Erfahrung gemacht, dass körperliche Anstrengung meine Symptome extrem verschlechterte, dass ich also unter Post Exertional Malaise litt, nur leider kannte mein Behandlungsteam dieses für das Fatigue-Syndrom typische Phänomen nicht. Immer wieder wurde von medizinischem Personal suggeriert, ich solle mich doch nicht so anstellen, ich solle nicht simulieren. Es geht eben nicht um die Patient*innen, es geht ums patriarchale Prinzip. Oft war ich von der Erkrankung zu erschöpft, um mich zu wehren, denn selbst ohne Medical Gaslighting ist die Auseinandersetzung mit dem Gesundheitssystem kräftezehrend, jedes Formular, jeder Fragebogen, jedes Telefonat eine Strapaze. Und allzu selbstbestimmt aufzutreten, war riskant, denn mir wurde schmerzlich bewusst, wie ausgeliefert ich dem medizinischen System als Patient*in bin. Wer es in der Hand hat, wie meine Zukunft aussieht – gesundheitlich, finanziell, beruflich –, das ist die Sachbearbeiterin der Berufsgenossenschaft, das ist der Gutachter des Medizinischen Dienstes, das ist die Sekretärin der Ambulanz Terminvergabe, das sind vor allem aber die Ärzt*innen, in deren Hände ich mich begebe. Ihr Urteil, ihre Diagnose, ihr Verständnis kann den Unterschied bedeuten, ob ich mich mit meinem Körper versöhnen kann, ob ich Anrecht auf Ausgleichszahlungen und vor allem Zugang zu adäquater medizinischer Versorgung habe. Menschen, die ich vorher nicht kannte, wissen nun detailliert alles, was ich gezwungen war, ihnen offenzulegen, sie kennen meine Krankengeschichte besser als meine (Wahl-)Familie. Inzwischen weiß ich aus Selbsthilfegruppen und Studien, dass ich mit diesen Erfahrungen und Empfindungen nicht allein bin.[38]

Als medizinisches Personal gehörte ich zu denen, die besonders stark dem Risiko einer Covid-Infektion ausgesetzt sind und ein besonders hohes Risiko haben, zu erkranken.[39] Dementsprechend gibt es nun viele (ehemalige) Ärzt*innen, die vom Long Covid Syndrom betroffen sind, eine post-virale Erkrankung, die eigentlich schon von Infektionen mit Viren wie Influenza oder Ebola bekannt sein müsste.[39] Eigentlich. Denn wie ich standen viele erkrankte Mediziner*innen plötzlich vor ratlosen ehemaligen Kolleg*innen, die schlicht nichts mit ihrem Krankheitsbild anfangen konnten. Viele machten, wie ich, zum ersten Mal in ihrem Leben die Erfahrung, auf der anderen Seite der Behandlungssituation zu sitzen und konfrontiert mit Ärzt*innen zu sein, die ihnen trotz ihrer Fachausbildung nicht glaubten. »Meine Achtung für die Medizin wurde komplett zerstört. Und ich werde es nicht mehr vergessen können«,[40] berichtet eine Betroffene von ihren Erfahrungen als Long Covid-Patient*in mit eigener medizinischer Fachausbildung. Beschämt mussten viele feststellen, dass sie früher selbst Patient*innen so bevormundend behandelt hatten, wie sie es nun am eigenen Leib erlebten. Eine Gruppe britischer Ärzt*innen veröffentlichte Ende 2020 ein Manifest, einen Appell an die Fachwelt, ihre Kolleg*innen mögen das Krankheitsbild Long Covid doch endlich ernst nehmen und eine bessere Versorgung etablieren.[41, 42] Manche der Betroffenen haben ihren Berufen im Gesundheitssystem inzwischen den Rücken zugekehrt, weil eine Rückkehr gesundheitlich nicht möglich war oder weil sie zu desillusioniert von ihren Erfahrungen auf der Patient*innenseite des Systems sind.[40]

Anders als die meisten Ärzt*innen, die krank werden, haben ihre marginalisierten Patient*innen längst Erfahrung damit, dass ihnen ihre Symptome nicht geglaubt werden. Die Erfahrung, im Gesundheitssystem nicht ernst genommen zu werden, machen vor allem weiblich gelesene Menschen und von Rassismus betroffene Personen[43], aber auch Aktivist*innen mit Behinderung berichten von einer besonderen Betroffenheit von Medical Gaslighting.[44,45] Dichter*in und Autor*in Alok Vaid-Menon schreibt: »Schmerz muss nicht sichtbar sein, um real zu sein, und Gewalt muss nicht erst körperlich werden, um ernst genommen zu werden.«[46]

Die neuen Vorreiterinnen

Mit der ständigen Infragestellung der eigenen Zurechnungsfähigkeit und der Internalisierung der Misogynie, die sie umgab, hatte Hermine Heusler-Edenhuizen ihr ganzes Leben zu tun. Jeder Schritt musste erkämpft werden, und so war sie ab 1899 in der Universität zwar geduldet, aber nicht gern gesehen. Nach der Zulassung als Gasthörerin in Berlin musste sie jeden Dozenten einzeln um Erlaubnis bitten, an seinen Vorlesungen teilnehmen zu dürfen, manche lehnten ab. Vermietende wollten ihr keine Wohnung geben, weil sie das »Frauenstudium« ablehnten. Und täglich war sie der abfälligen Behandlung ihrer männlichen Mitstudierenden ausgesetzt, »die bei (ihrem) Eintritt in den Vorlesungsraum als Äußerung ihrer Mißbilligung regelmäßig mit den Füßen scharrten und dazu pfiffen«.[27] Erniedrigung und Schikanen waren an der Tagesordnung, die Frauen, die sich in die Männerdomäne gewagt hatten, sollten in ihre Schranken gewiesen werden.

Wer das heutzutage für unmöglich hält, dem möchte ich erzählen, dass es mir als Medizinstudent*in noch im 21. Jahrhundert passiert ist, dass ich während eines Praktikums aufgefordert wurde, das Arztzimmer einer Klinik zu putzen, um mich zu erniedrigen. Die Strategie der Ärztin Hope Bridges Adams Lehmann, um in den 1880er-Jahren solchem Mobbing durch Professoren und Mitstudierende zu entgehen, war Cross-dressing: In Männerkleidung und mit kurzen Haaren ging sie als Gasthörerin zu den medizinischen Vorlesungen in Leipzig, ihr Abschluss 1880 wurde in Deutschland aber nicht anerkannt.[47] Von Beleidigungen durch Mitstudierende und sogar Versuchen, sie aus dem Hörsaal auszusperren, berichtet auch die deutsche Ärztin Franziska Tiburtius, die schon einige

Jahre zuvor in der Schweiz studiert hatte, da dies dort Frauen bereits erlaubt war.[48] Noch früher dran war Dorothea Erxleben, die, lange bevor Frauen überhaupt Universitäten betreten durften, sich privat medizinisch bildete und ohne Studium 1754(!) im Alter von 38 Jahren ihre Promotion abschloss – sie gilt als erste Ärztin Deutschlands, eine absolute Ausnahmeerscheinung ihrer Zeit.[49] Für alle anderen wissensdurstigen Frauen sollte es in Deutschland noch über 150 Jahre dauern, bis sie sich den Traum des Ärztinnenberufs erfüllen durften.

»Endlich 1908 fielen die Ketten; es kam in Deutschland die offizielle Zulassung der Frau zum Universitätsstudium (…). Durch das so gestürmte Tor drang dann in unerwarteter Stärke ein Strom von geistig ausgehungerten Frauen, die langsam in alle Fächer vorstießen,«[27] schreibt Hermine Heusler-Edenhuizen, die später Mitbegründerin des *Deutschen Ärztinnenbundes* war. 111 Jahre später saß ich bei meinem Studienbeginn zwischen 61 Prozent weiblichen Studierenden[50] im Waldeyer-Haus der Charité, benannt nach einem der Professoren, der Heusler-Edenhuizen damals die Teilnahme an seinen Vorlesungen verwehrte. Selten habe ich mich in meinem Leben so klein gefühlt wie am Tag der offiziellen Aufnahme an der Universität, meiner feierlichen Immatrikulation. Ein Wort, das ich vorher nicht kannte, genauso wenig wie die Worte Kommiliton*in oder Dekan*in. In einem großen Saal saß ich zwischen schnatternden Studienanfänger*innen in teuer aussehenden Hosenanzügen mit ihren stolzen Ärzt*innen-Eltern. Neben mir meine Eltern, für die dies alles genauso neu war wie für mich. Mein Stolz über den heiß begehrten Studienplatz und die Vorfreude auf das Studium wurden an diesem Ort das erste Mal abgelöst von Zweifeln, ob ich dorthin gehöre. Spätestens als in einer der Reden ganz unironisch verkündet wurde, wir, die frischgebackenen Student*innen, seien die zukünftige Elite des Landes, nahm mein Hochstapler*innen-Syndrom überhand. Nie vorher war ich mitgemeint gewesen von Menschen, die ganz selbstverständlich für sich beanspruchen, die höchste gesellschaftliche Stellung einzunehmen. Ich saß inmitten derer, die für meine Familie immer »die da oben« waren, und hatte das Gefühl, es muss ein Missverständnis sein, dass ich dorthin gehören sollte. Im Foyer wartete später schwarz gekleidetes Service-Personal mit Unmengen von Sekt und Häppchen, und ich fühlte mich ihnen stärker verbunden als mit den anderen Student*innen, die fröhlich händeschüttelnd in Grüppchen standen.

Damals konnte ich nicht benennen, warum genau ich mich so fehl am Platz fühlte. Heute weiß ich, dass ich den Klassismus und Sexismus, in den mich diese Institution hineinsaugte, körperlich und emotional spüren konnte, bevor ich es kognitiv einordnen würde. Es hat lang gedauert, bis ich verstanden habe, dass mein Gefühl an diesem Tag kein Zufall, sondern historisch, politisch und strukturell bedingt und gewollt ist, dass es anderen Menschen ähnlich geht. Noch immer können wir spüren, wenn wir uns in ein System begeben, zu dem wir ursprünglich nicht dazugehören sollten.

Im Medizinstudium sind im Vergleich zu anderen Studiengängen besonders wenige Studierende wie ich zu finden, deren Eltern nicht studiert haben.[51] Zu Beginn des Studiums habe ich meine meisten Mitstudierenden um ihr selbstbewusstes Auftreten beneidet, um die Ausstrahlung der absoluten Daseinsberechtigung, die Haltung der Überlegenheit, obwohl sie genauso am Anfang standen wie ich. Am Ende habe ich es geschafft, dieses schwierige Studium in diesem sexistischen System abzuschließen, und ich wage es, stolz darauf zu sein.

Heute kann ich versuchen, ein Vorbild für die nächsten Generationen zu sein.

Als meine kleine Nichte sich für den Berufstag an ihrer Grundschule als Ärztin verkleidete, flossen die Tränen der Rührung nur so aus mir heraus. Nach allem, was ich während der Recherche über die Hexenverfolgung gelernt habe, passt die Metapher der modernen Hexe am Ende vielleicht sogar ganz gut zu mir. Ohne Partner*in zu leben, nicht verheiratet zu sein, keine Kinder zu haben, mich nicht heteronormativen Vorstellungen unterzuordnen und mein Wissen über Krankheit, Körper und Sexualität anzuwenden und zu teilen, hätte mich im Mittelalter vermutlich das Leben gekostet. Stattdessen durfte ich durch die Tore gehen, die Vorkämpferinnen wie Hermine Heusler-Edenhuizen für mich geöffnet haben.

Ich gehöre nun dazu, habe einen Schlüssel mit Transponder, der mir automatisch die Kliniktüren öffnet, wenn ich zur Arbeit gehe, aber hinter mir schließen sie sich schnell und automatisiert. Wer keinen Schlüssel hat, muss warten und hoffen, dass jemand die Tür öffnet. Lange Jahre besaßen nur Männer den sicher verwahrten Schlüssel zu Institutionen der Macht und Medizin. Heute ändert sich das langsam, und trotzdem gibt es noch so viele Bereiche, zu denen der Zugang nur den Privilegiertesten möglich ist. Die Dichterin Rupi Kaur schreibt: »reiß alle türen ein/ die man gebaut hat/ um dich draußen zu halten/ und bring all deine leute mit.«[52]

2. Kolonialismus und Krankheit
Decolonize Medicine

»Der Kolonialismus ist eine Wunde, die nie richtig behandelt wurde, eine schwärende Wunde, die immer schmerzt, sich manchmal infiziert und manchmal blutet.«[1]

GRADA KILOMBA

Nach der Schule wollte ich gern für einige Zeit in ein afrikanisches Land gehen, um dort als Freiwillige*r zu arbeiten, also bewarb ich mich bei verschiedenen Organisationen, die mit Fotos von jungen *weißen* Menschen, umringt von Schwarzen Kindern, warben. Ich wollte neue Erfahrungen sammeln, vielleicht in einer Schule oder einem Krankenhaus, und »etwas Gutes« tun. Denn die Menschen dort brauchten meine Hilfe, davon war ich überzeugt. Gefragt wurden die Menschen vor Ort aber nicht, ob sie es sinnvoll fänden, eine 18-jährige Person ohne jegliche Ausbildung oder Erfahrung »zum Helfen« geschickt zu bekommen. Am Ende bin ich nicht in eines der afrikanischen Länder gefahren, was aber eher organisatorischen Umständen geschuldet war als der Erkenntnis, dass ich dem »White Saviorism« (von engl. »*weiße*r* Retter*in«) verfallen war. Damit ist das Phänomen gemeint, dass *weiße*

Menschen des globalen Nordens sich berufen fühlen, Menschen des globalen Südens, vor allem auf dem afrikanischen Kontinent, zu »helfen«. Dadurch wird aber leider das kolonialistische Weltbild der Rückständigkeit und Hilflosigkeit von Schwarzen Menschen bedient. Den Begriff »White Saviorism«, den Schriftsteller Teju Cole geprägt hat, lernte ich erst einige Jahre später kennen. Cole kritisiert, beim »Industrial Complex« (Industrie Komplex) der Hilfsorganisationen »geht es nicht um Gerechtigkeit. Es geht darum, ein großes emotionales Erlebnis zu haben, das Privilegien bestätigt. (...) Afrika dient als eine Fläche, auf die *weiße* Egos projiziert werden können.«[2] Ich fühlte mich ertappt.

Dass Länder auf dem afrikanischen Kontinent und im globalen Süden im Vergleich zu Ländern wie Deutschland »ärmer« sind, hatte ich in der Schule gelernt. Dass diese Unterschiede kein Zufall, keine selbstverständliche Gegebenheit sind, wurde nicht so sehr im Unterricht thematisiert. Ähnliches schreibt die Autorin, Journalistin und Podcasterin Alice Hasters über ihre Schulzeit: »Im Unterricht entstand der Eindruck, dass alle Menschen in Afrika, dem zweitgrößten Kontinent der Erde, absolut nichts taten, nur mit Speer und Bastrock rumsaßen, bis dann die *Weißen* kamen. Bis heute hält sich das Bild: Menschen in Afrika seien hilflos, unfähig und ohne Unterstützung des Westens verloren. Dabei waren über lange Zeit hinweg weite Teile Afrikas durchaus fortschrittlicher als Europa. Landwirtschaft, Königreiche, Universitäten und Bibliotheken, Hygiene und Kosmetik: All das gab es in Afrika lange, bevor es in Europa entstand. Doch der Versklavtenhandel und die Kolonialisierung machten vieles davon zunichte.«[3] Und die Effekte dieser Zeit sind bis in die Gegenwart zu spüren. Heute ist die Lebenserwartung der Nachfahren der Kolonisierten bis zu 30 Jahre geringer als die der Nachfahren ehemaliger Kolonisierender[4], während ich also statistisch gesehen 82 Jahre alt werden könnte, werden Menschen in Lesotho durchschnittlich schon mit 52 Jahren sterben[5]. Die höchste Krankheitslast, die höchste Gebärenden-Sterblichkeit und die niedrigste Zahl von medizinischen Fachpersonen pro Einwohner*in finden sich alle in Ländern des globalen Südens. *Das Centre for Feminist Foreign Policy (CFFP)* sieht die Gründe dieser Schieflage im Kontext globaler Gesundheit in ihren historischen Wurzeln. Es sind immer noch die ehemaligen Kolonialmächte des globalen Nordens, die nicht nur das Machtmonopol haben, sondern auch den Zugang zu wichtigen Medikamenten und Impfungen kontrollieren, wie zuletzt die ungleiche Verteilung des Covid-Impfstoffs zeigte. Die reichsten Länder verhielten sich in der weltweiten Gesundheitskrise sehr unsolidarisch, sie reservierten und bestellten so viele Impfdosen, dass für andere Länder am Ende nicht genügend übrig waren.[6] »Covid ist ein Notstand, keine Geschäftsmöglichkeit!«, kritisierten die Aktivist*innen der Kampagne *Feminists for a People's Vaccine.* Auch schon vor dem Wettstreit um Covid-Impfstoffe bestand das Problem des ungleichen Zugangs zu Medikamenten. Deshalb gründete sich 2001 das internationale Jugendnetzwerk *Universities Allied for Essential Medicines (UAEM).* Studierende der Medizin, Public Health oder Wirtschaft aus über zwanzig Ländern setzen sich seit Jahren in ihrer ehrenamtlichen Arbeit dafür ein, dass der Zugang zu essenziellen Medikamenten und Impfstoffen endlich ein grundsätzliches Menschenrecht wird, dass die neue Medizin, die in Universitäten entwickelt wird, für alle leicht zugänglich ist.

Die Geschichte hat Auswirkungen auf unsere Gesundheit in der Gegenwart – und auf unser Geld. »Afrika ist arm, Europa ist reich – das ist keine Selbstverständlichkeit, und es war nicht immer so. Der globale Norden ist durch Ausbeutung zu Reichtum gelangt. Für diesen Reichtum sind Millionen Menschen ums Leben gekommen«, schreibt Hasters. Für mein privilegiertes und statistisch vergleichsweise langes Leben in Deutschland haben meine Vorfahren also die blutige Grundlage gelegt. Was wir heute als Fortschritt und Überlegenheit der industrialisierten Welt feiern, ist begründet in der Unterdrückung und Rassifizierung von Menschen. Und daran war die Medizin mit ihren Vertreter*innen maßgeblich beteiligt. Historiker Yuval Harari erklärt: »Die wissenschaftliche Revolution und der moderne Imperialismus sind zwei Seiten ein und derselben Medaille.«[7] Denn die Entstehung von »modernen« Wissenschaften wie der Medizin ging Hand in Hand mit Ausbeutung und Unterdrückung. Es ist wichtig, zu verstehen, dass es schon immer einen engen Zusammenhang zwischen Kapitalismus, Kolonialismus und Krankheit gab. Die Medizin und ihre bis heute gefeierten Koryphäen haben dabei nicht nur aktiv an kolonialen Verbrechen und der Etablierung von Sklav*innenhandel mitgewirkt, sondern sie lieferten mit ihrer »wissenschaftlichen« Arbeit auch die Legitimierung für diese.

Die Konstruktion der Unterlegenheit

Um ihre Gewaltherrschaft zu rechtfertigen, erfanden die Europäer*innen die Kategorien von »wir« und »die anderen«. Der *weiße* Körper wurde als die Norm festgelegt, der alle anderen unterlegen sind. Pseudowissenschaften wie die Phrenologie entstanden, die anhand der Vermessung von Köpfen die angebliche verminderte Intelligenz und Unterlegenheit Schwarzer

Menschen bestätigen sollte. »Viele von uns wurden kategorisiert und als anders markiert, rassifiziert und vergeschlechtlicht. Das Wissen und die Lektionen unserer Vorfahren wurden dämonisiert und zerstört, mit Auswirkungen auf unsere Identität und Menschlichkeit«,[8] beschreiben es die Wissenschaftler*innen Lance Louskieter und Shehnaz Munshi. Die Disziplin der sogenannten modernen Medizin hat dabei mit pseudowissenschaftlichen Mitteln maßgeblich zur Konstruktion der Idee von »Rasse« beigetragen. Die gibt es bei Menschen aber nicht, stattdessen gibt es mehr genetische Variationen zwischen Menschen eines Kontinents als zwischen verschiedenen Kontinenten, zu 99,9 Prozent sind unsere menschlichen Gene gleich.[9] »Rasse« ist ein soziales, politisches und historisches Konzept ohne biologische Grundlage, eine menschliche Erfindung, erklärt die rassismuskritische Medizinerin Shreyasi Bhattacharya. »Dieses Unterdrückungssystem ist Bestandteil der Wissenschaft und damit der Medizin.«[10] Es wird gern argumentiert, die Menschen hätten es in den vergangenen Jahrhunderten schlicht nicht besser gewusst und ihr Rassismus sei Resultat des Zeitgeistes. Tatsächlich finden wir aber viele frühe anti-rassistische Stimmen, wenn wir nur gewillt sind, nach ihnen zu suchen. So etwa der erste afroamerikanische Arzt James McCune Smith, der 1813 als Sohn einer Versklavten in New York zur Welt kam. Weil es ihm in den USA verboten war, absolvierte er sein Medizinstudium in Schottland und nutzte seine Ausbildung und seinen Scharfsinn, um sich gegen Pseudowissenschaften wie die Phrenologie starkzumachen. Er veröffentlichte wissenschaftliche Fachartikel, hielt Vorträge und kämpfte für die Abschaffung der Sklaverei in den USA, die letztlich im Jahr 1865, in dem er auch verstarb, für verfassungswidrig erklärt wurde.[11] Kluge kritische Köpfe, die sich gegen einen Status quo der pseudowissenschaftlich gestützten Unterdrückung einsetzten, gab es schon immer, auch wenn sie in der Unterzahl waren. Sogenannte Rassentheoretiker gab es hingegen ab dem Zeitalter der imperialistischen Unterdrückungssysteme viele. Einer von ihnen war der Mediziner Carl Gustav Carus. Der Leibarzt der sächsischen Könige Anton und später Friedrich August II. verfasste 1849 seine Theorie verschiedener Völker, die sich angeblich in Intelligenz und Leistungsfähigkeit unterschieden. Obwohl selbst zu damaliger Zeit bereits die Schädelvermessung zur Ableitung von Eigenschaften als wissenschaftlich widerlegt galt, begründete er seine rassistischen Thesen mit dieser Methode. Carus, Rassentheoretiker mit kolonialer Vergangenheit, begegnet uns leider nicht nur in seinen verstaubten Büchern mit Titeln *Über die ungleiche Befähigung der verschiedenen Menschheitsstämme für höhere geistige Entwicklung.*[12] Wir finden seinen Namen und sein Gesicht absurderweise auch heute noch im Logo einer deutschen Universität. Die Studierenden des Uniklinikums und der medizinischen Fakultät in Dresden, die den Namen Carl Gustav Carus tragen, möchten das nicht länger hinnehmen. »Keine Rassist*innen als Namensgeber*innen«, fordert darum die studentische Initiative *Kritische Medizin Dresden* 2023 in einem offenen Brief, in dem die Umbenennung verlangt wird. Dort heißt es weiter: »Die Uniklinik Dresden schweigt über die rassistische Vergangenheit ihres Namensgebers. Es gibt keine konstruktive und kritische Einordnung der Person Carl Gustav Carus, wie es an anderen Orten Dresdens, etwa am Deutschen Hygiene-Museum, gelungen ist.«[13]

Dort hatte 1911 die erste »Internationale Hygiene-Ausstellung« stattgefunden, zu der über fünf Millionen Menschen nach Dresden kamen, um sich über Anatomie, Gesundheitsvorsorge und gesunde Ernährung zu informieren.[14] Ein wichtiger Mitwirkender der Ausstellung war der Verleger Julius Friedrich Lehmann, der den Katalog zur Sektion »Rassenhygiene« veröffentlichte. Der Verlagsgründer war seit den 1890er-Jahren Anhänger und Verfechter rechter und völkischer Politik. Er war im Vorstand der *Deutschen Gesellschaft für Rassenhygiene*, veröffentlichte offizielle Handbücher zur »Reinhaltung der Deutschen Rasse« durch Sterilisation und Eugenik, spielte eine Hauptrolle dabei, Ärzt*innen in medizinischen Lehrbüchern das Rüstzeug für die nationalsozialistische Ideologie der »Rassenhygiene« an die Hand zu geben. Er wurde von führenden Nationalsozialist*innen gelobt, mit seiner Arbeit die Grundlage für völkisches politisches Denken gelegt zu haben, und gilt als derjenige, der Adolf Hitler mit medizinischen Schriften zur »Rassenkunde« versorgte, die dieser in *Mein Kampf* aufgriff. Kurz: Er war einer derjenigen, die die »wissenschaftliche« Grundlage für die Propaganda des Nationalsozialismus lieferten.[15] Nach seinem Tod und auch nach der Zeit der Nationalsozialist*innen bestand der *Lehmanns Verlag* weiter, entwickelte sich zur Unternehmenskette *Lehmanns Media*, die heute Buchläden mit Fachliteratur betreiben. Direkt auf meinem ehemaligen Unicampus war einer dieser Lehmanns-Läden, ich habe dort mein erstes Stethoskop und einen Anatomie-Atlas gekauft, der bis heute in meinem Bücherregal steht. Von Lehmanns Geschichte wusste ich während meines Studiums nichts, erst 2023 erfuhr ich durch die Studierenden der *Kritischen Medizin Leipzig* und den *Medical Students for Antiracist Action* davon. Sie machten auf das Thema aufmerksam beim *Journal Club Antirassismus im Gesundheitswesen*, in dem monatlich wissenschaftliche Texte besprochen werden, die im Medizinstudium fehlen.

Obwohl koloniale Konzepte wie die »Rassentheorie« längst naturwissenschaftlich widerlegt sind, finden diese sich heute nicht nur in der Historie medizinischer Verlagshäuser, sondern immer noch in den Denkmustern von medizinischem Personal wieder. Erschreckenderweise stecken falsche Annahmen über angebliche biologische Unterschiede zwischen Schwarzen und *weißen* Menschen auch in aktuellen medizinischen Algorithmen, die für Therapieentscheidungen herangezogen werden. So gibt es medizinische Formeln, die eine sogenannte »race correction« beinhalten. Um zum Beispiel zu berechnen, wie gut die Nieren eines Menschen funktionieren, wird unter anderem im Blut das Kreatinin gemessen, was als Abbauprodukt beim Stoffwechsel unserer Muskeln anfällt. Weil es über die Nieren ausgeschieden wird, lässt sich über diesen Umweg die Filtrationsleistung der Nieren bestimmen. Die dafür nötige Formel beinhaltet neben dem Kreatinin auch Angaben zum Alter, Geschlecht und: zur Hautfarbe. Bei Schwarzen Patient*innen, so empfiehlt es die offizielle Fachliteratur, soll das Ergebnis der Berechnung der Nierenfunktion mit dem Faktor 1,21 multipliziert werden.[16] Aber warum? Weil sich hier ein rassistisches Relikt aus alten Zeiten eingeschlichen hat: die Behauptung nämlich, dass Schwarze Menschen höhere Kreatinin-Werte durch mehr Muskelmasse haben. Die Annahme, dass sie *weißen* Menschen physisch überlegen und »von Natur aus« für schwere körperliche Arbeit prädestiniert sind, ist »ein hartnäckiges Narrativ, das half, Kolonialisierung und Sklav*innenhandel zu rechtfertigen«,[3] wie Alice Hasters erklärt. Der rassistische Algorithmus führt dazu, dass für Schwarze Menschen höhere Werte der Filtrationsleistung herauskommen, ihnen also von vornherein eine bessere Nierenfunktion zugeschrieben wird. Das wiederum führt im Krankheitsfall zu späterer Überweisung zu Nierenspezialist*innen und bei einem (drohenden) Nierenversagen sogar zu längeren Wartezeiten auf eine Nierentransplantation. Dieses Beispiel aus der Nierenheilkunde ist nur eines von vielen, auch in Formeln der Herzchirurgie, Urologie, Geburtshilfe, Lungenheilkunde und sogar in der Onkologie verstecken sich »race corrections«. Das *Bundesfachnetz Gesundheit und Rassismus* kritisiert, dass solche Formeln immer noch benutzt werden, ohne ihre Ursprünge und ihre teils fatalen Folgen für rassifizierte Menschen zu reflektieren. »Koloniale Denkmuster, deren Resultat vermeintlich biologische, rassistische Kategorisierungen und Hierarchisierungen waren, wirken bis heute noch«,[17] schreibt der Zusammenschluss aus rassismuskritischen Schwarzen und Indigenen Expert*innen aus dem Gesundheitsbereich auf seiner Website. Um Vorurteile und Stereotype in Formeln und Algorithmen in Zukunft zu erkennen und zu bekämpfen, hat sich an der University of Chicago die *Algorithmic Bias Initiative* gegründet. Mit ihrer Forschung, einem Handbuch und jährlichen Konferenzen möchte sie auf das Thema aufmerksam machen und rassistische Formeln nach und nach aus dem Gesundheitswesen verbannen.[18]

Die eurozentrische Etablierung von Schwarzen und indigenen Menschen als »die anderen« aus Zeiten von Kolonialisierung und Versklavtenhandel findet sich bis heute nicht nur in Formeln, sondern auch im Alltag wieder. Alice Hasters erklärt: »Wie wir Körper beurteilen, hängt davon ab, was wir als ›normal‹ definieren. Doch wer bestimmt, was ein ›normaler‹ Körper ist? Eine rhetorische Frage. Die Antwort ist natürlich: *weiße* Menschen. Ihre Körper sind normal – und alle anderen Körper verhalten sich in Relation dazu. (…) Es ist kein schönes Gefühl, als Abweichung der Norm definiert zu werden. Man nennt das Othering, und es ist mein Alltag.«[3] »Othering« (von engl. anders) bedeutet für Schwarze Patient*innen, dass ihre medizinische Versorgung anders als für *weiße* Patient*innen abläuft oder von vornherein der Zugang dazu durch die Behandlung als »Fremde« erschwert oder verhindert wird. Aber auch medizinisches Personal ist vom Diskriminierungsmechanismus des Othering betroffen. Schwarze Professionelle erfahren im Gesundheitswesen permanent eine Abwertung ihrer Kompetenz, mal mehr, mal weniger unterschwellig. Ihre Leistungen werden infrage gestellt, ihre Fähigkeiten angezweifelt, ihre Erfahrungen invalidiert.[19]

Koloniale Konzepte von Geschlecht

Es ist wichtig, zu verstehen, woher diese Kategorien kommen, die wir unbewusst in unseren Köpfen tragen und die uns in Lehrbüchern, ärztlichen Praxen und Krankenhäusern begegnen. Um Gesundheit und Gesellschaft gleichberechtigter zu gestalten, müssen wir Grundsatzannahmen, Algorithmen, Gruppenzuschreibungen hinterfragen, kritisieren und neu gestalten. Und das gilt nicht nur für das Gesundheitssystem, sondern beginnt schon bei ganz grundlegenden Anschauungen von normal und abnorm, von natürlich und abweichend. Die Politologin und Autorin Emilia Roig beschreibt in ihrem Buch *Why We Matter: das Ende der Unterdrückung*, wie Vorstellungen von Biologie oft eng mit sozialen Ungleichheiten zusammenhängen. »Unterdrückungssysteme beruhen auf sozialen Kategorien, die die Menschheit in verschiedene Gruppen unterteilen – und zwar entlang rigider, jedoch oft unsichtbarer Hierarchien. Fast alle diese Kategorien wurden in der

Moderne als biologische Kategorien konstruiert und behandelt, als intrinsisch und unveränderlich. (…) Diese scheinbar biologischen, naturgegebenen Merkmale sind jedoch in Wahrheit zum Großteil konstruiert. Sie wurden definiert, organisiert und verhandelt – und zwar so, dass sie Ungleichheiten in unseren Gesellschaften rechtfertigen.«[20] Genauso ist es auch mit den Kategorien »Frau« und »Mann«. Das binäre Geschlechterkonzept, also die Vorstellung nur zweier gegensätzlicher Geschlechter, ist laut Oyèrónkẹ́ Oyěwùmí genauso wie »Rasse« ein Mythos. Beide sind laut Oyěwùmí Kategorien, die der Westen erfunden hat. Die Genderforscherin und Soziologin stammt aus einer Region im heutigen Nigeria, die vor der europäischen Kolonisation als Yorùbáland bekannt war. Dort gab es, wie in vielen anderen Teilen der Welt auch, keine binären Geschlechterkategorien. Die Yorùbá kannten verschiedene Fortpflanzungsrollen, ohne diesen soziale Hierarchien zuzuordnen. Die Kategorie »Frau« existierte nicht, bevor die europäischen Kolonialherren kamen; statt am Geschlecht war die soziale Rolle am Alter einer Person festgemacht. Denn Geschlechterrollen sind eben nicht universell, nicht in jeder Gesellschaft Grundlage für soziale Strukturen, wie Oyěwùmí betont.[21] Diese westlichen Kategorien von Geschlecht wurden in der Zeit der Kolonialbestrebungen eingeführt und den Yorùbá und anderen kolonisierten Völkern gewaltvoll aufgezwängt. Die Kategorie »Frau« wurde geschaffen, und anhand der neu etablierten patriarchalen Gesetze der britischen Kolonialherren wurden diese ganz in westlicher Tradition in heteronormative Vorstellungen gezwängt und weitestgehend aus der öffentlichen Sphäre ausgeschlossen. Im Zuge der Kolonisierung wurden in Yorùbáland sogar geschlechtsneutrale Gottheiten durch männliche Götter ersetzt.[22]

Die Vorstellung eines binären Geschlechterkonzeptes als Alleinstellungsmerkmal der »Zivilisation« wurde unter anderem vom deutschen Psychiater Richard von Krafft-Ebing verbreitet. Das von ihm 1886 veröffentlichte Buch *Psychopathia Sexualis* galt damals als Standardwerk der Sexualwissenschaft, es wurde in sieben Sprachen übersetzt, und noch bis 1924 wurden in Deutschland Neuauflagen gedruckt. Darin behauptete er, je höher entwickelt eine »Rasse« sei, desto stärker wäre der Kontrast zwischen den physischen Erscheinungsbildern verschiedener Geschlechter. Schwarze und indigene Menschen waren in den Augen europäischer Wissenschaftler*innen anhand von äußeren Merkmalen weniger eindeutig Geschlechtern zuzuordnen, was als Beleg für die Überlegenheit der europäischen Kolonialmächte dienen sollte.[23] Es gab aber auch damals schon europäische Wissenschaftler*innen, die das anders sahen, die Geschlecht nicht als binär, sondern als vielfältig begriffen. Einer von ihnen war der Arzt Magnus Hirschfeld, der als einer der Pioniere der heutigen Sexualwissenschaften bekannt ist. Seine Veröffentlichungen gelten als frühe Vorläufer der heutigen Queer-Theory, seine erste sexualwissenschaftliche Arbeit hieß *Sappho und Sokrates oder Wie erklärt sich die Liebe der Männer und Frauen zu Personen des eigenen Geschlechts?* Darin erklärt er 1896 seine Lehre der Zwischenstufen, in der er darlegt, dass alle Menschen nicht Frau oder Mann sind, sondern eine einzigartige Mischung aus beidem. Damit erklärte er trans*, inter* und queere Menschen zu natürlichen Variationen von Geschlechtsausprägung, statt sie, wie im wissenschaftlichen Diskurs üblich, zu pathologisieren. Welche Forschung aber Beachtung findet und welche nicht, hing damals wie heute eng mit sozialen Prozessen und gesellschaftlichen Strukturen zusammen, wie wir noch im nächsten Kapitel sehen werden.

Bei der Unterwerfung nicht-europäischer Länder begegneten den Kolonist*innen nicht nur vielfältige Geschlechtskonzepte, sondern auch ihnen unbekannte Begehrens- und Beziehungsformen, welche sie im Zuge ihrer Herrschaft unterdrückten und unsichtbar machten. Als Reaktion auf das Konzept von queerer Sexualität in nicht-europäischen Regionen entstand eine Art Panik, die überhaupt erst zur Etablierung der Heterosexualität als Begriff und als gewaltvoll durchgesetzte politische Norm in kolonisierten Ländern führte.[24] Vor diesem Hintergrund ist es besonders ironisch, wenn »westliche« Länder sich heute als überlegen und fortschrittlich gegenüber anderen feiern, weil sie queeren Menschen vermeintlich mehr Rechte zugestehen. Dass die Unterdrückung queerer Menschen in ehemals kolonisierten Ländern ein Überbleibsel europäischer Gewaltherrschaft ist, wird dabei gern übersehen. Denn einige der Gesetze, die in der Kolonialzeit als europäische Erfindung eingeführt wurden, gelten noch heute.

Was in den Lehrbüchern nicht erwähnt wird

Im Medizinstudium und der fachärztlichen Weiterbildung lernen wir kaum etwas über das koloniale Kapitel unseres Berufsbildes und dessen Kontinuitäten, und medizinisches Wissen wird vermittelt, ohne zu erwähnen, dass erschreckend vieles davon auf Gewalt an nicht-*weißen* Körpern beruht. So lernte ich in der Gynäkologie, ein Spekulum zu benutzen, nicht aber, dass es von einem US-amerikanischen Arzt »erfunden« wurde, der im 19. Jahrhundert einen gebogenen Löffel in ein versklavtes Mädchen namens Betsey einführte, um an ihr zu experimentieren. Ich lernte chirurgische Operationstechniken ohne den Hintergrund, dass diese aus Menschenversuchen des gleichen Arztes stammten. James Marion Sims übte und entwickelte ab 1845 seine Operationen an drei versklavten Schwarzen Mädchen, bei denen sich Komplikationen nach einer Geburt ergeben hatten. Er führte seine Versuche ohne jegliche Narkose oder Betäubung an ihnen durch, teils sogar vor Publikum. An einem Mädchen mit dem Namen Anarcha perfektionierte er seine Operation. Insgesamt missbrauchte er ihren Körper dreißig Mal für Operationsexperimente, die er ohne Betäubung durchführte. »Für Sims waren sie keine menschlichen Wesen, sondern medizinische Versuchsobjekte, Objekte, die er benutzte, um sein Operationsverfahren zu verfeinern und sein berufliches Ansehen zu steigern. (…) er kolonisierte ihre Körper für persönlichen Profit und professionellen Gewinn. Und er fühlte sich berechtigt in dem, was er tat, durch die entmenschlichende Auffassung, dass Schwarze Frauen weniger Schmerzempfinden hätten«[25], schreibt die oben erwähnte Elinor Cleghorn. Das Bedrückende ist: Mir begegnet diese Logik, das unterschwellige Muster von nicht-*weißen* Körpern als Übungsobjekten teils noch heute im OP-Saal und auf Krankenhausstationen. Ich habe es schon öfter erlebt, dass Praktikant*innen, Student*innen oder unerfahrene Berufsanfänger*innen eher bei rassifizierten Menschen von ihren Vorgesetzten »zum Üben« ermutigt werden, vor allem wenn die Person kein Deutsch spricht und keine Krankenversicherung hat. Sei es beim Blutabnehmen oder beim Nähen von Wunden, bei der Betreuung einer Geburt oder bei schmerzhaften Untersuchungen – die unbewusste Vorstellung, bei rassifizierten Menschen sei es weniger schlimm, wenn teils unnötige, schmerzhafte oder invasive Verfahren durchgeführt werden, scheint sich hartnäckig zu halten.

Leichen im Keller

Wenn es um koloniale Eroberungen geht, so wird oft über Großbritannien gesprochen, wenn es um Deutschlands dunkle Vergangenheit geht, thematisieren wir den Nationalsozialismus. Selten wird aber wirklich betont, dass auch Deutschland eine gewaltvolle koloniale Vergangenheit hat. »Elf Jahre bin ich zur Schule gegangen, ohne auch nur einmal die Verbindung Deutschlands zu Afrika im Unterricht behandelt zu haben«,[3] schreibt Autorin Alice Hasters, und »die Dinge, die man nicht lernt, die nicht Teil des Unterrichts sind, die stellt man auch nicht infrage. Für die gibt es kein kritisches Bewusstsein.«[3] Und so ist vielen nicht bekannt, dass Deutschland das drittgrößte Kolonialreich war, dessen Errichtung und Aufrechterhaltung von 1884 bis 1919 eng mit Medizin und Macht verknüpft war. Deutschland hat wie andere europäische Länder in diesem Zusammenhang viele Leichen im Keller – und das leider nicht nur sprichwörtlich. Als ich 2011 anfing, an der Berliner Charité Medizin zu studieren, saß ich ehrfürchtig in historischen Hörsälen, ohne zu ahnen, dass unter mir, einige Stockwerke tiefer in den Kellern des Universitätsklinikums, Kisten mit Tausenden von Schädeln und Skeletten gelagert wurden.[26] Noch weniger war mir bewusst, wer die Toten waren, die sich hinter diesen Knochen verbergen. Sie gehören Menschen, die im heutigen Namibia, Tansania, Ruanda, Kamerun, Japan, Australien, Papua-Neuguinea und weiteren Ländern unter ehemaliger deutscher Kolonialherrschaft starben. Ihre Knochen gelangten im Gepäck von Pseudo-Wissenschaftler*innen und Unternehmer*innen nach Deutschland, wo sie vermessen und ausgestellt wurden, um die angebliche biologische Überlegenheit der Europäer*innen zu propagieren. Es wurden aber nicht nur sterbliche Überreste aus geplünderten Gräbern und von enthaupteten kolonisierten Menschen nach Europa geschafft, sondern auch lebende Menschen aus den Kolonien verschleppt.

Der Hamburger Unternehmer und Tierhändler Carl Hagenbeck etwa war dafür bekannt, »Völkerschauen« zu organisieren, in denen entführte Menschen aus den kolonisierten Gebieten im Deutschen Reich wie Tiere im Zoo ausgestellt wurden. Einer der Schädel-Sammler, die auch von Hagenbeck beliefert wurden, war der berühmte und bis heute verehrte Sozialmediziner und Pathologe Rudolph Virchow, nach dem ein Campus des Berliner Universitätsklinikums Charité benannt ist.[27] Für seine Forschung sammelte er über die Jahre mehrere Tausend Schädel als Untersuchungsobjekte, die später in den Besitz der Charité übergingen und dort dann rund einhundert Jahre verwahrlosten, ehe sie der *Stiftung Preußischer Kulturbesitz* übergeben wurden. Dann stellte sich die Frage, was nun mit ihnen geschehen soll.

Der Aktivist Israel Kaunatjike setzt sich seit Jahren dafür ein, dass die menschlichen Knochen seiner Vorfahren dort hingehören, wo sie herkamen: ins heutige Namibia. »Ich fordere seit 2004, dass Schädel, die in der Kolonialzeit aus Namibia nach Deutschland gebracht worden sind, zurückgegeben werden. (…) Ich bin froh und stolz, dass ich so viel geschafft habe mit den NGOs hier in Deutschland, dass wir so gedrängt haben, dass nun zum dritten Mal eine Übergabe stattfindet.«[28] Damit meint er mehrere Hundert Schädel und Skelette, die bis 2018 neben Paraguay, Australien und Tasmanien auch Namibia übergeben wurden im Rahmen des *Human Remains Project* der Charité. Kaunatjike findet, das darf aber erst der Anfang sein: »Es muss noch viel passieren. Alle Schädel müssen zurück nach Namibia. Es soll kein einziger hierbleiben«[28], so Israel Kaunatjike. Meine deutschen Vorfahren sind der Grund dafür, dass 80 Prozent seines Volkes ausgelöscht wurden. Er gehört zum Volk der Ovaherero, die neben den Nama, San und Damara in der ehemaligen Kolonie »Deutsch-Südwestafrika« unter der deutschen Gewaltherrschaft litten. Gegen diese Unterdrückung der Kolonialmacht, gegen den Landraub, sexuelle Übergriffe, Ausbeutung und Demütigungen formierte sich 1904 Widerstand, der von Samuel Maharero angeführt wurde. Diese Aufstände wurden brutal niedergeschlagen, 15 000 Soldaten wurden aus dem deutschen Kaiserreich gesandt, mit dem Befehl, die Ovaherero auszulöschen.[29] Der Historiker Wolfgang Eckart berichtet, dass sich neben den Soldaten auch einige deutsche Ärzte an den folgenden Massakern des Kolonialkriegs beteiligten.[30] Nach einer blutigen Schlacht wurden die überlebenden Ovaherero in eine Wüste getrieben, wo die meisten von ihnen verdursteten. Andere Überlebende wurden festgenommen und als Gefangene Opfer medizinischer Experimente deutscher Ärzte. Insgesamt starben bis zu 60 000 Ovaherero, laut Historiker Jürgen Zimmerer ein Genozid, der einen nie da gewesenen Tabubruch durch die systematische Vernichtung einer Ethnie darstellt.[31] Die traditionellen Führer*innen der Ovaherero und Nama sind die einzigen Nachkommen afrikanischer Volksgruppen, die jemals vor Gericht zogen, um gegen die an ihnen verübten Kolonialverbrechen zu klagen – bisher aber ohne Erfolg.[32] Erst 2021 entschuldigte sich die deutsche Bundesregierung erstmals offiziell schriftlich für die Tötung und Misshandlung der Ovaherero und Nama und erkannte diese als Völkermord an. Neben der Rückgabe der Schädel ihrer toten Vorfahren fordern Vertreter*innen der beiden Völkergruppen auch Reparationszahlungen als Entschädigung – auch das ohne Erfolg. Herero-Nachfahre Israel Kaunatjike findet:

»Reparationen sind eine andere Frage. Die Verhandlungen zwischen der deutschen und der namibischen Regierung sind eine Farce, weil die betroffenen Communitys nicht dabei sind. Damit werden wir uns nicht zufriedengeben. Die betroffenen Gruppen müssen mit an den Verhandlungstisch. (…) Wir warten schon hundert Jahre, und wenn es sein muss, warten wir noch einmal hundert Jahre. Wir lassen nicht locker, bis alle Schädel zu Hause sind.«[28]

Die Medizin der Menschenexperimente

Deutsche Ärzt*innen waren während der Gräueltaten gegen kolonisierte Menschen nicht nur passive Zuschauer, und erst recht ging es ihnen nicht um deren Gesundheit. Sie waren vor allem an pseudo-wissenschaftlichem Erkenntnisgewinn interessiert, der das koloniale Projekt vorantrieb und unterstützte, außerdem sollten von den Erkenntnissen aus den Kolonien die Menschen im Deutschen Reich profitieren, nicht aber die Menschen in den Kolonien. Für die Studierenden-Initiative *Kritische Medizin München* ist ein wichtiges Anliegen »(d)ie kritische Reflexion der Tatsache, dass auch die Medizin eine wichtige Rolle in der Legitimierung und Umsetzung deutscher Kolonialbestreben innehatte sowie selbst Verbrechen im Zuge wissenschaftlicher Forschung ermöglichte«. Sie fordern: »eine tiefergehende Beschäftigung mit der kolonialen Vergangenheit der Medizin, da eine öffentliche Stellungnahme der entsprechenden Institute, Kliniken und Forschungseinrichtungen weitestgehend ausbleibt«. Damit meinen die Medizinstudierenden auch das Institut, das spätestens seit der Corona-Pandemie den meisten bekannt sein dürfte: das *Robert Koch-Institut für Infek-*

tionskrankheiten (RKI). Der Historiker Jürgen Zimmerer geht noch einen Schritt weiter als die kritischen Medizinstudierenden und fordert neben einer kritischen Auseinandersetzung sogar eine Umbenennung des Robert Koch-Instituts aufgrund der Vergangenheit seines Namensgebers.[33] Aber was verbirgt sich hinter dem »dunklen Kapiteln seiner Laufbahn«, wie es vage auf der Institutswebseite genannt wird?

Robert Koch ist neben Rudolph Virchow einer *der* Posterboys der deutschen Medizingeschichte, er gilt durch seine Entdeckung des Tuberkulose-Erregers als Begründer der Bakteriologie, wofür er 1905 mit dem Nobelpreis ausgezeichnet wurde. Und auch er war ganz vorn mit dabei, bei kolonialer Gewalt im großen Stil, im Interesse der Medizin, im Namen der Wissenschaft. Er unternahm mehrere Forschungsexpeditionen in die damaligen deutschen Kolonien, um Therapien für Krankheiten wie Malaria zu testen. Die lebensbedrohliche Erkrankung gefährdete die Agenda des kolonialen Projekts, weil die Arbeitskraft erkrankter Menschen in den Kolonien weniger zur Ausbeutung zur Verfügung stand. Wissenschaftlern wie Koch ging es bei der Forschung in den Kolonien nicht um den Wunsch, zu helfen, sondern um Herrschaft und Rassismus, um die bestmögliche Nutzung der kolonisierten Gebiete zum wirtschaftlichen Vorteil des Deutschen Reiches. Malaria ist heute noch als »Tropenkrankheit« bekannt – ein Begriff aus kolonialer Perspektive. Aus heutiger Sicht muss Malaria nämlich eher als eine Armutskrankheit statt eine klimaspezifische Erkrankung gesehen werden. Tatsächlich war Malaria auch in Europa bis in die 1950er-Jahre sehr verbreitet, wie die Historikerin Manuela Bauche betont. So gab es 1826 eine Epidemie in Ostfriesland, bei der jedes zweite Kind erkrankte.[34] Trotz der Verbreitung von Malaria an der Nordseeküste und in vielen anderen europäischen Gebieten wurde eher die Bevölkerung der Kolonien zur Malaria-Ursache erklärt und damit zur Zielscheibe von Zwangsmaßnahmen. Im heutigen Kamerun wurde im Namen der Malaria-Bekämpfung das Volk der Duala gewaltsam umgesiedelt, sie wurden enteignet und von ihrem bisherigen Wohnort vertrieben. Diese erzwungene Segregation von europäischen Siedlungen und einheimischen Menschen geschah auf Grundlage eines medizinischen Gutachtens, in dem Gründe der Seuchenprävention mit rassistischen Motiven vermischt wurden.[35] Die Duala wehrten sich gegen ihre Vertreibung aus ihrer Heimat, die unter der Herrschaft von Reichskommissar Gustav Nachtigal den Namen »Deutsch-Westafrika« bekam. Nach ihm war noch bis 2022 ein Platz in Berlin benannt, bis er nach jahrelanger unermüdlicher Arbeit von Aktivist*innen des Bündnisses *Decolonize Berlin* nach dem Kameruner König und antikolonialen Widerstandskämpfer Rudolf Duala Manga Bell umbenannt wurde.[36]

Eine weitere Erkrankung, die nicht nur die Kolonisierten, sondern aus europäischer Sicht auch den Kolonisationsprozess und die Gesundheit der Kolonialherren gefährdete, war die sogenannte Schlafkrankheit. »Es handelt sich um einen von Insekten übertragenen Parasiten, der nicht nur Menschen, sondern auch Tiere befällt und eine langsam voranschreitende Krankheit verursacht. Die Schlafkrankheit galt als mysteriös. Im frühen 20. Jahrhundert sprach man in Ost- und Zentralafrika von einer Epidemie. Damals gab es noch kein Gegenmittel. Die Krankheit kann auch tödlich enden, vor allem, wenn sie nicht behandelt wird. Deshalb war sie für einige Kolonialherren ein Thema, weil sie fürchteten, weniger Arbeiter zur Verfügung zu haben.«[32] So erklärt es die Wissenschaftshistorikerin Edna Bonhomme, die sich aus dekolonialer und feministischer

Perspektive mit Geschichte und Verständnis von Krankheiten befasst. In einer britischen Kolonie im heutigen Uganda kostete die Schlafkrankheit um 1900 etwa eine viertel Million Menschen das Leben, dementsprechend gab es ein hohes ökonomisches und politisches Interesse an ihrer Erforschung. »Koch wurde von britischen Beamten eingeladen, er war schließlich ein weltberühmter Wissenschaftler. 1905 hatte er den Nobelpreis gewonnen. Er galt als weltweit bester und gefeierter Forscher. Wenn es ihm nicht gelingen sollte, ein Heilmittel gegen die Schlafkrankheit zu finden, wem dann. Er nahm seine Frau mit, eine Schauspielerin, und zahlreiche Assistenten. Koch hatte alle Ressourcen, die er brauchte, er war mächtig und privilegiert, und er wurde von den britischen Kolonialministern respektiert«,[32] so Bonhomme. Das Problem war nur: Es fehlten Versuchspersonen zur Erprobung möglicher Therapien. Darum wurden Tausende vermeintlich Infizierte in abgeriegelten Konzentrationslagern isoliert, einer Ansammlung aus Strohhütten ohne sauberes Wasser und ohne Fluchtmöglichkeit. In diesen Gefangenenstätten führte Koch »therapeutische« Experimente durch, Menschenversuche mit dem giftigen Mittel Atoxyl. Er steigerte die Konzentration des arsenhaltigen Stoffs auch nach der Erblindung seiner Versuchsopfer, bis zu ihrem Tod. Bonhomme erklärt: »Diese Experimente wurden in Deutschland an Tieren durchgeführt. An Menschen waren sie verboten. In Afrika hat Koch aber die Menschen als Forschungssubjekte benutzt, auf eine Art und Weise, in der es in Deutschland nie erlaubt gewesen wäre.«[32]

Der Historiker Jürgen Zimmerer geht davon aus, dass Koch mit der Zeit klar war, dass Atoxyl keine Heilung bringt, sondern Menschen tötet, was gern in Kauf genommen wurde, um sie als Erregerherd auszuschalten.[33] Bei seiner Forschung in kolonisierten Gebieten ging es Robert Koch neben kolonial-wirtschaftlichen Interessen vor allem auch um das Vorantreiben seiner wissenschaftlichen Karriere, ein Ziel, das er um jeden Preis verfolgte und dafür wortwörtlich über Leichen ging. Er schreibt 1903: »Bei uns zu Hause ist nun schon so gründlich aufgearbeitet und die Concurrenz eine so gewaltige, dass es sich wirklich nicht mehr lohnt, dort zu forschen. Hier draußen aber, da liegt noch das Gold der Wissenschaft auf der Straße. Wie viel Neues habe ich gesehen und gelernt, als ich zum ersten Male nach Afrika kam!«[32] 1916 entstand auf Grundlage von Kochs Humanexperimenten an Zwangsinternierten das erste wirksame Medikament gegen die Schlafkrankheit, entwickelt vom deutschen Pharmakonzern *Bayer*. Das Mittel trägt allen Ernstes den bezeichnenden Handelsnamen »Germanin«, es wird damals dreist als Kolonialpropaganda verwendet und heute noch unreflektiert als Errungenschaft der Tropenmedizin gefeiert.[35]

Helfen, Heilen, Herabwürdigen

Mit der Entstehung der Tropenmedizin und Ausbreitung der europäischen Wissenschaft in den kolonisierten Gebieten wurde auch das indigene Wissen über Gesundheit zunehmend unterdrückt, verdrängt und teilweise ausgelöscht. Aus europäischer Sicht galt die westliche Medizin als das Nonplusultra, als die einzig richtige Art zu heilen. In den Gemeinschaften der indigenen Bevölkerung Nordamerikas etwa, den Native Americans, waren Frauen respektierte Heilerinnen, die aber von den britischen Kolonisator*innen nicht anerkannt wurden. Eine vermittelnde Rolle nahm dort die Vorreiterin Susan La Flesche Picotte ein, die sowohl in den Heiltraditionen ihres

Volkes der Omaha geschult war als auch 1889 als erste Native American einen akademischen Grad als Ärztin erlangte und ihr Leben der Gesundheit ihres Volkes gewidmet hat.[37] Auch die indigene afrikanische Medizin hatte über Generationen die grundlegenden gesundheitlichen Bedürfnisse der einheimischen Menschen versorgt, von europäischen Ärzt*innen wurde sie als minderwertig abgetan und nicht ernst genommen. Indigenen Heiler*innen wurde ihre Tätigkeit verboten, denn sie galten, wie in Europa auch, als Hexer*innen. Es entstanden Krankenhäuser, die zunächst nur für *weiße* Europäer*innen gedacht waren, christliche Missionsgesellschaften etablierten Gesundheitseinrichtungen, in denen auch Einheimische behandelt wurden.[38] Kulturwissenschaftler*in, Autor*in und Aktivist*in SchwarzRund sieht auch heute noch eine Kontinuität der Grundeinstellungen von damals: »das Bild von Schwarz gleich krank und deswegen bedürftig, bzw. *weiß* gleich gesund und deswegen heilend, ist auf jeden Fall etwas, was sehr in diesen Politiken von ›Hilfsorganisationen‹ (…) drinsteckt. Diese Idee von: ›Wir bringen die Heilung‹, also die christliche Heilung.«[39] Ähnlich sieht es die *Kritische Medizin München*: »Diese Annahme einer universellen Überlegenheit westlicher Medizin gegenüber der nicht-westlichen medizinischen Versorgung steht ganz in der Tradition kolonialer Herrschaftsvorstellungen – ein Muster, das sich bis heute hält.«[35] Neben der offensichtlichen Problematik von Medizin als Machtinstrument ist es auch so: Der eurozentrische Blick auf Gesundheit passt eben einfach nicht für alle. Krankheit ist nicht immer ein rein biologischer Fakt, sondern hängt auch stark mit kulturellen Konzepten zusammen. So unterschiedlich Sozialisierungen sind, so unterschiedlich sind die Perspektiven darauf, was Gesundheit und Heilung bedeutet. Die Neuropsychologin Elisabeth Punzi beschäftigt sich in ihrer Forschung mit der Entstehung der Psychiatrie, kulturellem Erbe, menschlichen Narrativen und wie diese mit psychischen Erkrankungen zusammenhängen. Sie gibt zu bedenken: »Westlich konstruiertes Wissen funktioniert nicht für jede*n. (...) Die Psychiatrie wird als eine Erfolgsgeschichte dargestellt, Gewalt als Artefakt der Vergangenheit, das akzeptiert und entschuldigt wird als historischer Fehler, der an alte Institutionen geknüpft ist. Paternalismus wird oft als ein Phänomen der Vergangenheit dargestellt – aber das stimmt nicht.«[40] *Weiße* Körper wurden priorisiert, westliche Konzepte von Körper und Krankheit den Kolonisierten übergestülpt, was bis heute zu Missverständnissen bei medizinischen Hilfsmissionen oder bei der Behandlung von migrierten Personen führen kann. Der nigerianische Philosoph Godwin Sogolo erklärt am Beispiel des Volkes der Yorùbá wie unterschiedliche Krankheitskonzepte und -begriffe eine Behandlung erschweren können: Während die Beschreibung des Krankseins auf eine Yorùbá Person zutreffen kann, weil sie Krankheit als ein holistisches Konzept aus physischem, sozialem, psychologischem und spirituellem Wohlbefinden sieht, kann sie für eine westlich sozialisierte Person im gleichen Fall unzutreffend sein.[41]

Gestohlenes Wissen

Bis heute wird Wissen aus dem globalen Norden priorisiert, und auch die internationale Forschung folgt an vielen Stellen noch einem eurozentrischen Universalitätsanspruch, der seine Wurzeln in der Kolonialzeit hat. So fiel der Fachzeitschrift *The Lancet* auf, dass immer wieder Artikel von Autor*innen des globalen Nordens eingereicht wurden, die Daten auf dem afrikanischen Kontinent erhoben hatten, ohne beteiligte afrikanische Wissenschaftler*innen zu nennen. Das weist darauf hin, dass entweder gar keine lokalen Forschenden in die Projekte einbezogen wurden oder deren Arbeit unsichtbar gemacht wurde. Weil beides problematisch ist, lehnt *The Lancet* solche Manuskripte seit 2022 grundsätzlich ab.[42] Noch immer werden Länder des globalen Südens also von Forschenden als wissenschaftliche Spielwiese gesehen, um eurozentrische Hypothesen zu testen.

Dass die damaligen Kolonialherren indigene Krankheitskonzepte und indigenes Gesundheitswissen als unterlegen betrachteten, hinderte sie im Übrigen nicht daran, sich an diesem Wissen zu bereichern, unter anderem, um den Handel mit Heilpflanzen zu kontrollieren und auszubauen. Die Pharmakologie hat viel aus der Naturheilkunde und von tradiertem Heilwissen übernommen, ohne aber die Herkunft dieses Wissens angemessen anzuerkennen.[10] Als mir diese Tatsache während meiner Recherche begegnete, fragte ich mich, ob es dafür auch aus heutiger Zeit noch Beispiele gibt, die Antwort kam prompt. In den folgenden Tagen ließ mich eine Werbung aufhorchen, die mir immer wieder begegnete. »Umckaloabo – unaussprechlich, aber ausgesprochen gut!«, trötete es aus dem Radio. Warum der Name des Mittels gegen akute Bronchitis so schwierig für die deutschsprachigen Konsument*innen auszusprechen ist, wird aber nicht verraten. Der Begriff »umckaloabo« setzt sich zusammen aus zwei Wörtern aus der Sprache des Volkes der Zulu im heutigen Südafrika, »umkuhlane« steht für fiebrige Krankheit, »uhlabo« für Brustschmerz, zusammen in etwa »großer Husten«. Es gehört zum Wissen der Zulu, dass gegen solche Erkältungskrankheiten die Wurzelknolle einer wild wachsenden lila Geranienart hilft. 1897 behandelte ein Zulu-Heiler den tuberkulosekranken Briten Charles Henry Stevens mit der Wurzelzubereitung, dieser fühlte sich nach mehreren Monaten der Behandlung geheilt – und witterte ein Geschäft. Durch ihn wurde die Pflanze in Europa eingeführt, inzwischen wird sie auf Plantagen angebaut und vom deutschen Pharmaunternehmen *Dr. Willmar Schwabe* verkauft. Der Konzernslogan heißt »From Nature. For Health«, müsste aber treffender vielleicht eher heißen »Stolen from indigenous knowledge about Nature, for white people's Health«. Denn die Karlsruher Pharmafirma verdient jährlich rund 55 Millionen mit dem Präparat – während die Zulu in Südafrika leer ausgehen.[43, 44] Gegen das schlechte Gewissen gründete die Firma die gemeinnützige *Umckaloabo Stiftung* und kann sich so sogar noch als nobler Helfer in großer Not inszenieren – White Saviorism ahoi. Sicher unterstützen solche Hilfsprojekte viele Menschen, aber eben immer nur zu den Bedingungen der Helfenden. Dass die (neo-)koloniale und wirtschaftliche Ausbeutung durch Industrienationen diese Benefizprojekte überhaupt erst nötig macht, wird gern verdrängt. Wenn es von vornherein gleichberechtigter zuginge, bräuchte es solche Strukturen vielleicht gar nicht.

Mogelpackung Global Health

Wohltätigkeit ist nicht das Gleiche wie gleichberechtigte Teilhabe und Zusammenarbeit auf Augenhöhe. Das betont auch der Arzt, Epidemiologe und Wissenschaftsjournalist Madhukar Pai: »Ob es Impfungen sind, Stipendienfinanzierung oder Fachautor*innenschaften, es geht allein um die Macht und Privilegien, die einkommensstarke Länder haben und aufrechterhalten, und was sie bereit sind, als Spende abzugeben.«[45] Damit bezieht er sich auf die koloniale Kontinuität des Nachfolgers der damaligen Tropenmedizin, den Fachbereich der Globalen Gesundheit. Theoretisch geht es dabei um die gesundheitliche Chancengleichheit aller Menschen weltweit, praktisch hält sich leider das alte Machtgefälle zwischen ehemaligen kolonisierenden und ehemals kolonisierten Ländern hartnäckig. So meldeten sich 2020 über 1000 ehemalige und aktuelle Beschäftigte einer der wohl bekanntesten internationalen medizinischen Hilfsorganisationen zu Wort. Die Mitarbeitenden von *Ärzte ohne Grenzen* fanden, dass innerhalb ihrer Organisation doch durchaus Grenzen verlaufen, nämlich zwischen reicheren und ärmeren Ländern, zwischen *weißen* und rassifizierten Menschen. In einem Positionspapier prangerten sie an, die Organisation würde koloniale Vorstellungen von »*weißer* Überlegenheit« reproduzieren und pflegte einen grundlegenden institutionellen Rassismus. Die unterzeichnenden Beschäftigten berichteten von ungleicher Behandlung je nachdem, ob sie aus einem Land des globalen Nordens oder Südens kommen, von Alltagsrassismus am Arbeitsplatz, von überwältigender White Savior Mentalität, von der Überzeugung *weißer* Mitarbeitender, sie seien besser als jene im globalen Süden. Vor allem richtete sich die Kritik aber gegen die Struktur der Leitungsebene der Organisation, die fast ausschließlich aus privilegierten westeuropäischen Menschen bestehe, während die restlichen 90 Prozent der rund 65 000 Mitarbeitenden lokal in Ländern des globalen Südens angestellt sind. Das versucht der Friedensnobelpreisträger *Ärzte ohne Grenzen* nun zu ändern.[46] Ein Einzelfall ist die Organisation aber absolut nicht.

Das Kollektiv *Global Health 50/50* sammelt seit 2018 Daten darüber, wer in Sachen Globaler Gesundheit das Sagen hat, wer also weltweit in den Vorständen der einflussreichsten Hilfsorganisationen sitzt. Im Bericht von 2022 stellt der Zusammenschluss aus Forschenden und Aktivist*innen fest: Das »Global« fehlt leider in der Führungsebene von Globaler Gesundheit. Von über 2000 Vorstandsposten in den 146 analysierten Global Health Organisationen waren 75 Prozent von Menschen aus Ländern mit hohem Einkommen besetzt und nur 2,5 Prozent von Menschen aus Ländern mit niedrigem Einkommen, die verbleibenden Posten von Menschen aus Ländern mit mittlerem Einkommen. Insgesamt gibt es in den analysierten Organisationen nur neun Vorstandssitze, die von Menschen besetzt sind, die unter 45 Jahre alt sind, was laut dem Kollektiv jene bevorzugen könnte, die historisch gesehen Machtpositionen innehatten. Dabei wurde auch deutlich, dass Frauen und nichtbinäre Personen in den Vorständen stark unterrepräsentiert sind, besonders wenn sie aus Ländern mit niedrigem Einkommen stammen: Sie sind nur auf 17 der über 2000 Vorstandsposten zu finden. Die Hälfte der Organisationen, die seit fünf Jahren vom Kollektiv untersucht werden, hatte in dieser Zeit keine einzige Frau in ihren Vorständen. Die zitierten Expert*innen sehen die Gründe in den Geschlechterunterschieden unter anderem in der ungleichen Verteilung von Fürsorgearbeit, sie sehen aber auch Hoffnung. Anuradha Gupta berichtet aus ihrer Arbeit als Vorstandsfrau zusammen mit Frauen aus Ländern mit geringem Einkommen: »Sie in Aktion zu sehen, kann unglaublich inspirierend sein, es wird ein Kreislauf losgetreten von Frauen, die Frauen inspirieren. Ich habe Frauen als Anführerinnen in Vorständen erlebt, sie haben einen Domino-Effekt auf den Abbau von Geschlechter-Stereotypen.«[47]

Um Globale Gesundheit zu dekolonialisieren, braucht es aber mehr als die Diversifizierung von Führungsebenen. Laut anti-kolonialen Stimmen wie denen der Wissenschaftler*innen Lance Louskieter und Shehnaz Munshi braucht es einen fortwährenden Prozess des Hinterfragens und Umlernens.[8] Wie das in unseren Gesundheitssystemen, der Medizin und bei Globaler Gesundheit aussehen kann, damit beschäftigen sich in den letzten Jahren immer mehr kritische Forschende, Studierende und Aktivist*innen auf internationalen Veranstaltungen wie der *Decolonize Health and Climate* Konferenz, organisiert vom *Institute of Environmental Justice.* Solch einen interdisziplinären und vor allem internationalen Austausch mit Expert*innen aus dem globalen Süden braucht es, um komplexe koloniale Strukturen nach und nach aufzubrechen.

Inzwischen gibt es auch erste Bemühungen, kritische Betrachtungen von Kolonialismus und dekoloniale Konzepte direkt in das Medizinstudium zu integrieren. So gibt es seit Kurzem etwa ein gemeinsames Themenmodul der Universitäten Nairobi und Berlin, in dem Studierende und Dozierende beider Institutionen gemeinsam Globale Gesundheit thematisieren.[48] Der Neurologe und Historiker Pascal Grosse und die Epidemiologin Angela Schuster verankern derzeit in Berlin das Fach der Global Health in der medizinischen Lehre, wobei historisches Wissen, aktuelle globale Auswirkungen und nicht zuletzt auch persönliche Reflexion der eigenen Voreingenommenheit in den Seminaren kombiniert werden sollen.[49]

Genau auf dieser ganz persönlichen Ebene, beim Überdenken eigener Vorurteile und Abwehrmechanismen von *weißen* Personen gegenüber Rassismusvorwürfen muss viel geschehen, gibt Grada Kilomba zu bedenken. Die Psychologin, Autorin und Künstlerin ist in Deutschland eine der führenden Stimmen zu Postkolonialismus und Rassismus. In ihrem Buch *Plantation Memories: Episodes of Everyday Racism* schreibt sie: »Reparation bedeutet das Aushandeln von Anerkennung. Die Wirklichkeit wird verhandelt. In diesem Sinne ist es die Reparatur des Schadens, den Rassismus angerichtet hat, durch das Verändern von Strukturen, Agenden, Räumen, Positionen, Dynamiken, subjektiven Beziehungen, Vokabular, das heißt, das Aufgeben von Privilegien.«[50]

3. Daten und Diagnosen
Representation Matters

»Wir werden krank, und unsere Krankheit fällt unter die harte Hand der Wissenschaft, fällt auf Objektträger souveräner Mikroskope, fällt in süße Lüge, fällt in Mitleid und PR, fällt in neue Browserfenster und neue Bücher im Regal.«[1]

Anne Boyer

Ende 2020 bin ich an einem Sonntagmorgen mit höllischen Kopfschmerzen und einem sehr geschwächten Körper aufgewacht, am nächsten Tag wurde eine Corona-Infektion bei mir bestätigt. Wochen und Monate kamen und gingen, und die Erschöpfung, die verminderte Belastbarkeit, die Kopfschmerzen, die Reizempfindlichkeit blieben. Mir war nach ein wenig Recherche klar, dass meine Symptome sehr genau zu denen von Myalgischer Enzephalomyelitis beziehungsweise dem Chronischen Fatigue-Syndrom (ME/CFS) passen, das infolge einer Virusinfektion auftreten kann. Diese Erkrankung wird schon seit 1969 von der Weltgesundheitsorganisation als neurologische Diagnose geführt, und trotzdem: So richtig wusste niemand etwas darüber, als ich erkrankte. Das wurde mir schnell klar, als ich vor ratlosen Ärzt*innen saß, deren Tipps und Therapien meine Symptome nicht minderten, sondern oft eher verschlimmerten. Weil ich anfangs starke Konzentrationsschwierigkeiten hatte, traute ich meinem Kopf zu dieser Zeit nicht sonderlich, trotzdem war ich mir ziemlich sicher: Im Medizinstudium hatte ich kaum etwas über ME/CFS gelernt. Weil ich nicht viel darüber wusste und mir die Diagnose in Praktika nie begegnet war, dachte ich, es müsste wohl eine eher seltene Erkrankung sein. Beim Stöbern auf der Website der *Deutschen Gesellschaft für ME/CFS*[2] stellte ich aber fest: Das stimmte gar nicht. Deutschlandweit waren schon vor der Corona-Pandemie 250 000 Menschen betroffen, ähnlich so viele wie Betroffene von Multipler Sklerose. Daten zur Lebensqualität zeigen, dass ME/CFS zu den Krankheiten mit der vergleichsweise niedrigsten Lebensqualität zählt und zu einem hohen Grad der körperlichen Behinderung führt. Gleichzeitig bleibt die Anzahl an Studien und die Höhe der Forschungsgelder weit hinter anderen autoimmunen Erkrankungen wie Rheumatoider Arthritis oder Lupus zurück. Was für ein Pech, ausgerechnet diese Krankheit erwischt zu haben. Aber wie kann es überhaupt sein, dass eine so häufige Erkrankung, die schon so lang existiert und so viel Leid verursacht, so wenig bekannt und erforscht ist? Eine einfache Antwort gibt es auf diese Frage nicht, sondern sie führt uns zu weiteren Fragen: Warum hat das Medizinstudium weder mich noch meine behandelnden Ärzt*innen gut auf den Umgang mit meinen offenbar sehr häufig vorkommenden Symptomen vorbereitet? Woher kommt denn das Wissen, dessen wir uns in der medizinischen Behandlung bedienen, das Wissen, das mir in Vorlesungen und Praktika beigebracht wurde? Welche naturwissenschaftlichen Erkenntnisse gelten als erwiesen, welche finden Eingang in medizinische Lehre und Leitlinien, welche Forschungsergebnisse landen in Lehrbüchern? Warum sind manche Fakten nur eine Randnotiz oder tauchen gar nicht erst auf? Wer ist in unserem medizinischen Wissen abgebildet, wer wird in der Forschung vernachlässigt? Und wer entscheidet überhaupt, welche Forschung durchgeführt wird, welches Wissen generiert und reproduziert wird? Den Impuls zu diesen Fragen bekam ich beim Lesen eines Textes von Grada Kilomba.[3] Sie hinterfragt in ihrer wissenschaftlichen wie künstlerischen Arbeit Wissenssysteme und betrachtet ihren Zusammenhang mit Macht aus einem postkolonialen Blickwinkel.

Mansplaining im Namen der Wissenschaft

Aber von vorn: Wie wir in den vorherigen Kapiteln gesehen haben, ist der Zugang zu Wissen und Machtpositionen im Gesundheitswesen vor allem gesellschaftlich privilegierten Menschen vorbehalten. Und Wissen sowie die Definitionshoheit darüber, was als legitimiertes Wissen gilt, hängt eben immer auch mit Macht zusammen. Insbesondere behinderten, queeren, weiblichen, armen, von Rassismus betroffenen und anders marginalisierten Menschen wird seit jeher kein Platz im Diskurs des Wissens zugestanden, und leider liegt die Deutungshoheit über ihre Lebensrealität noch viel zu selten bei ihnen selbst. Dabei ist es extrem gefährlich, wenn Menschen nicht ihre eigene Geschichte zugestanden wird, sondern immer nur über sie gesprochen, geurteilt wird. In der Medizin bedeutet das, dass marginalisierten Menschen Definitionen von normal und unnormal, von gesund und krank zugeschrieben werden, denen sie nie zugestimmt haben und die, noch schlimmer, manchmal fatal falsch sind. Denn sie stammen aus der Sicht der Wissenselite, die, wie wir gesehen haben, eine sehr kleine homogene Gruppe war und ist, bestehend aus den Menschen mit den meisten gesellschaftlichen Privilegien. Betrachten wir, wer den Großteil der Forschung, Lehre und Ausbildung betreibt und woher die Finanzierung dafür kommt, stellen wir fest, dass – wie auch gesamtgesellschaftlich der Fall – bestimmte Menschen in Macht- und Entscheidungspositionen der Wissenserzeugung und -vermittlung überrepräsentiert sind.

Um Forschung für alle zugänglich zu machen, ist es wichtig und wegweisend, dass es Wissenschaftsjournalist*innen wie die Chemikerin und Moderatorin Mai Thi Nguyen-Kim gibt, die komplexe Inhalte gut verständlich für alle aufbereitet. Sie spricht aber auch aus, was ich sofort unterschreiben würde: Diese Wissenschaftskommunikation hat in der Fachwelt einen schlechten Ruf.[4] Weil sie die Hierarchie mindert, Wissen zugänglich macht, das die Eliten vielleicht lieber für sich beanspruchen würden.

In der Disziplin der »modernen« Medizin waren es Männer, die Wissen und Macht nicht nur vorrangig über sich selbst, sondern auch über nicht-männliche Körper anhäuften, und *weiße* Menschen, die das soziale Konstrukt von »nicht-*weiß*« erfanden. Autorin Mona Chollet spricht mit Bezug auf die Hexenverfolgungen von einem »Krieg der modernen Wissenschaft gegen die Frauen«[5]. Denn Heilerinnen und Hebammen mit Wissen über den Körper wurden ausgeschaltet, während gesellschaftlich gut gestellte Männer als Ärzte auf den Plan traten. »(Die Unterwerfung der Frauen) war aber auch begleitet von (…) der Einführung eines neuen Verständnisses von Wissen. Daraus ging eine arrogante Wissenschaft hervor, die genährt ist von der Verachtung des Weiblichen, verbunden mit dem Irrationalen, dem Empfindsamen, der Hysterie, einer Natur, die es zu beherrschen galt«[5], schreibt Chollet. Sie weist darauf hin, dass auch der heutige Wissenschaftsbetrieb und die Erkenntnisse, die er produziert, vor dem Hintergrund dieser gewaltvollen historischen Entwicklungen betrachtet und die Objektivität von universitärem Wissen kritisch hinterfragt werden müssen. »Wenn man von der Stellung der Frau an Universitäten spricht, erwähnt man meist den Anteil weiblicher Studierender und Professorinnen (…). Man vergisst aber, wie mir scheint, allzu oft, den Inhalt des Unterrichts selbst zu hinterfragen, und übergeht die Tatsache, dass das Universitätsstudium für junge Frauen bedeutet, sich Wissen, Methoden und Codes anzueignen, die über Jahrhunderte weitgehend, wenn nicht *gegen*, so doch ohne sie entwickelt worden sind.«[5] Die noch heute wichtigen wissenschaftlichen Fundamente, die die Pioniere der Medizin legten, stammen aus einer Zeit, in der Frauenfeindlichkeit, Kapitalismus und koloniale Praktiken eng verwoben waren mit der neu entstehenden Wissenschaft.[6] Keine Frage, die »moderne« Medizin und ihr Fortschritt brachten viele Errungenschaften für die Menschheit. Aber wenn von Errungenschaften für die Menschheit gesprochen wird, sind eben meist nur jene von und für bestimmte Vertreter*innen der Menschheit gemeint. Medizin und ihre Forschung waren und sind Teil von bestehenden Herrschafts-, Macht- und Ungleichheitsverhältnissen. »Als sei das Wissen, das die Naturwissenschaft anhäuft und verarbeitet, nicht ebenso Teil kultureller Prozesse von Wissensaneignung und -selektion«[7], stellt Autor*in und Journalist*in Şeyda Kurt fest. Marginalisierte Menschen waren nie als Profiteure medizinischer Errungenschaften gedacht, im Gegenteil. Eine äußerst wichtige Funktion der frühen Medizin war nämlich die Aufrechterhaltung und

Verfestigung von gesellschaftlichen Ungleichheiten, indem die angebliche Unterlegenheit bestimmter Gruppen von nun an wissenschaftlich »bewiesen« war. Anerkannte Forscher lieferten pseudowissenschaftliche Rechtfertigungen für Diskriminierung, biologistische Theorien attestierten *weißen* Frauen einen Körper, der zu fragil und irrational für Bildung und Selbstbestimmung sei, während Menschen vom afrikanischen Kontinent eine vermeintliche Robustheit zugeschrieben wurde, mit der ihre Ausbeutung und Versklavung gerechtfertigt wurde. Ganz in sozialdarwinistischer Tradition gibt es bis heute Menschen, die mit vermeintlich biologischen Fakten Benachteiligung als »natürliche« Konsequenz einer angeblichen Minderwertigkeit von marginalisierten Menschen rechtfertigen. Erst 2022 sorgte zum Beispiel der geplante Vortrag einer Biologiestudentin an einer Berliner Universität für Aufsehen, die anhand ihrer Forschung zu Zweigeschlechtlichkeit bei Fischen Stimmung gegen trans*, nicht-binäre und inter* Menschen machen wollte, weil sie ihnen aufgrund ihrer vermeintlichen Unnatürlichkeit die Daseinsberechtigung abspricht.[8]

Wer das Sagen hat, bestimmt auch die Themen und wie diese verhandelt werden, das ist nicht nur in gesellschaftlichen Diskursen so, sondern auch im Wissenschaftsbetrieb. Wenn wir über Zugänge und Wissenseliten sprechen, müssen wir natürlich auch Klassismus thematisieren: das Gefälle zwischen meist ökonomisch privilegierten Mediziner*innen und ihren Patient*innen als Forschungsobjekten. Dazu muss ich nur die Ärzt*innen-Zeitschrift aufschlagen, die mir regelmäßig ins Haus flattert. Auf einer Seite lese ich dort einen Veranstaltungshinweis zur medizinischen Versorgung von wohnungslosen Menschen. Gleichzeitig sind viele der Anzeigen, die auf ebendieser Seite abgedruckt sind, Werbung für Eigentums- und Erbrechtsanwält*innen. Beides existiert nah nebeneinander. Während die Ärzt*innenschaft sich beraten lässt, wie sie ihr Vermögen am besten schützen kann, tritt sie in manch beruflichem Kontext Menschen gegenüber, die nicht einmal ein eigenes Bett besitzen. Ob in dieser Schieflage überhaupt je eine Behandlung auf Augenhöhe gelingen kann, wird selten reflektiert. Autor*in SchwarzRund merkt dazu an, dass der strukturelle Klassismus und Rassismus des Systems der Medizin Universitäten nicht nur schwer zugänglich für mehrfach marginalisierte Menschen macht, sondern auch die Wahrnehmung derer verzerrt, die es dorthin schaffen. Die Menschen, deren gesellschaftliche und berufliche Aufstiegschancen höher sind, erkennen nicht immer an, dass es neben guten Leistungen auch Privilegien und Vorteile sind, die ihre Positionen bedingen. *Weiße* Mediziner*innen aus Akademiker*innenfamilien sind in Universitäten meist von Menschen umgeben, die ihnen im Hinblick auf diese Merkmale ähnlich sind, woraus sich ein verschobenes Selbstverständnis ableiten kann, so SchwarzRund in einem Interview.[9] »Das sind die Ärzte, mit denen wir dann konfrontiert sind (…), sie erlernten, dass sie diejenigen sind, die es ›verdient‹ haben, (…) das ist allein schon etwas, was die Perspektive des Arztes unglaublich beeinflusst.«[9]

Die Unsichtbarkeit der Matildas dieser Welt

Die Zusammensetzung von ärztlichen Teams und Forschungsgruppen bildet also ganz und gar nicht unsere Gesellschaft ab, was einige Probleme mit sich bringt, wie wir in diesem Kapitel sehen werden. Dazu kommt: Mehr Frauen, mehr arme und rassifizierte Menschen, mehr marginalisierte Menschen, die forschen, führen noch lang nicht automatisch zu mehr Sichtbarkeit und Berücksichtigung. Die medizinische Forschung wird nämlich von gesellschaftlich gut gestellten Menschen dominiert, während marginalisierte Wissenschaftler*innen nicht nur unterrepräsentiert sind, sondern ihr Beitrag auch systematisch verdrängt wird. Während der Corona-Pandemie schaffte es ein Mainzer Wissenschaftler*innen-Ehepaar weltweit immer wieder in die Schlagzeilen, weil ihre bahnbrechende gemeinsame Forschung zur Entwicklung eines Impfstoffs gegen das neue Virus führte. Özlem Türeci und Uğur Şahin blicken beide auf eine lange, erfolgreiche, wissenschaftliche Karriere zurück, beide gelten als renommierte Krebsforschende. Doch in der Berichterstattung wurde Uğur Şahin als »Impfstoff-Erfinder« und sogar als »Vater des deutschen Impfstoff-Wunders« gefeiert, während der Google-Suchmaschinen-Algorithmus Özlem Türeci einfach nur zur »Ehefrau von Uğur Şahin« machte.[10] Männer erklären die Welt: Das wurde während der Corona-Pandemie einmal mehr deutlich. Diese Erfahrung musste auch Virologin Sandra Ciesek machen. Die Direktorin des *Instituts für medizinische Virologie* am Universitätsklinikum Frankfurt wurde in einem Interview direkt im ersten Satz zur »Quotenfrau« deklariert und degradiert.[11] Dass weibliche Forschende weniger Ansehen und Sichtbarkeit bekommen als ihre männlichen Kollegen, ihre Entdeckungen teils sogar fälschlicherweise Männern zugeschrieben werden, wird »Matilda-Effekt« genannt.[12]

Wichtige Entdeckungen von Frauen hat es schon immer gegeben, nur die Anerkennung blieb und bleibt oft aus. Der Matilda-Effekt hat im übertragenen Sinne sogar Einfluss auf unsere DNA. In der Schule lernen wir im Biologieunterricht über die Doppelhelixstruktur der DNA, nicht aber, dass die Biochemikerin Rosalind Franklin die allererste Person war, die den Beweis für diese Struktur lieferte, indem es ihr gelang, sie zu fotografieren. Ein Kollege von Franklin hatte diese wichtige Abbildung ohne ihre Zustimmung an die zwei Forscher weitergegeben, deren Namen wohl eher bekannt sind: James Watson und Francis Crick, die 1962 den Nobelpreis für die Entdeckung der DNA-Struktur erhielten. Rosalind Franklin kam für diese Ehrung nicht infrage, weil sie vor der Verleihung im Alter von siebenunddreißig Jahren an Eierstockkrebs gestorben war. Obwohl die Forschung von Watson und Crick sich maßgeblich auf die Arbeit von Franklin stützte, blieb sie in der Dankesrede komplett unerwähnt.[13] Die Autorin und Podcasterin Rebekka Endler schreibt dazu: »Unsichtbare Wissenschaftlerinnen erzeugen wir auch dadurch, *wie* wir über sie sprechen. Was haben Darwins Evolutionstheorie, die Newton'schen Gesetze, Einsteins Relativitätstheorie, die Mendel'schen Regeln und sogar Schrödingers Katze gemeinsam? Sie alle tragen den Namen ihres Entdeckers, genauer gesagt den Nachnamen. Was es nicht gibt, ist die Curie'sche Radioaktivität, die Meitner'sche Kernspaltung, den Goeppert-Mayer-Nukleus oder die Franklin'sche Doppelhelix-DNA …«[13] Männliche Namen tragen nicht nur die meisten Entdeckungen, sondern auch viele Krankheiten und die meisten Teile unseres Körpers. Der menschliche Körper wurde durch einen männlich geprägten Blick erforscht, markiert, benannt, manche sagen sogar kolonisiert. Und so sind es cis Männer, die bis heute die Namensgeber für Uterus, Eileiter und Co. sind. Weil zum Beispiel vor mehreren Hundert Jahren ein italienischer Arzt namens Gabriele Falloppio fand, die Eileiter sähen aus wie das Blechblasinstrument Tuba, ist nun ein Teil im Inneren meines Körpers mit diesem Namen versehen: Tuba uterina. Ich komme mir ernsthaft verarscht vor, wenn ich zu lang darüber nachdenke, dass irgendein historischer Mansplainer beschlossen hat, der Muskelschlauch, der meine Eizellen in meinen Uterus transportiert, sollte ganz offiziell diesen Namen tragen. Autorin Florence Montreynaud gibt noch weitere Beispiele: »die weiblichen Organe (sind) mit Namen von Männern gekennzeichnet (…). Die Drüsen, die ein Sekret absondern, das die Vulva und den Eingang zur Vagina befeuchtet, tragen den Namen Bartholinische Drüsen nach einem dänischen Anatomen des 17. Jahrhunderts. Zudem erhielt im 20. Jahrhundert eine erogene Zone in der Vagina den Namen G-Punkt, nach dem Initial des deutschen Arztes Ernst Gräfenberg. Stellen sie sich das Gleiche beim Mann vor.«[5]

Ohne Dollars keine Daten

»Seit meiner ersten Periode mit 11 Jahren wusste ich, dass bei mir irgendwas nicht stimmt – ich hatte unerträgliche Schmerzen. (…) Zu meinen Schmerzen während der Periode kamen andere Symptome dazu: Darm- und Blasenprobleme, Schmerzen im Unterleib außerhalb der Periode und Schmerzen beim Sex. Es wurde unerträglich. Kein Arzt und keine Ärztin haben mir geholfen. Einmal wurde ich von einem Arzt sogar für psychisch krank erklärt.«[14] So erzählt Janice Owen-Aghedo von ihrer jahrelangen Odyssee. Sie gehört zu den 10 Prozent der menstruierenden Personen, bei denen die Schleimhaut, die sonst nur im Uterus vorkommt, auch an anderen Stellen des Körpers auftaucht. Im Becken und Bauchraum wachsen die Zellherde und verursachen nicht nur Schmerzen und Verwachsungen, sondern führen bei einem Drittel der Betroffenen sogar zu Unfruchtbarkeit.[15] Ihre chronische Erkrankung ist für Janice Owen-Aghedo eine ständige Begleiterin im Alltag geworden, irgendwann hat sie ihr einen Namen gegeben: Hildegard. »Mittlerweile habe ich Hildegard als einen Teil von mir akzeptiert. Wir sind Freunde geworden, auch wenn wir uns oft streiten«,[14] erzählt sie. Bis dahin war es aber ein weiter Weg, denn erst als sie 23 Jahre alt ist, also 12 Jahre nach den ersten Symptomen, bekommt sie endlich die richtige Diagnose: Endometriose. Es ist leider eine sehr typische Endometriose-Geschichte, Betroffene berichten immer wieder von jahrelanger Suche nach Hilfe und Verständnis. Diese langen Leidensgeschichten haben mehrere Gründe. Da ist zum einen das äußerst ausführliche Anamnesegespräch, das meistens für die Diagnosestellung nötig ist. Dafür fehlt in gynäkologischen Praxen oft schlichtweg die Zeit und die nötige Vergütung durch die Krankenkassen[13] – ein Problem, das uns noch häufiger im Buch begegnen wird. Hinzu kommt: Es ist immer noch eine eher unbekannte Erkrankung, und das obwohl der Zusammenhang zwischen Unfruchtbarkeit und Schmerzen bei der Menstruation bereits vor circa 2000 Jahren in einer der ersten medizinischen Schriften der »westlichen« Welt, dem *Corpus Hippocraticum*, erwähnt wird.[16] Für mehr Sichtbarkeit setzt sich die Initiative *End Endo Silence* ein, die neben besserer Versorgung und Aufklärung auch mehr Forschungsmittel fordert.[17] Denn da ist noch die Tatsache, dass die Erkrankung trotz ihrer Häufigkeit und Schwere nicht ausreichend erforscht ist, weil häufig die Forschungsgelder fehlen. Wie chronisch unterfinanziert Endometriose-Forschung ist, zeigt das neue Level an Absurdität, das das Thema Anfang des Jahres 2023 erreicht hat. Das ist nämlich der Zeitpunkt, an dem Deutschlands führende Endometriose-Expertin Sylvia Mechsner ihre wissenschaftlichen Mitarbeiterinnen nicht mehr bezahlen kann.

Die Wissenschaftlerin leitet ein einzigartiges Forschungszentrum in Berlin, in dem Grundlagenforschung mit praktischen Erfahrungen aus der klinischen Arbeit verbunden und Studien mit menschlichen Proben durchgeführt werden. Weil es bisher keine spezifischen Forschungsausschreibungen für die »underdog«-Diagnose Endometriose gibt, muss Mechsner sich eigenständig immer wieder um temporäre Finanzierungen bemühen, zuletzt wurden aber alle Finanzierungsanträge abgelehnt. Das bedeutet, dass kein Geld mehr für das Gehalt der wissenschaftlichen Mitarbeiterinnen da ist, und damit steht das Forschungslabor vor dem Aus. Hier kommt die Influencerin Anna Adamyan ins Spiel, die selbst von Endometriose betroffen ist. Sie startete einen Spendenaufruf, um Mechsners Endometriose Zentrum zu retten.[18] Eine tolle Initiative – aber wenn Betroffene selbst in ihren Geldbeutel greifen müssen, um eine Forschung zur eigenen Erkrankung zu ermöglichen, dann läuft so einiges gehörig schief. »Willkommen im Zeitalter des misogynen Neoliberalismus. (…) Die kapitalistische Abwertung von Menschen mit Uterus at its best«, kommentiert das *Missy Magazine* in seinem Newsletter. Inzwischen wurde zumindest mehr Förderung der Endometriose-Forschung vom Bundestag beschlossen, was hoffentlich die Datenlage in den nächsten Jahren verbessern kann.

Wenn wir uns also anschauen, wie unser medizinisches Wissen entsteht, dann ist nicht nur wichtig, zu fragen, *wer* die Forschung durchführt, sondern entscheidend ist auch, woher die finanziellen Mittel dafür kommen. Das Beispiel der Endometriose macht deutlich, dass nicht nur Gender, sondern auch Geld in der Forschung eine entscheidende Rolle spielt. Und mit dieser Erkenntnis kam ich langsam auch einem der Gründe auf die Spur, warum ich in so viele ratlose Gesichter blicke, wenn ich in ärztlichen Praxen, in Kliniken und Rehazentren zum hundertsten Mal erklären muss, was das Chronische Fatigue Syndrom ist. Es ist eine dieser Erkrankungen, die hauptsächlich cis Frauen betreffen – was eine Schieflage in Finanzierung, Forschungsstand und Bekanntheitsgrad erklären könnte. *Gender Funding Gap* wurde dieses Problem getauft: eine Unterfinanzierung von Forschung zu Krankheiten, die überwiegend Frauen betreffen. In einer repräsentativen Analyse aus den USA zeigte sich 2021 sowohl eine Unterfinanzierung von Forschung zu Krankheiten, unter denen eher Frauen leiden, als auch eine Überfinanzierung von Erkrankungen, die eher Männer treffen.[19]

In einem Zeitungsartikel aus Großbritannien heißt es, es gibt fünfmal mehr Forschung zu Erektionsstörungen, von denen 19 Prozent der Menschen mit Penis betroffen sind, gegenüber Forschung zum prämenstruellen Syndrom, von dem aber 90 Prozent der Menstruierenden betroffen sind.[20] Die ungleich verteilte Finanzierung von Forschung, vor allem im Bereich der reproduktiven Gesundheit, wurde 2023 sogar auf dem Weltwirtschaftsforum thematisiert.[21] Mal wieder scheint es also so zu sein: Wer nicht als das Maß der Dinge gilt, also wer nicht männlich ist, hat bisher häufig schlicht Pech gehabt. Wie sich das ganz konkret auf die medizinische Behandlung auswirkt, sehen wir in Deutschland an den klinischen Handlungsanweisungen, die zur Verfügung stehen. Die Grundlage dafür, wie ich als Ärzt*in in verschiedenen Behandlungssituationen reagiere, sind die sogenannten Leitlinien, eine Zusammenstellung von medizinischen Standards und wissenschaftlich begründeten Empfehlungen. Dabei gibt es verschiedene Qualitätsstufen von Leitlinien. Den Bronzeplatz auf dem Podium der Praxisempfehlungen belegen dabei die S1-Leitlinien, die

Silbermedaille gehört den S2-Leitlinien, während S3-Leitlinien der Goldstandard sind. Für diese höchste Qualitätsstufe gelten strenge Regeln, die Handlungsempfehlungen sind transparent, neutral und evidenzbasiert, also wissenschaftlich gesichert. Das hat natürlich auch seinen Preis, die Erstellung einer solchen S3-Leitlinie kostet bis zu 250 000 Euro.[22] Dreimal darf jetzt geraten werden, in welchem Fachbereich es besonders wenige solcher Goldstandard-Handlungsempfehlungen gibt – es ist natürlich die Gynäkologie![23] Das bedeutet, wer zum Beispiel schwanger ist, bekommt vielleicht eine Behandlung, die nicht unbedingt auf den neuesten wissenschaftlichen Erkenntnissen basiert, die nicht dem höchsten Qualitätsstandard entspricht. Das Ganze hat einen herben misogynen Beigeschmack, dem Leben und Überleben von cis Frauen und Menschen mit Uterus wird weniger Wertigkeit zugedacht, es werden Kosten und Mühen gescheut, so als lohne es sich nicht, in sie zu investieren. Zum Glück gibt es Initiativen, die dieser Entwicklung entgegensteuern. Die *Deutsche Stiftung Frauengesundheit* hat es sich zur Aufgabe gemacht, jährlich eine Leitlinie rund um Themen wie Sterilität, Schwangerschaft und Geburt mithilfe von Förder*innen zu finanzieren.

Ein großer Erfolg war 2021 die Veröffentlichung der ersten S3-Leitlinie zur vaginalen Geburt. Dass es vorher schlicht keine wissenschaftliche Zusammenfassung und einheitliche Empfehlung dazu gab, ist eigentlich ein Skandal. Die Besonderheit bei diesem Meilenstein war auch, dass Eltern eine große Rolle bei der Entstehung der neuen Empfehlungen spielten, denn sie saßen als Patient*innenvertretung mit am Entscheidungstisch. In der Leitlinie wird unter anderem eine Eins-zu-eins-Betreuung durch Hebammen, weniger unnötige technische Überwachung und eine stärkere Berücksichtigung von Bedürfnissen der Gebärenden empfohlen. Was eigentlich selbstverständlich klingt, ist für die beteiligte Elternvertretung *Mother Hood* ein bahnbrechender Erfolg.

Geld, Stolz und Vorurteil

Auch wenn wir unseren Blick auf globale Gesundheit ausweiten, spielt Geld eine große Rolle. Es ist kein Zufall, dass es überproportional viel Forschung zu Erektionsstörungen und Haarausfall gibt, weniger aber zu Malaria-Medikamenten.[24] Von Krankheiten wie Malaria, Tuberkulose, Denguefieber und Ebola sind vor allem ärmere Menschen betroffen, eine Entwicklung von teuren Medikamenten ist für Pharmafirmen nicht attraktiv, da sich Betroffene die teuren neuen Mittel nicht leisten könnten.[25] Derweil bringen in Deutschland laut dem unabhängigen *Institut für Qualität und Wirtschaftlichkeit im Gesundheitswesen (IQWiG)* ganze 60 Prozent der neu auf den Markt gebrachten Medikamente keinen Zusatznutzen gegenüber denen, die vorher sowieso schon existierten.[26] Wer die potentiellen Käufer*innen der Medikamente sind, bestimmt, welche Forschung als lohnend, also als gewinnbringend gilt. Denn Forschungsprojekte funktionieren zu großen Teilen nach marktwirtschaftlichen Prinzipien, wer ökonomisch privilegiert ist, bestimmt indirekt, welche Krankheiten besser erforscht und behandelt werden. Das war schon so, seit die wissenschaftliche Forschung als solche entstanden ist, wie der Historiker Yuval Harari erklärt: »In wissenschaftlichen Kreisen waren viele so naiv, an das Märchen der ›zweckfreien Wissenschaft‹ zu glauben. Sie meinten, allein das Erkenntnisinteresse sei doch Grund genug, um Ressourcen in wissenschaftliche

Forschung zu investieren. Im Elfenbeinturm glauben das viele bis heute, doch mit der Wirklichkeit der Wissenschaftsfinanzierung hat dies nichts zu tun. Die meisten wissenschaftlichen Untersuchungen werden von Leuten bezahlt, die hoffen, mit dem Ergebnis ihre politischen, wirtschaftlichen oder religiösen Ziele zu erreichen«[6], so Harari. Er räumt ein, dass viele Forschende von heute durchaus durch den Erkenntnisgewinn motiviert sind, sich aber der Interessen hinter der Finanzierung nicht immer bewusst sind und selten tatsächlich die wissenschaftliche Agenda vorgeben. »In Wirklichkeit wird die Wissenschaft (…) weniger vom ›Nutzen der Menschheit‹ geleitet, sondern von den Interessen von Wirtschaft, Politik und Religion.«[6] Zu diesem Schluss kommt auch ein Fachartikel aus dem Jahr 2017, der untersucht hat, was die treibenden Kräfte hinter schlechter medizinischer Versorgung sind.[27] Das internationale Forscher*innenteam fasste seine Erkenntnisse in drei große Kategorien zusammen: »money, power, prejudice«. Mit einem Augenzwinkern (und einem Nicken Richtung Jane Austen) übersetzt, könnte man sagen: Geld, Stolz und Vorurteil sind weltweit die Hauptgründe für schlechte Medizin. Nebenbei bemerkt sind diese alles auch Kategorien, gegen die machtkritische und emanzipatorische Gleichberechtigungsbewegungen seit jeher kämpfen. Die Studie kommt zu dem ernüchternden Ergebnis, dass der globale Forschungsfokus überhaupt nicht dem eigentlichen Forschungsbedarf entspricht, der aufgrund von Krankheitsverteilungen besteht. Stattdessen fokussiert sich die Industrie auf medizinische Interventionen, die sich gut vermarkten lassen.

Wer also denkt, die medizinische Forschung beschäftige sich vor allem mit Fragestellungen, die bedeutsam und relevant für uns als Patient*innen und Bürger*innen sind, liegt leider falsch.

In Wirklichkeit werden ganze 85 Prozent der globalen Investitionen in biomedizinische Forschung an Projekte verschwendet, die dieses Ziel verfehlen! Die Autor*innen des Artikels sehen dafür verschiedene Gründe. Unter anderem werden soziale Implikationen, emotionale Gesundheit und Langzeitverlauf zu selten beachtet. Und: Kurzfristige Forschungserfolge, die sich für eine sensationelle Schlagzeile eignen, werden eher veröffentlicht als solche, die tatsächlich bedeutend für unsere Gesundheit sind.[27] Das musste ich mir erst einmal auf der Zunge zergehen lassen – zynisch könnte man sich fragen: Wenn vom wissenschaftlichen Fortschritt und neuen Erkenntnissen der Großteil der Menschheit nicht profitiert, sondern mal wieder nur einige wenige sich dadurch bereichern, wozu das Ganze? Wie sind wir an diesen absurden Punkt gekommen, und wie kommen wir aus der Nummer wieder heraus? Wie würde eine Welt aussehen, in der Erkrankungen, die besonders viel Leid verursachen und besonders häufig benachteiligte Menschen treffen, gleichzeitig auch die Erkrankungen sind, die besonders intensiv erforscht und dadurch besser behandelt würden? Genau dazu hat sich die gemeinnützige Organisation *Incentives for Global Health* Gedanken gemacht. Den Umsturz des Kapitalismus planen sie nicht, vielmehr haben sie eine innovative Idee gehabt, wie das bereits bestehende System der Forschungsfinanzierung und Patentierung zum Wohle einer gleichberechtigten Gesundheit genutzt werden könnte. Das soll mithilfe der Erschaffung des *Health Impact Fund*[28] realisiert werden. Die Idee ist einfach: Der Preis von Medikamenten soll von den Forschungskosten und Patenten entkoppelt werden, stattdessen soll Forschung zu besonders bedrohlichen und verbreiteten Erkrankungen besonders belohnt werden.[24] Der Fonds soll von Staaten, Steuern und Spenden finanziert werden, Pharmafirmen können dort dann neue Forschungsprojekte anmelden. Die Besonderheit ist, dass die so entwickelten Medikamente auch für ärmere Menschen bezahlbar sind, weil sich ihr Preis nur aus den Herstellungs- und Vertriebskosten zusammensetzt. Die Kosten für Forschung und Entwicklung werden in Form von jährlichen Prämien durch den *Health Impact Fund* getragen. Dabei soll sich die Höhe der Prämienauszahlungen danach richten, wie viele Menschenleben ein neues Medikament verlängert oder verbessert. Im Moment ist ein Pilotprojekt in Planung, in dem der *Health Impact Fund* in kleinerem Rahmen getestet werden soll. Die Umsetzung dieser großen Idee würde die Welt ein kleines Stück besser und Gesundheit gerechter machen.

Die Versuchskaninchen der Männermedizin

Woher die Finanzierung für Forschung kommt und welche Menschen mit ihren Perspektiven dort abgebildet werden, hat natürlich Einfluss darauf, welche Themen gut erforscht sind und welche weniger, welches Wissen existiert und welches es noch nicht in medizinische Lehrbücher geschafft hat. Für die geschlechtsspezifische Datenlücke, den *Gender Data Gap*, gibt es so viele Beispiele, dass schon ganze Bücher damit gefüllt wurden. So gibt die Autorin Rebekka Endler in ihrem Buch *Das Patriarchat der Dinge: Warum die Welt Frauen nicht passt* einen guten Überblick über absurde Datenlücken, von stärkeren Nebenwirkungen von Medikamenten bei Menschen mit östrogenreicherem Hormonhaushalt bis zur Autismus-Diagnose, die weiblich sozialisierte Menschen meist erst im Erwachsenenalter erhalten. »Man hat sehr lange Geschlecht gar nicht als wichtigen Faktor wahrgenommen und hat einfach gedacht, es gibt nur Menschen, und der Prototyp des Menschen war der besser sichtbare Mensch, also der Mann«,[29] erklärt die Expertin für Gendermedizin Vera Regitz-Zagrosek. Das Ausklammern von allem Nicht-Männlichem in der Forschung geht sogar so weit, dass weibliche Labormäuse zu Unrecht[30] den schlechten Ruf haben, ihr Hormonhaushalt sei zu kompliziert und schwankend, um stabile Ergebnisse in Experimenten zu erzielen. Für Vera Regitz-Zagrosek ist das absolut inakzeptabel. »Lassen Sie sich das mal gedanklich auf der Zunge zergehen: Man weiß, dass der weibliche Hormonstoffwechsel mit Arzneimitteln interagiert, man klammert das künstlich im Tierexperiment aus, indem man nur männliche Tiere nimmt, man macht die frühen klinischen Studien überwiegend an männlichen Freiwilligen, und dann verordnet man die Medikamente, die man entwickelt hat, den Frauen. Das heißt, in dem Fall sind die Frauen dann die Versuchskaninchen.«[29]

Inzwischen gibt es eine gesetzliche Empfehlung – aber keine Verpflichtung –, Medikamente auch an Frauen zu testen, wenn sie ihnen später auch verschrieben werden sollen. Davon, dass standardmäßig alle Geschlechter in der Forschung berücksichtigt werden, sind wir aber weit entfernt. »Wo kommen wir denn hin, wenn wir alles auch an Frauen testen müssen? Nachher würde sich herausstellen, dass Frauen andere Medikamente brauchen. Das ist doch viel zu kompliziert für die Ärzte!«[29] – so beschreibt Vera Regitz-Zagrosek die immer noch vorherrschende Einstellung. Ein weiterer Grund dafür, dass fast nur cis Männer in der Forschung berücksichtigt werden, ist aber auch der Contergan-Skandal. Nachdem sich Anfang der 1960er-Jahre herausgestellt hatte, dass das Beruhigungsmittel Contergan Schädigungen bei ungeborenen Kindern verursachen kann, sollte künftig Schadensersatzklagen vorgebeugt werden, weshalb Menschen, die schwanger werden können, seitdem in Studien als Proband*innen einfach ausgeschlossen wurden.[13]

Wir richten also größtenteils unsere Forschung an Menschen aus, die alles andere als repräsentativ für die Gesellschaft sind, tun aber so, als wären sie es. Die Mehrheit der Bevölkerung in Deutschland passt nicht in die medizinische und gesellschaftliche Norm des *weißen* Mannes. Wir sind verhaftet in einem System, das für die meisten Menschen gar nicht passt, sondern auf eine zahlenmäßige Minderheit zugeschnitten ist. Das ist nicht nur absolut ungerecht, sondern nebenbei bemerkt auch höchst unwissenschaftlich. Die Disziplin der Gendermedizin versucht, die Datenlücken der letzten Jahrzehnte und Jahrhunderte zu füllen. Besonders verbreitet ist sie aber noch nicht. Ich habe an der bisher einzigen Universität in Deutschland studiert, an der es ein Institut für Gendermedizin gibt und das Thema fest in der Ausbildung von Medizinstudierenden verankert ist. Zugegebenermaßen hat mich das anfangs genervt, als gestresste*r Student*in wollte ich mir neben den »normalen« nicht noch genderspezifische Fakten merken und auswendig lernen müssen. Inzwischen habe ich aber verstanden, dass ich Glück hatte, so früh für das Thema sensibilisiert zu werden. Wie wir gesehen haben, ist es ein (überlebens-)wichtiges Thema, zu dem es noch viel zu tun gibt. Die bereits erwähnte Autorin Rebekka Endler schreibt: »*Undone Science* nennt man das in der Wissenschaft, wenn ein Forschungsbereich so unterfinanziert, unterforscht und von den Institutionen links liegen gelassen wird, obwohl eine breite Öffentlichkeit von den Ergebnissen profitieren würde. In diesem Fall etwa 50 Prozent der Weltbevölkerung.«[13] Der *Deutsche Ärztinnenbund* stellte 2016 nach einer Umfrage an deutschen Fakultäten fest, die geschlechtsspezifische Medizin steckt noch in den Kinderschuhen.[31] Die Gendermedizinerin und Psychiaterin Amma Yeboah geht noch weiter und sagt, das metaphorische Kind ist noch nicht einmal geboren, »wir sind vielleicht gerade embryonal erzeugt worden, diese Fachdisziplin. (…) Aber wir werden wachsen, hoffentlich.«[32]

Sexistische Datenlücke

Mein Medizinstudium hat mich auf manche Patient*innen schlicht nicht vorbereitet. Die »moderne« Medizin rettet zwar tagtäglich Leben. Aber erst in den letzten Jahren scheint uns aufzufallen, dass sie verschiedene Menschen unterschiedlich häufig rettet oder sie unterschiedlich gut versorgt, dass sie manchen sogar eher schadet als hilft. Das ist inzwischen zumindest keine komplett neue Erkenntnis mehr. Wenn ich in meinem Bekanntenkreis erzähle, dass ich ein Buch über Diskriminierung und Gesundheit schreibe, ist die erste nickende Antwort meist »Ah, also Gendermedizin«. Wenigstens dieser Teil des (größeren und komplexeren) Problems, also die Ungleichbehandlung der Geschlechter in Medizin und Forschung, bekommt im Moment mehr Aufmerksamkeit als noch vor einigen Jahren. Und zu Recht: Es ist mit dem Gender Data Gap nämlich ein bisschen so wie mit Sprache im generischen Maskulinum: Mitgemeint bedeutet eben noch lang nicht mitberücksichtigt. Und das kann richtig gefährlich werden.

Das klassische Beispiel ist der Herzinfarkt. Die »typischen« Anzeichen, dass jemand unter diesem lebensgefährlichen Gefäßverschluss leidet, wurden lange in Uni-Hörsälen, Spielfilmen und der Apotheken Umschau immer gleich beschrieben: stechender Schmerz in der Brust und ein Engegefühl im Brustkorb. Diese Symptome sind aber nur »typisch«, wenn die betroffene Person ein cis Mann ist. Sie machen mit zwei Dritteln den größten Anteil der Betroffenen aus. Als Symbolbild für den Herzinfarkt dient darum oft ein Mann, der sich mit schmerzverzerrtem Gesicht an die Brust greift. Das führt dazu, dass nicht nur Lai*innen, sondern sogar auch Mediziner*innen nicht sofort an einen Herzinfarkt denken, wenn jemand »untypische« Symptome zeigt. Man kann es schon erahnen: Untypisch bedeutet in diesem Fall nichts anderes als nichtmännlich. Denn bei cis Frauen kommt es eher zu Schmerzen im Rücken, Bauch oder Arm, zu Übelkeit, Schweißausbrüchen und Kurzatmigkeit, während Brustschmerz nicht so sehr im Vordergrund steht. Ironischerweise sind mir bei meiner Recherche zum Genderaspekt bei Herzinfarkten aber trotzdem immer wieder Bilder begegnet, bei denen sich eine weiblich aussehende Person an den Brustkorb greift, und das sogar in einem Infobeitrag von der *Deutschen Herzstiftung*[33] und bei einem Artikel im *Deutschen Ärzteblatt*[34]! Dieses falsche Bild ist keine Kleinigkeit, denn die Vernachlässigung von Geschlechtsunterschieden in der Kardiologie führt dazu, dass cis Frauen im Vergleich zu cis Männern deutlich seltener eine erforderliche Herzkatheterbehandlung oder Bypass-Operation erhalten und häufiger an einem Herzinfarkt sterben.[35] Das heißt im Klartext, es sterben Menschen, obwohl ihr Tod vermeidbar wäre, einfach weil sie »das falsche« Geschlecht haben. Wenn cis Frauen ihren Herzinfarkt überleben, ist für sie aber auch die Wahrscheinlichkeit, eine Herzinsuffizienz zu entwickeln, höher.[36] In schweren Fällen kann solch eine Herzmuskelschwäche wiederum der Grund dafür sein, dass es nötig wird, ein Kunstherz einzusetzen. Aber hier geht es weiter mit der Benachteiligung: Die Kunstherzen, die auf dem Markt sind, sind auf den durchschnittlichen Durchmesser des Brustkorbs von cis Männern ausgelegt, dadurch sind sie für andere Geschlechter oft zu groß und passen nicht. Für Menschen mit kleinerem Brustkorb kann dann zum Beispiel die Wartezeit bis zur Transplantation eines Spender*innenherzes nicht überbrückt werden, und sie müssen im schlimmsten Fall sterben. So erklärt es die Herzchirurgin und Kunstherzspezialistin Dilek Gürsoy, die in Düsseldorf als Chefärztin arbeitet. »Momentan gibt es nur den Fortschritt für die Männer«[29], sagt sie.

Die Wahrheit ist: *So* gut geht es den Männern, beziehungsweise den männlich sozialisierten Menschen aber auch nicht. Die meiste Medizin ist zwar von und für sie gemacht, aber auch sie haben gesundheitliche Nachteile, die aus stereotypen Geschlechterrollen und Datenlücken entstehen, und sie sterben bekanntlich früher als Frauen. Eine gute Gendermedizin, die alle Geschlechter berücksichtigt, könnte auch viele Leben von Männern retten. Nehmen wir ein Beispiel, das mir in einer Notaufnahme begegnet ist. Von der Polizei wurde ein Mann mit mehreren Schnittwunden eingeliefert. Mein erster Impuls war, Angst vor aggressivem Verhalten zu haben, weil ich davon ausging, dass er sich seine Wunden in einer Auseinandersetzung oder im Kampf mit einem anderen Mann zugezogen hatte, vielleicht war Alkohol im Spiel, dachte ich. Während ich seine Wunden desinfizierte, die Haut zusammennähte und mit einem Verband versorgte, kamen wir ins Gespräch. Es stellte sich heraus, dass ich falsch lag mit meinen Vorannahmen. In Wahrheit hatte seine Ehefrau ihm diese Verletzungen zugefügt, in Wahrheit war dieser Mann Opfer häuslicher Gewalt und stark depressiv, in Wahrheit war seine blutende Haut nur Teil eines größeren Problems. Durch diese zusätzliche Information konnte ich einen Kollegen zur psychologischen Behandlung hinzuziehen und ein Herangehen an das eigentliche Problem anstoßen. Depression gilt historisch bedingt eher als eine »Frauenkrankheit«, die »typischen« Symptome wie Niedergeschlagenheit und Antriebslosigkeit können ganz anders aussehen, wenn jemand männlich sozialisiert wurde. Wem vom Kindesalter an beigebracht wird, man(n) darf keine Schwäche zeigen und Gefühle dürfen nicht zugelassen werden, bei dem kann auch ein unruhiges oder aggressives Verhalten Ausdruck einer Depression sein. Dafür gibt es leider bisher viel zu wenig Bewusstsein, weder bei medizinischem Personal noch bei den Betroffenen selbst.

»Die Allgemeine Depressionsskala, ein Fragebogen, mit dem man Depressionen diagnostiziert, ist an weiblichen Symptomen orientiert«[37], berichtet beispielsweise Thomas Altgeld, Vorsitzender vom *Bundesforum Männer*. Die Interessenvertretung für Jungen, Väter und Männer wünscht sich mehr geschlechtssensible Gesundheitsdaten. Diese fehlen nicht nur beim Thema Depression, sondern auch bei vielen weiteren Erkrankungen, die eher selten mit Männern assoziiert werden. So ist es beispielsweise auch bei Essstörungen wie Anorexie und Bulimie, die eher als »Mädchenkrankheiten« gelten, während je nach Datenquelle davon ausgegangen wird, dass 10 – 25 Prozent der Betroffenen Jungen und Männer sind. Genaue Zahlen gibt es aber für Deutschland oder Europa noch nicht, und es wird davon ausgegangen, dass die Zahl in Wirklichkeit höher liegt, weil es viele Fehldiagnosen gibt.[38]

Untenrum unwissend

Der *(Gender) Data Gap* hat nicht nur Einfluss auf unsere Wahrnehmung und Behandlung von Krankheiten, sondern zeigt sich selbst schon bei grundlegenden Körperstrukturen und Organen. Im Medizinstudium beschäftigen wir uns die ersten zwei Jahre sehr ausführlich mit der menschlichen Anatomie – oder sollte ich sagen, mit der cis männlichen Anatomie? In meinen Unterlagen aus Studienzeiten finde ich detaillierte Zeichnungen aller möglichen Körperteile, auch der Genitalien. Auf einem Blatt habe ich den Penis mit seinen verschiedenen Schwellkörpern gezeichnet, von vorne und im Querschnitt, mit kleinen Linien und Beschriftungen zu den einzelnen Strukturen. Auf einer anderen Seite habe ich aus meinem Anatomieatlas die Vulva abgezeichnet, eine kleine erbsenförmige Struktur trägt meine handschriftliche Bezeichnung »Klitoris«. Dass aber der Schwellkörper, der für die sexuelle Erregung der Vulva zuständig ist, in Wirklichkeit nicht nur aus dieser sichtbaren Klitoriseichel, sondern auch aus verborgenen Schenkeln besteht und insgesamt sogar größer ist als der des Penis, habe ich nicht an der Universität, sondern von anderen Feminist*innen gelernt. Mit meinem Unwissen dazu bin ich leider nicht allein, in einer Wissenschaftsdokumentation wurde klar, dass viele Mediziner*innen kaum Wissen über die Vulva und Klitoris haben.[39] Obwohl die erste korrekte anatomische Zeichnung der Vulva schon aus dem Jahr 1844 stammt, sind die ersten detaillierten Messungen und wissenschaftlichen Erkenntnisse zu Größe und Anatomie der Klitoris aus dem Jahr 2005(!) der Urologin Helen O'Connell zu verdanken.[40]

Der Fakt, dass ein großer Teil der empfindlichen Klitoris mit ihren unzähligen Nervenbahnen unter der Oberfläche versteckt ist, wird aber noch nicht so recht im klinischen Alltag berücksichtigt. In der aktuellen Leitlinie zur vaginalen Geburt findet sich zum Beispiel nach wie vor eine Empfehlung zu einer bestimmten Schnittführung, sollte bei der Geburt ein Dammschnitt nötig werden. Das wird vom Elternverein *Mother Hood* und der Fachvereinigung *Arbeitskreis Frauengesundheit in Medizin, Psychotherapie und Gesellschaft (AKF)* stark kritisiert, denn durch die Nichtbeachtung der Klitorisanatomie bei der Schnittführung kann dieses Sexualorgan beim Eingriff verletzt werden und noch Jahre nach der Geburt Probleme bereiten.[41] Ein Gedankenexperiment zeigt, wie absurd dieser genitale Doppelstandard ist: dass andersherum bei urologischen Operationen regelmäßig in Kauf genommen wird, dass der Penis verletzt wird, ist undenkbar und würde einen riesigen Skandal auslösen! Um die gefährliche Wissenslücke zur Klitoris bei Ärzt*innen und Patient*innen zu füllen, hat der Biologe Daniel Haag-Wackernagel ein 3-D-Modell von ihr entworfen.[42]

Queerfeministische Aktivist*innen sorgen derweil seit Jahren für eine allgemeine höhere Sichtbarkeit der kompletten Klitoris, auf Stickern, Streetart oder als Schmuck. Erkenntnisse über den eigenen Körper sind immer auch eine wichtige Voraussetzung zur Selbstbestimmung. Das gilt auch für das Wissen – und dessen Wertschätzung –, dass Vulven auch von außen ganz unterschiedlich aussehen können. Denn der Schönheits- und Normierungsdruck macht auch vor der Vulva keinen Halt. Es fehlt an Repräsentation, wie eine »normale« Vulva überhaupt aussieht – die meisten sehr eintönigen Bilder von Genitalien sehen viele von uns am ehesten in Pornos. Das gilt natürlich genauso für die sehr eintönige Darstellung von Penissen, die bei vielen Menschen Zweifel aufkommen lässt, ob ihr eigenes Genital denn normal und attraktiv ist. Das kann zu erheblichem Leidensdruck führen – immerhin sind Witze über kleine Penisse selbst in den fortschrittlichsten Kreisen leider noch kein No-Go, sondern selbst Feminist*innen, die sich für Body Positivity starkmachen, benutzen hin und wieder den Klassiker des »small penis joke«. Die unrealistischen Darstellungen in der Mainstream-Pornografie haben vor allem in Bezug auf die Vulva zur Folge, dass immer häufiger zum Skalpell gegriffen wird; die Labioplastik, also eine schönheitschirurgische Verkleinerung der inneren Vulvalippen, ist weltweit zum regelrechten Trend geworden. Der Eingriff, der immer auch mit dem Risiko von Blutung, Infektion und Vernarbungen, mit langfristigen Schmerzen oder Sensibilitätsverlust einhergeht, wurde 2015 weltweit über 95 000 mal durchgeführt.[43] Nur die wenigsten wissen aber, dass es vollkommen normal ist, wenn die inneren Vulvalippen die äußeren überragen, und dass das sogar bei über der Hälfte der Menschen mit Vulva der Fall ist.[44]

Um die Vulva-Vielfalt nicht nur sichtbarer zu machen, sondern sie auch zu zelebrieren, entstand 2017 online die *Vulva Gallery*[45]. Dort erstellt Sam Hil Atalanta wunderschöne und vor allem vielfältige Illustrationen anhand echter Vulven und kombiniert sie mit der jeweiligen persönlichen Geschichte dahinter. Die Vielfalt der Vulva wurde übrigens 2018 anhand der Vermessung von 657 Vulven in Luzern auch »ganz offiziell« von der Wissenschaft bestätigt. *Weiße* Frauen zwischen 15 und 84 Jahren wurden unter die Lupe genommen, es zeigten sich vor allem: große Variationen und viele Asymmetrien. Zwischen 0,076 und 7,62 Zentimetern lang waren die untersuchten inneren Vulvalippen, bei den äußeren bewegte sich die Länge sogar zwischen 1,2 und 18 Zentimetern.[46]

Wissen über Vulva und Klitoris existiert also zwar theoretisch, dass dieses Wissen es aber noch nicht so recht in Schulbücher[47] und Hörsäle[42] geschafft hat, ist kein Zufall. Die Kulturwissenschaftlerin und Autorin Mithu Sanyal hat in ihrem Buch *Vulva: Die Enthüllung des unsichtbaren Geschlechts* einen kleinen Ritt durch die Kulturgeschichte dieses Genitals gewagt und zeigt, dass seine Unsichtbarmachung schon immer auch ein kulturelles Machtinstrument misogyner Gesellschaften war. »Die Vulva wurde nicht etwa übersehen, sondern mit gewaltiger Anstrengung zuerst diffamiert und daraufhin verleugnet, bis zu der irrigen (…) Auffassung, sie sei nicht der Rede wert«[48], schreibt Sanyal. So erklärte der damals berühmte römische Arzt Claudius Galenus schon vor knapp 2000 Jahren, die Frau sei im Vergleich zum Mann unvollkommener, ja »verstümmelt« geschaffen worden, was Beweis für ihre Minderwertigkeit und Vorbestimmung zur Unterordnung sei. Immer wieder, bis heute, gibt es das Narrativ, Menschen ohne Penis würde etwas fehlen, so als würde es die Vulva und Klitoris gar nicht geben. Stattdessen liegt der Fokus häufig eher auf der Körperöffnung, die das äußere Genital, also die Vulva, mit dem inneren Genital, also dem Uterus, Eileitern und den Eierstöcken, verbindet. Die Rede ist natürlich von der Vagina, der Bezeichnung, die fälschlicherweise häufig benutzt wird, um das äußere oder auch das gesamte Genital zu beschreiben. Dieser Begriff der Vagina stammt aus dem Jahr 1599. Der Chirurg Matteo Realdo Colombo begründete die Einführung des Wortes damit, dass dies für ihn der Teil des Körpers sei, »in den der Spieß eingeführt wird wie in eine Scheide«[48], oder wie Mithu Sanyal es treffend beschreibt, »ein Loch, in das der Mann sein Genital stecken kann«[48].

Die sprachliche, gesellschaftliche und letztendlich auch medizinische Unsichtbarmachung der Vulva und die Scham, die an sie gehaftet wurde, haben bis heute Auswirkungen. Immer wieder sind mir bei der gynäkologischen Untersuchung Menschen begegnet, die gar nicht wissen, wie es bei ihnen »da unten« eigentlich aussieht, und die auch noch nie im Spiegel nachgeschaut haben. Das beste Beispiel ist der Begriff der »Schamlippen«, den ich bewusst nicht verwende, weil ich nichts Schamhaftes an ihnen finde. Ich verwende stattdessen das Wort Vulvalippen, abgeleitet vom Lateinischen kann man auch das Wort Labien benutzen. Die Anatomie der Vulva und Klitoris bleibt für mich eine der faszinierendsten und traurigsten großen Daten-, Wissens- und Bewusstseinslücken. Wie gut, dass Aktivist*innen und Ärzt*innen daran arbeiten, diese Lücke nach und nach zu füllen.

»One size fits all« funktioniert eben nicht

Von einer differenzierten Forschung, die mehr als nur cis Männer in den Blick nimmt, sind wir in der Medizin laut Gendermedizinerin und Psychiaterin Amma Yeboah aber noch weit entfernt. Sie stellt fest, unsere »Forschung ist nicht mal dichotom, sondern androzentrisch«[32]. Nicht nur cis Frauen wurden seit Jahrhunderten unsichtbar gemacht und vernachlässigt, sondern insbesondere auch inter* Menschen, nicht-binäre Personen, trans Männer und trans Frauen. Eigentlich sollte es, wie der Name Gendermedizin schon sagt, darum gehen, gute Gesundheit für alle Geschlechter zu ermöglichen. Darum ist es auch zu kurz gedacht, geschlechtssensible Medizin als »Frauenthema« zu betrachten. »Das ist momentan die größte Versuchung, einfach zusätzlich junge gesunde Frauen zu untersuchen in den Studien«[32], so Yeboah. »Das ist aber die Wahrheit:

Wir wissen nicht, wie viele Geschlechter es gibt. Wir wissen so vieles nicht.«[32] Das kann zum Beispiel für trans* Menschen zum Problem werden, wie die Vorsitzende der *Deutschen Gesellschaft für Transidentität und Intersexualität (DGTI)* Petra Weitzel erklärt: »Wenn ich mir anschaue, wer in den medizinischen Fachgesellschaften das Sagen hat, sind das mindestens zu 80 Prozent Männer. An den Universitäten – die Psychiater, Psychotherapeuten und Professoren, die in den Leitlinien-Kommissionen sitzen, in denen über Dinge wie die Gesundheitsversorgung für trans* Personen entschieden wird: alles Männer. Und deren ganzes Verständnis von Geschlecht, Transidentität und Transsexualität ist zurückzuführen auf weitere Männer, die Ende des 19. Jahrhunderts dazu veröffentlicht haben und das Thema in das damals vorherrschende nationalistische Denken sowie in die sich parallel dazu entwickelnde Bürokratie, also in das bekannte Schubladendenken, einsortiert haben.«[13] Vor welche konkreten Probleme das Patient*innen stellt, die eben nicht in die konstruierten Kategorien von Geschlecht passen, beschreibt auch der*die nicht-binäre Autor*in Ravna Marin Siever: »(Es) wird zum Beispiel bei vielen Blutuntersuchungen bei den Ergebnissen ein Referenzrahmen angegeben, der den genommenen Wert mit Durchschnittswerten vergleicht. Diese Durchschnittswerte sind meist binär gegendert – und es ist relevant, mit welchem Durchschnitt ich warum verglichen werde. Was ist das Relevante für den entsprechenden Blutwert? Mein aktueller Hormonhaushalt? Genetik? Morphologie (zum Beispiel das Verhältnis von Fett- zu Muskelmasse)? Etwas anderes?«[49] Dass manche Menschen schlichtweg nicht vorgesehen, nicht berücksichtigt sind, hat in diesem Beispiel Auswirkungen auf die Diagnostik, auf die Behandlung, auf die Gesundheit. Das ist keine Kleinigkeit, und es ist nicht egal. Siever plädiert für einen intersektionalen Ansatz in Medizin und Forschung, der Geschlechtsvielfalt und andere Marginalisierungen mit in den Blick nimmt: »Allzu oft geht es darum, dass ›Frauen‹ anders funktionieren würden. Gemeint sind dann aber meist wieder nur *weiße* cis Frauen, die nicht inter* sind, die nicht behindert sind, die nicht Schwarz sind – und die dann auch wieder nur einer von *weißen* cis Männern konstruierten Norm entsprechen. Natürlich ist es hilfreich, Durchschnitte als Orientierung zu haben. Allzu oft werden sie aber als eine ›gesunde Norm‹ herbeifantasiert, statt auf die individuellen Patient_innen in ihrer Gesamtheit zu schauen.«[49]

Rassistische Datenlücke

Womit wir bei einem weiteren wichtigen Punkt wären: Warum geht es eigentlich immer nur um den Aspekt von Geschlecht, wenn wir über Datenlücken und fehlende Repräsentation in der Medizin sprechen? Was ist eigentlich mit Menschen, die zusätzlich anderen Marginalisierungen ausgesetzt sind, zum Beispiel nicht dem *weißen* medizinischen Standard entsprechen? Wie bitter nötig und wie ungewohnt eine Repräsentation von Schwarzen Menschen im gesundheitlichen Kontext ist, zeigt der virale Erfolg einer anatomischen Zeichnung, die Ende 2021 weltweit in den Timelines der sozialen Medien auftauchte. Darauf zu sehen ist ein Fötus im Inneren eines Uterus, Nabelschnur, Plazenta und angrenzende Organe sind zu erkennen. Die vermeintliche »Besonderheit«: das ungeborene Kind ist Schwarz.[50] Ein ungewohnter Anblick selbst für den Illustrator, der hinter dem Bild steckt. Der Igbo-nigerianische Medizinstudent Chidiebere Ibe hatte festgestellt, dass die meisten Abbildungen in seinen medizinischen Lehrbüchern *weiße* Körper zeigen – und das ändert er nun nach und nach mit seinen medizinischen Illustrationen. Er sieht einen klaren Zusammenhang zwischen der Unterrepräsentation Schwarzer Menschen in der Medizin und gesundheitlichen Nachteilen, die für sie daraus entstehen.[51] Damit hat er leider sehr recht, wie wir zuletzt während der Corona-Pandemie sehen konnten. Weltweit war das Phänomen zu beobachten, dass von Rassismus betroffene und sozial benachteiligte Menschen stärker von der Pandemie getroffen wurden, schwerere Verläufe hatten und häufiger an einer Corona-Infektion starben.[52] In Deutschland gab es mal wieder das Problem, dass sich zwar die Hinweise auf diesen Trend häuften, handfeste Daten aber fehlten. Das liegt unter anderem daran, wie in Deutschland Daten über rassifizierte Menschen erhoben oder eben nicht erhoben werden, dazu später mehr. Das Team vom *Mediendienst Integration* versuchte sich über die Ebene der ausländischen Staatsbürgerschaft an die ungleichen Todesfälle anzunähern und fand hier tatsächlich deutlich höhere Todesraten gegenüber Menschen mit deutscher Staatsangehörigkeit.[53] Und auch eine Umfrage der *Zeit* zeigte, dass in einigen Kliniken auffällig viele Menschen mit »Migrationshintergrund« wegen Corona behandelt werden mussten.[54]

Viele Menschen berichteten von Husten und Atemnot, die das Virus bei ihnen auslöste. Wenn ein Mensch mit diesen Symptomen in die Notaufnahme kommt, leiten Ärzt*innen verschiedene Basismaßnahmen zu einer schnellen Erfassung der Situation ein. Was in keiner Notfalluntersuchung fehlen darf, ist das Pulsoxymeter. Viele kennen dieses Gerät als kleinen Clip, der auf einen der Finger gesteckt wird und für die Messung des Sauerstoffgehalts im Blut zuständig ist. Das funktioniert über einen Lichtstrahl, der vom Gerät durch den Finger geschickt wird und unterschiedlich stark abgeschwächt wird, je nachdem, wie stark das Blut mit Sauerstoff beladen ist. Eine schnelle und einfache Möglichkeit also, um festzustellen, ob ein Sauerstoffmangel vorliegt und eine Sauerstoffmaske oder sogar eine Beatmung nötig ist. Das Problem ist nur: Bei der Entwicklung des Geräts wurde nicht daran gedacht, dass der Lichtstrahl beim Durchtritt durch stärker pigmentierte, also dunklere Haut anders reagieren könnte als bei heller Haut. Dass die Pulsoxymeter-Messwerte bei Schwarzen Patient*innen tatsächlich verfälscht sind, fand eine US-amerikanische Studie heraus. Die Daten aus Untersuchungen von über 30 000 Patient*innen wurden ausgewertet und ein statistisch signifikanter Unterschied in Bezug auf falsche Werte des Blut-Sauerstoffgehalts festgestellt. Für Schwarze Patient*innen lag demnach im Vergleich zu *weißen* Patient*innen das Risiko höher, dass das Pulsoxymeter ihnen einen hohen und damit unbedenklichen Sauerstoffgehalt attestierte, obwohl eine kurz danach durchgeführte Blutuntersuchung stattdessen einen Sauerstoffmangel nachweisen konnte.[55] Das bedeutet, Menschen könnten im schlimmsten Fall sterben, weil unsere Geräte gar nicht erkennen, dass ihnen die Luft zum Leben fehlt. Dieses lebensgefährliche Detail ist aber den wenigsten Mediziner*innen bekannt.

Auch Vernachlässigung ist eine Form der Gewalt. Wenn Menschen unnötig sterben, weil sie gar nicht als wichtig genug erachtet werden, um in Forschung und Praxis repräsentiert zu sein, dann ist das auch eine Art des Aussortierens, des Sterbenlassens von marginalisierten Menschen.

Dass nicht alle Menschen eine helle Haut haben, scheint in der Medizin schlicht ignoriert zu werden. Wir lernen als angehende Ärzt*innen nicht, wie wir bei Schwarzen und anderen rassifizierten Menschen eine Blässe bei innerer Blutung, den Hautausschlag, der auf eine Hirnhautentzündung hinweist, oder eine allergische Reaktion der Haut erkennen. Die Studierendeninitiative *Kritische Medizin München* schreibt dazu: »Vor allem in der universitären Lehre werden wir weiterhin so unterrichtet, als würden BIPOC nicht zu unseren zukünftigen Patient*innen gehören. Ein Beispiel ist die Diagnose von Hautkrebs: Aus den USA wissen wir, dass maligne Melanome (schwarzer Hautkrebs) auf dunkler Haut erst deutlich später erkannt werden als auf heller Haut. Durch die späte Diagnose ist der Tumor schlechter behandelbar, in der Folge steigt die Sterblichkeit. Trotzdem werden Medizinstudent*innen weiterhin nur Diagnoseinstrumente gelehrt, die auf heller Haut funktionieren.«[56] Mit dieser gefährlichen Wissenslücke wollte sich der britische Medizinstudent Malone Mukwende nicht abfinden. »Als Schwarzer Mann war ich perplex, dass mir nur Abbildungen von klinischen Zeichen auf heller Haut gezeigt wurden, und ich fragte mich, wie ich diese Krankheitszeichen auf meiner eigenen Haut und auf der meiner zukünftigen nicht-*weißen* Patient*innen erkennen würde.«[57] Darum hat er angefangen, Fotos von Hauterkrankungen auf dunkler Haut zu sammeln, und veröffentlichte 2019 das erste klinische Handbuch für Krankheitszeichen auf dunkler Haut: *Mind the Gap: A handbook of clinical signs in Black and Brown skin.*[58] Es ist unglaublich, dass es Medizinstudierende sind, die sich auf eigene Faust inklusiveres Wissen aneignen und dieses aufbereiten, also im Peer Teaching übernehmen, was eigentlich Aufgabe von Professor*innen und Wissenschaftler*innen wäre. Mukwendes wichtiger Beitrag zum Schließen der rassistischen Datenlücke in der Medizin ist online frei zugänglich und wird immer weiter ergänzt. In der zweiten Ausgabe soll auch die Illustration des Schwarzen Fötus von Chidiebere Ibe abgedruckt werden.[59]

Wir sehen, die Medizin ist nicht neutral. Seit ihrer Entstehung spiegelt sie hauptsächlich *weiße* cis männliche Patienten wieder. Erst in den letzten Jahren und Jahrzehnten beginnen wir, dieses eintönige Bild mit inklusiveren Studien zu vervollständigen. Aber die Datenschieflage der letzten Jahrhunderte zu begradigen, wird lang dauern.

Neue Daten und alte Überzeugungen

Wenn wir wirklich auf jede einzigartige Person als Patient*in eingehen wollen, müssen zum Beispiel Kategorien der Zweigeschlechtlichkeit aufgebrochen werden. Diesen Ansatz verfolgt die *Precision Medicine*[60], den Gendermedizinerin Amma Yeboah gern viel mehr in der Forschung vertreten sehen möchte. Es geht in der »präzisen Medizin« darum, die verschiedenen Ebenen von Geschlecht differenzierter zu betrachten. Denn biologisches Geschlecht wird gar nicht einheitlich definiert, es gibt Chromosomen, Genitalien, Hormone, Psyche und Variationen auf all diesen einzelnen Ebenen. »Es geht nicht so sehr darum, von Männern und Frauen zu sprechen, es geht darum, wie reagieren unsere Organe, unsere Systeme? Die Pauschalisierung von Männern und Frauen tut beiden Gruppen unrecht. Denn wir müssen davon ausgehen, dass die eine Gruppe überbehandelt und die andere unterbehandelt wird, oder umgekehrt, je nachdem, in welcher Fachdisziplin ich mich befinde«[32], erklärt Yeboah. Eine präzisere, personalisiertere Medizin wäre viel sinnvoller für alle, findet sie, denn

»es geht darum, zu verstehen, wer genau vor mir sitzt, und was sind die Bedürfnisse und Bedarfe dieser Person«[32].

Wir befinden uns in einer Umbruchphase, es muss neu ausgehandelt werden, wie wir forschen wollen, wie Wissenschaft sozial gerechter gestaltet sein kann. Wie die Epidemiologin Nancy Krieger anmerkt, geht es dabei nicht darum, zu beweisen, dass Ungerechtigkeit falsch ist, denn sie ist per definitionem falsch. Und es geht auch nicht darum, »politisch korrekte« Forschung durchzuführen, sondern schlicht korrekte Forschung, so Krieger.[61] Für diesen Wandel gibt es nicht den einen Königsweg (Moment mal: wohl eher König*innenweg), sondern vielmehr braucht es die Offenheit, abseits der bekannten Pfade zu gehen. Keine Frage, möglichst viele Menschen gut in der Gesundheitsforschung abzubilden, ist kompliziert, erfordert Umdenken und Aufwand. Es sollte aber nicht zur Diskussion stehen, *ob* eine individualisierte und diskriminierungssensible Forschung nötig ist, sondern vielmehr sollte doch die zentrale Frage sein, *wie* wir diese Art von Forschung gut und zeitnah angehen können. Und auch wenn einige wegweisende wissenschaftliche Erkenntnisse, wie wir es besser machen können, längst vorliegen, wird es ein weiter Weg hin zu besserer, fairerer Forschung sein. Denn Forschungsergebnisse müssen nicht nur von der wissenschaftlichen Community anerkannt, sondern sie müssen auch politisch aufgegriffen werden, wenn sich etwas verändern soll. Das dauert meist Jahre, weil Menschen von Daten allein nicht überzeugt werden, es braucht einen Paradigmenwechsel, das ist ein zäher Prozess.

Das zeigt sich am Beispiel der Erkenntnis, dass Rauchen Lungenkrebs verursacht. Zwei Mediziner machten diese wichtige Entdeckung schon 1950, bis aber politische Konsequenzen folgten, dauerte es 14 Jahre. Das hing zum einen damit zusammen, dass die Tabakindustrie pseudowissenschaftliche Studien in Auftrag gab, um Umsatzeinbußen abzuwenden. Zum anderen wollten die Menschen aber schlichtweg lang nicht glauben, dass Rauchen schädlich für ihre Gesundheit sein könnte. Es brauchte ein Umdenken, einen kulturellen und gesellschaftlichen Wandel, der nach und nach das Nichtrauchen zur Norm machte.[37] Neue, als radikal empfundene Information kann als bedrohlich empfunden und darum kategorisch abgelehnt werden. Das trifft vermutlich nicht nur auf das Akzeptieren neuer Krankheitszusammenhänge zu, sondern auch auf das Akzeptieren eigener Voreingenommenheit und Privilegien. »Der Psychoanalytiker, Politiker und Theoretiker Frantz Fanon schreibt in *Black Skin, White Masks* über das unangenehme Gefühl der kognitiven Dissonanz, das ausgelöst wird, wenn ein Kerngedanke, der sehr stark ist, widerlegt wird. Wenn Beweise vorgelegt werden, die gegen diese Überzeugung sprechen, können die Beweise nicht akzeptiert werden. Weil es so wichtig ist, die Kernüberzeugung zu schützen, wird alles, was nicht zur Kernüberzeugung passt, rationalisiert, ignoriert und sogar geleugnet«[62], erklärt Autorin Emilia Roig. Und so liegt es nicht nur an Forschenden, an Mediziner*innen und Wissenschaftler*innen, Gesundheit gerechter zu machen, sondern an uns allen. Gesundheit war eben schon immer politisch und wird es auch bleiben.

4. Umwelt und Unwohlsein
Gesundheit ist politisch

»Es gibt keinen Raum um mich, wo ich still sein, hinhören und herausfinden könnte, welcher Schmerz wirklich mein eigener ist - kein Mittel der Unterscheidung zwischen meinen inneren Kämpfen und meiner Wut über die Verkommenheit der Welt draußen und die stupide, brutale Unbewußtheit oder Teilnahmslosigkeit, die als normaler Lauf der Dinge gilt.«[1]

Audre Lorde

Ich esse gerne Orangen. Mir gefällt ihr säuerlicher Geruch, auch wenn meine Post-Covid-Nase ihn nicht mehr so gut riechen kann wie vor der Infektion. Ihr hoher Vitamin C-Gehalt bewahrt mich davor, dass mir meine Zähne ausfallen wie einst den Seefahrer*innen mit Vitaminmangel. Zum Glück bin ich kein*e Seefahrer*in, ich bin Ärzt*in und empfehle auch meinen Patient*innen eine gesunde Ernährung, mit viel frischem Obst und Gemüse. Gleichzeitig weiß ich aus meiner eigenen Jugend- und Studienzeit, dass am Ende des Monats, wenn bei vielen Menschen das Geld knapp wird, oft eher Instant-Nudeln statt Obst und Gemüse auf dem Speiseplan stehen. Denn gesundes Essen muss mensch sich leisten können. Inzwischen kann ich es mir leisten, im Supermarkt jederzeit allerlei Zitrusfrüchte in meinen Einkaufskorb zu legen. Ich könnte es mir sogar leisten, durch die gleiche Sonne, die die Orangen zum Reifen bringt, mein Hautkrebsrisiko zu erhöhen, zum Urlaub in eines der Länder zu reisen, die uns in Deutschland durch tonnenweise beladene Containerschiffe mit Orangen beliefern – da wären wir wieder bei den Seefahrer*innen. Eines dieser Länder ist Südafrika. Hier liegt die Farm *Nuwelande*, wo die Angestellten um 7.30 Uhr ihren Arbeitstag beginnen, um in den nächsten 9,5 Stunden möglichst viele Erntesäcke zu füllen. Sie erhalten für ihre Arbeit einen Mindestlohn von umgerechnet 90 Cent pro Stunde, allerdings nur, wenn sie Akkordarbeit geleistet haben und die vorgeschriebene Menge an Orangen ernten konnten, ansonsten gibt es Lohnabzüge. Trinkwasser wird während der Arbeitszeit nicht zur Verfügung gestellt, sondern muss mitgebracht werden aus einem kleinen Stausee nahe der Plantage, auf der regelmäßig Pestizide, also Unkrautvernichtungsmittel verwendet werden.[2] Oft kommen die Arbeiter*innen direkt mit dem verwendeten Wirkstoff Saflufenacil in Berührung, sie berichten von Kopfschmerzen und juckender Haut. Auch wenn sie ohne Schutzkleidung nur eine Baumreihe entfernt arbeiten, wird dieses giftige Mittel versprüht. Da es laut Produktbeschreibung beim Einatmen tödlich sein kann, ist es aufgrund seiner offensichtlichen Gesundheitsrisiken in der EU verboten. Das hindert den herstellenden Ludwigshafener Chemiekonzern *BASF* aber nicht daran, weiterhin Geld damit zu machen, indem er es nach Südafrika und in andere Länder des globalen Südens exportiert.[3] Nicht nur die Menschen, die mit den giftigen Mitteln in Kontakt kommen, leiden darunter, sondern auch ihre Lebensgrundlage in Form der Tiere und Pflanzen der Umgebung, wie Umweltschützer*innen seit Jahren kritisieren. Die deutschen Unternehmen *BASF* und *Bayer* machen mit ihren Pestizid-Exporten marginalisierte Menschen krank, ihr Geschäft mit Gesundheit funktioniert aber ironischerweise auch in die andere Richtung: Sie stellen auch Medikamente her. Ein anderes Beispiel: *BASF* und *Bayer* gehörten im Jahr 2020 zu den Top 100 luftverschmutzenden Konzernen der USA[4], während sie gleichzeitig Medikamente für Atemwegserkrankungen wie Asthma vermarkten. Man könnte sagen, sie sind Teil der Entstehung des Problems, von dessen vermeintlicher Lösung sie profitieren. Die Gesundheit der einen geht auf Kosten der anderen, immer neokolonialer Logik folgend.

All das, damit ich mir frisch gepressten Orangensaft zum Sonntagsfrühstück gönnen kann. Aber wie gesund sind überhaupt diese Zitrusfrüchte, die in vielen Fällen mit Pestiziden behandelt wurden? Streit darüber gibt es seit Jahren zwischen Verbraucherschützer*innen, Wissenschaft, Politik und Industrie. Das Unkrautvernichtungsmittel Glyphosat der Firma *Bayer* steht seit Jahren in der Kritik, ist aber in vielen Ländern erlaubt, so auch in Deutschland. Es ist das weltweit meistbenutzte Pestizid, es ist Teil der Welt um uns herum und damit von uns selbst geworden. Das zeigen zum Beispiel kleine Rückstände des Mittels, die vom Umweltbundesamt im Jahr 2015 im Urin von 40 Prozent der Menschen in Deutschland gefunden wurden.[5] Meine Nieren könnten also nach dem Genuss meines Orangensafts in diesem Moment Minimengen des Pestizids aus meinem Körper filtern.

Dass Glyphosat in unseren Böden, unserem Essen[6] und unseren Körpern zu finden ist, heißt noch nicht automatisch, dass es auch gesundheitsschädlich ist, denn wie immer gilt: Das gleichzeitige Auftreten von zwei Faktoren beweist noch keinen ursächlichen Zusammenhang zwischen ihnen. Dass tatsächlich ein Zusammenhang zwischen Krebserkrankungen und Kontakt mit Glyphosat bestehen könnte, hatten die Krebsexpert*innen der *Weltgesundheitsorganisation (WHO)* im Jahr 2015 verkündet.[7] Das gefiel dem Konzern, der heute Milliardenumsätze mit dem Mittel macht,[8] ganz und gar nicht. Der Chef des *Bayer*-Subunternehmens *Monsanto* bezeichnete die Arbeit der unabhängigen Forschungsgruppe daraufhin als »Schrottwissenschaft«, und die Forschenden waren nach Veröffentlichung ihrer Ergebnisse Anfeindungen von *Bayer* ausgesetzt, wie später öffentlich wurde.[9] Es gab hitzige Debatten, und viele weitere Studien wurden durchgeführt.[10] Die *Europäische Chemiekalienagentur* und andere Institutionen kamen schließlich zu der Einschätzung, das Unkrautvernichtungsmittel der Firma *Bayer* sei bei korrekter Anwendung nicht gefährlich für die Gesundheit.[11] Das Problem ist nur: Grundlage für diese Einschätzung waren Studien, die zu großen Teilen von *Bayer* selbst finanziert wurden. Richtig gelesen: Die Chemieindustrie führt also selbst Studien durch, die zu dem Schluss kommen, ihre Pestizide seien gesundheitlich unbedenklich. Ähnlich funktioniert es übrigens auch in anderen Bereichen. Da wäre zum Beispiel die *European Foundation for Alcohol Research (ERAB)*, die von Brauereien und anderen Akteuren der Bierindustrie finanziert wurde[12] und die gesundheitlichen Schäden, die Alkohol verursachen kann, herunterspielt.[13] So ähnlich wie die Tabakindustrie in den 1960er-Jahren Forschung finanzierte, die zu dem Schluss kam, dass Rauchen nicht gesundheitsschädlich ist[14] – glatt gelogen, wie wir längst wissen. Anscheinend haben wir nichts daraus gelernt, dass es damals wie heute keine gute Idee war, zu wenig unabhängige Expert*innen einzubeziehen. Denn, Überraschung: Es besteht inzwischen Zweifel an der Glaubwürdigkeit einiger der Glyphosat-Studien, da sie durch *Bayer* beeinflusst sein könnten.[9]

Besorgniserregend ist auch eine neuere Studie[15] aus dem Jahr 2019, die in Tierversuchen untersucht hat, wie sich Glyphosat auf die nächsten Generationen der Tiere auswirkt, die das Mittel im Experiment gefressen haben. Die Forschenden fanden sogenannte epigenetische Veränderungen der Ratten-DNA. Das bedeutet, die Erbinformation blieb zwar gleich, welche genetischen Informationen vom Körper genutzt werden und wie sie in Zellfunktionen umgewandelt werden, hatte sich aber durch Glyphosat verändert. Solch eine epigenetische Veränderung kann sich auch auf Sperma und Eizellen auswirken, wodurch die Veränderungen an die nächsten Generationen weitergegeben werden, so auch bei den Nachfolgern der Versuchsratten. Für sie war das Glyphosat, das ihre Rattenvorfahren gefressen hatten, giftig und löste Erkrankungen der Prostata, Nieren und Eierstöcke sowie Geburtskomplikationen aus. Tierversuche lassen sich nur sehr bedingt auf uns Menschen übertragen, aber im Namen unserer Gesundheit und der unserer (Ur-)Enkel*innen sollte genauer hingeschaut werden – bei Finanzierung von Forschung und auch der daraus folgenden Pestizid-Politik.

Über den Tellerrand blicken

In dieser Orangen-Anekdote habe ich nun ziemlich weit herausgezoomt, um den größeren Zusammenhang zu zeigen, der hinter vermeintlich individuellen Gegebenheiten stecken kann – und das ist auch bei unserer Gesundheit wichtig. Genau das ist aber etwas, das in der Medizin oft zu kurz kommt. Als Ärzt*in habe ich gelernt, möglichst kurze Gespräche mit Patient*innen zu führen, in denen ich versuche, aus der mir erzählten Geschichte die Informationen zusammenzutragen, die als Grundlage für Tests und Therapien dienen. Welche Teile dieser individuellen Geschichte ich gelernt habe, als relevant anzusehen, und welche nicht, folgt dem biomedizinischen Prinzip von körperlicher Schädigung als Ursache für Krankheit. Ich frage: Was sind Ihre aktuellen Symptome, welche Erbkrankheiten gibt es in Ihrer Familie, welche Medikamente nehmen Sie ein, welche Diagnosen haben Sie? Was ich eher nicht frage, ist: Wie war Ihre Kindheit, wie ist Ihre Wohnsituation, haben Sie finanzielle Sorgen, wie stressig ist Ihr Alltag, fühlen Sie sich in Ihrer Beziehung sicher, essen Sie Orangen? Der Philosoph Michel Foucault nennt das den »ärztlichen Blick«, der selektiv ist, der nur einen Teil herausfiltert und den Rest ignoriert. Die Medizin, so Foucault, ist Ärzt*innen-fokussiert statt Patient*innen-fokussiert.[16,17] Wir haben zwar gelernt, Krankheit wortwörtlich in ihre mikroskopisch kleinsten Teile zu zerlegen, aber den Menschen als Ganzes, geschweige denn als Teil seiner Gesellschaft zu begreifen, ist in der be- und vorherrschenden Logik von Medizin nicht vorgesehen und im kapitalistisch funktionierenden Gesundheitssystem auch kaum möglich.[18] Dieses System der »modernen« Medizin hat den Ruf, unsere Gesundheit zu verbessern, unsere Krankheiten zu heilen, unsere Leben zu verlängern. Es wird viel investiert in Innovationen, neue Geräte sollen unsere Gesundheit unterstützen. Vom medizinischen Fortschritt und technischen Entwicklungen versprechen wir uns viel, Operationsroboter und Gewebe aus dem 3D-Drucker sind schon längst nichts Neues mehr. Der Glaubenssatz dieser Medizin lautet: »Mehr, neuer, teurer und technischer ist immer besser!« Das kann zur Überschätzung des Nutzens und zur Unterschätzung des Schadens von »moderner« Medizin führen.[19]

Die unangenehme und vielleicht überraschende Wahrheit ist nämlich auch: Die Medizin nimmt sich selbst gern wichtiger, als sie es in Wirklichkeit ist – zumindest in Bezug auf ihren Einfluss auf unsere Gesundheit. Es klingt unglaublich, aber schauen wir uns an, welche die wichtigsten Einflussfaktoren für unsere Gesundheit, unsere Lebenserwartung und -qualität sind, dann trägt das Gesundheitssystem sogar weniger als 20 Prozent dazu bei![19] Wenn die Medizin aber nicht unbedingt das ist, was uns gesünder macht, was ist es dann? Die Antwort darauf ist nicht so spektakulär wie lebensrettende Operationen, die wir in Krankenhaus-Soaps sehen, und nicht so gut zu vermarkten wie neu entwickelte Medikamente, von denen wir in den Schlagzeilen lesen. Was seit Entstehung der »modernen« Medizin und bis heute den größten Einfluss auf unsere Gesundheit hat, sind unsere Lebensumstände.[19] Denn unsere Leben, unsere Gesundheit, unsere Körper können nicht separat von den Einflüssen, Menschen und Systemen, die uns umgeben, betrachtet werden. Was historisch zur Verdoppelung unserer Lebenserwartung in nur einem Jahrhundert beigetragen hat, waren vor allem Dinge wie Kanalisation, Toiletten, Impfungen, Dünger und sauberes Trinkwasser.[20] Die meisten dieser Entwicklungen waren nicht der Medizin zu verdanken, im Gegenteil mussten viele davon von Aktivist*innen für öffentliches Gesundheitswesen hart erkämpft werden, wie der Anthropologe und Autor Jason Hickel erklärt: »Aktivisten für ein öffentliches Gesundheitswesen hatten entdeckt, dass die Gesundheit verbessert werden konnte, indem man Abwasser von Trinkwasser trennte. (…) Aber ein Fortschritt in diese Richtung wurde durch die kapitalistische Klasse behindert statt befördert.«[21] Die Steigerung unserer Lebenserwartung ist im Übrigen auch nicht unbedingt der zunehmenden Industrialisierung, dem Wirtschaftswachstum und Kapitalismus zu verdanken.[20] Diese wirkten sich historisch sogar meistens negativ auf die Gesundheit der Bevölkerung aus, es waren stattdessen soziale Reformen, fortschrittliche Politik und Zugang zu öffentlichen Gütern wie Krankenversicherung, Bildung und Sozialwohnungsbau, die uns gesünder machten.[21, 22] Auch heute wird Wirtschaftswachstum gern als Grund dafür angesehen, dass Menschen in reicheren Ländern länger leben, aber manchmal ist das zu simpel gedacht. Der Datenjournalist Tin Fischer formuliert es so: »Zu suggerieren, dass mit steigendem Einkommen die Lebenserwartung steigt, ist zwar nicht grundsätzlich falsch. Aber es heißt noch lange nicht, dass das eine zwingend mit dem anderen zu tun hat, und falls doch, wie sehr und warum. Da ist ein armes Land wie Costa Rica, das ökonomisch seit Jahrzehnten stagniert, aber die Lebenserwartung durch eine innovative, öffentliche medizinische Versorgung auf das Level von Deutschland steigern konnte. Und da ist ein reiches Land wie die USA, in dem die Lebenserwartung niedriger ist und sogar sinkt.«[23] Länder wie Costa Rica und Kuba zeigen, dass gute Gesundheit nicht mit dem Bruttoinlandsprodukt pro Kopf zusammenhängen muss, sondern stattdessen vor allem, wie in der Geschichte auch, von einem sozial gerechten Gesundheitssystem abhängig ist.[21, 24]

Wenn das Medizinsystem also nur sehr wenig zur Verbesserung unserer Gesundheit beiträgt, während hauptsächlich unser Lebensumfeld uns krank – oder eben gesünder – macht, wären Forschungsgelder für medizinische Innovationen vielleicht besser investiert, wenn wir sie in bezahlbare Wohnungen, gesundes Essen für alle, soziale Gerechtigkeit und die Bekämpfung der Klimakrise stecken würden. Die Menschen und Institutionen, die sich für diese Themen und damit gegen kapitalistische Logik einsetzen, sind aber aufgrund eben dieser Logik leider nicht die, die sonderlich viele Ressourcen, Einfluss und Öffentlichkeit haben.[19]

Eine dieser Institutionen ist das selbst organisierte Gesundheitszentrum *Casa Kuà*[25] in Berlin. Das dahinterstehende Kollektiv hat im Gegensatz zum Gesundheitssystem längst den Zusammenhang zwischen Gesundheit und gesellschaftlichen Verhältnissen, Diskriminierung und Isolation genauso wie zwischen Gesundheit und Gemeinschaften erkannt. Es ist eine Anlaufstelle für alle, die im regulären Gesundheitssystem immer wieder durchs Raster fallen, insbesondere für queere Menschen, die zusätzlich von Rassismus und Illegalisierung betroffen sind. In der *Casa Kuà* können sie sich in der feministischen Bibliothek zu Gesundheitsthemen informieren, mithilfe traditioneller chinesischer Medizin behandeln lassen, sich bei regelmäßigen Treffen mit anderen Betroffenen über Krebs, Transitionen, Sucht oder Psyche austauschen, von einem queerfeministischen Hebammenkollektiv rund um die Geburt beraten lassen und vieles mehr. Die Kosten für Behandlungen richten sich nach dem Einkommen der Hilfesuchenden und werden über Crowdfunding mitfinanziert. Tzoa aus dem *Casa Kuà*-Team merkt an, dass Gesundheit in Europa sehr individuell betrachtet und gleichgesetzt wird mit arbeits- und funktionsfähig im kapitalistischen System. Es brauche aber eine Dekolonialisierung des Konzepts, denn der Mensch als Maschine, die schnell repariert werden muss, ist eine sehr westliche, sehr unvollständige Vorstellung, so Tzoa.[26]

Auch die britische Ärztin und Wissenschaftlerin Nivethitha Ganapathiram sieht den westlichen Blick, der nicht-westliche Konzepte der Multikausalität von Krankheit abwertet, als Grund für den Hyperfokus der »modernen« Medizin auf einen biologischen Reduktionismus und auf lineare Modelle von Ursache und Wirkung.[27] Sie schlägt vor, diesen Blick der kolonial geprägten Medizin stärker zu hinterfragen und ärztliches Personal besser darin zu schulen, die strukturellen Hintergründe von Erkrankungen zu begreifen.[28] Dazu wurde in den USA das Konzept der »strukturellen Kompetenz« (»structural competency«) entwickelt,[29] das die Lücken füllen soll, die die aktuelle Ausbildung von Gesundheitspersonal aufweist in Sachen sozialer, ökonomischer und politischer Faktoren von Krankheit.[30] Außerdem soll strukturelle Kompetenz das Gesundheitspersonal darin schulen, sich selbst ebenso als Teil einer bestimmten Sozialisierung im System zu erkennen und diese Position als politisch zu begreifen und zu hinterfragen.

Wo die heutige »westliche« Medizin an ihre Grenzen kommt, wird auch gern an die persönliche Verantwortung von Patient*innen appelliert. Wir sagen: ernähren Sie sich gesund, treiben Sie regelmäßig Sport, schlafen Sie ausreichend, nehmen Sie Vorsorge-Untersuchungen in Anspruch. Wir sehen nicht: Gesunde Ernährung ist zu teuer, öffentliche Sportprogramme bedeuten Stress für Menschen, die nicht den Körpernormen entsprechen,[31] Schichtarbeitende schlafen schlecht, Gesundheitsinformationen sind selten in allen Sprachen verfügbar. Als Ursache von ungleicher Gesundheit wird neben biologischen Ursachen auf unterschiedliches Gesundheitsverhalten verwiesen. Aber wir können noch so viele Vitamine nehmen und noch so viel Yoga und Achtsamkeitsübungen machen, unsere ungesunde, weil ungerechte Umgebung wird das nicht ändern. Was haben wir dadurch gewonnen, gut hydriert, mit hohem Vitamin-Spiegel und entspannter Nackenmuskulatur unseren unfairen Umständen und Unterdrückung zu begegnen? Das große Ganze, die Gesellschaft und ihre strukturelle Ungleichbehandlung, kommt beim Thema Gesundheit zu oft zu kurz. Die Autorin Anne Boyer formuliert es so: »Man gibt uns von allen Wahrscheinlichkeiten nur die lärmende Hälfte, die seine Ursachen in uns selbst sehen will, und nie die stille Seite, dass seine Quellen die von uns geteilte Welt durchdringen.«[32]

Ungesunde Menschen und ihre Umwelt

Es braucht also einen umfassenderen Ansatz, um Gesundheit zu betrachten. Das ist so manchen indigenen Heiler*innen, die sich gegen zerstörerische kapitalistische Lebensformen einsetzen, sowieso seit jeher klar. In der sogenannten »modernen« Medizin ist das ein eher neueres Konzept. 1847 stellte der Arzt und Gesundheitspolitiker Salomon Neumann fest: »Die medizinische Wissenschaft ist in ihrem innersten Kern eine sociale Wissenschaft.«[33] Sein Freund, der Pathologe und Politiker Rudolph Virchow, griff diese Erkenntnis ein Jahr später auf und gilt damit bis heute in der »westlichen« Medizin als Star der Sozialmedizin. Als eine Typhus-Epidemie um 1848 Berlin heimsuchte, empfahl er nicht etwa einen Ausbau der medizinischen Versorgung, sondern höhere Löhne, besseren Zugang zu Bildung und einen Ausbau der Kanalisation. Er war einer der Ersten, die die schlechten Lebensbedingungen von Berliner Arbeiter*innenfamilien in überbelegten und unhygienischen Wohnungen in Zusammenhang mit ihrer Gesundheit brachten. Wie Salomon Neumann fand auch er: »Die Medicin ist eine sociale Wissenschaft, und die Politik weiter nichts als Medicin im Grossen.«[34] Ihnen und ihren Mitstreiter*innen verdanken wir wahrscheinlich die Berliner Kanalisation, Trinkwasserversorgung, öffentliche Krankenhäuser und sogar Spielplätze und Schrebergärten.[35]

In den späten 1970er-Jahren etablierten in Lateinamerika Wissenschaftler*innen wie der ecuadorianische Jaime Breilh das Konzept der »Social Determination«, das Machtverhältnisse und Ungleichheit durch Klassismus, Sexismus oder Rassismus in engem Zusammenhang mit Gesundheit sieht. Später wurde das Konzept in vereinfachter (und unvollständiger) Form im englischsprachigen Raum übernommen,[36] der abgewandelte Begriff der »Determinanten von Gesundheit« beschreibt den gesundheitlichen Einfluss, den die Umstände haben, in denen wir zur Welt kommen, aufwachsen, arbeiten, leben, altern und sterben.[37] In den klassischen Strukturen des Gesundheitssystems finden sich diese Konzepte leider kaum wieder. Es gibt aber engagierte Menschen, die das nicht länger hinnehmen wollen und Begegnungsräume kurzerhand selbst erschaffen, die die Lücken des Gesundheitssystems füllen. So bilden sich Orte wie die oben erwähnte *Casa Kuà* in Berlin, und in ganz Deutschland entstand in den letzten Jahren ein Netz solidarischer Gesundheitszentren, das *Poliklinik Syndikat*.[38] Angefangen hat alles mit einer Poliklinik im Hamburger Stadtteil Veddel, wo die Menschen kränker leben und früher sterben als in anderen Teilen der Stadt. Darum gibt es in der Poliklinik nicht nur medizinische Versorgung, sondern auch Angebote wie das Wohn-Café.[39] Hier findet einmal im Monat ein Treffen statt, zu dem Anwohner*innen ihre Sorgen rund ums Thema Wohnen genauso wie ihre Mietunterlagen mitbringen können. Austausch zu steigenden Mieten beim gemeinsamen Kuchenessen und Unterstützung bei der Beantragung von Wohngeld gehören für das Team der Poliklinik genauso zur Gesundheitsvorsorge wie die medizinische Sprechstunde. Hier wird die Erkenntnis, dass Armut und Wohnungsnot eng mit Krankheit zusammenhängen, in die Tat umgesetzt.

Vor einiger Zeit hatte ich einen Flyer einer Umweltorganisation im Briefkasten, der mich darauf hinwies, die Messstation vor meiner Haustür habe die deutschlandweit höchste Feinstaubbelastung der Luft nachgewiesen. Dieser Staub landete jedes Mal in meinen Lungen, wenn ich »frische Luft« in die Wohnung ließ. Inzwischen konnte ich umziehen, weil ich privilegiert genug bin, um ungesunde Orte zu verlassen. Viele Menschen haben diese Möglichkeit nicht. Gesundheit wird beeinflusst von unserer Umwelt, und diese hängt wiederum eng mit dem Klima zusammen – auch das ist eine Erkenntnis, die erst in den letzten Jahren mehr in den Fokus rückt. Inzwischen setzen sich immer mehr Umweltorganisationen mit dem Thema Gesundheit auseinander, und andersherum setzt sich immer mehr Gesundheitspersonal bei Zusammenschlüssen wie *Health for Future* für Klimaschutz ein. Dafür ist es auch höchste Zeit. Extreme Hitzewellen nehmen zu, die Waldbrandgefahr steigt, immer mehr Flächen sind von Dürren betroffen, Hunderttausende von Menschen kommen bei Überflutungen ums Leben. Durch die veränderten Wetterbedingungen steigt auch die Ausbreitungsgefahr für Infektionskrankheiten wie Malaria. Der jährliche Bericht der Fachzeitschrift *The Lancet* sieht die Welt an einer kritischen Weggabelung und warnt eindringlich vor den extremen Gefahren für unsere Gesundheit, wenn wir weiterhin an fossilen Brennstoffen festhalten.[40] All diese Gesundheitsauswirkungen und Risiken der Klimakrise sind ungleich verteilt, marginalisierte Menschen sind früher und stärker von ihnen betroffen. Das gilt besonders für Menschen in ärmeren Ländern des globalen Südens, das gilt aber auch hier in Europa.

Wer in unserer Gesellschaft marginalisiert ist, wer in der Politik weniger mitgedacht und berücksichtigt wird, wem weniger Existenzberechtigung zugesprochen wird, ist stärker von Klimakatastrophen betroffen. Und das kann tödlich sein, so zum Beispiel für Menschen mit Behinderung. Künstler*in und Autor*in Steven Solbrig thematisiert ein aktuelles Beispiel in einer Performance: »Und die Flut in Sinzig/ 12 Menschen in 'nem Heim/ der Klimawandel und die Behinderten/ die mensch nicht rettet/ auch wenn sie schrei'n.«[41] Als im Jahr 2021 nach starkem Regen eine Flutwelle die Stadt Sinzig erreichte, sind 12 Menschen im Erdgeschoss einer Einrichtung für Menschen mit Behinderungen ertrunken. Warum genau das geschah, ist bis heute nicht abschließend geklärt, es scheint sich aber um eine Kombination aus persönlichem und politischem Versagen zu handeln, die zum Tod dieser Menschen geführt hat.[42] Für Solbrig ist klar, dass auch in Zukunft behinderte Menschen härter als andere von Klimakatastrophen getroffen werden.

Diskriminierung macht krank

Wenn wir als Gesundheitspersonal in Sozialmedizin-Seminaren über die Determinanten von Gesundheit und den Einfluss von Faktoren aus unserer Umgebung lernen, dann sprechen wir über Einkommen oder Wohnsituation von Menschen, neuerdings vielleicht auch über Klima und Umwelt. Aber warum sprechen wir eigentlich nicht viel mehr darüber, welchen Einfluss Vorurteile auf unsere Gesundheit haben? Was ist mit Diskriminierung als Determinante von Gesundheit? Ich möchte in jedes medizinische Lehrbuch hineinkritzeln: Gesellschaftliche Ungleichbehandlung ist gesundheitsgefährdend!

Wer ständig Alltagsdiskriminierung ausgesetzt ist, wem ständig die Dazugehörigkeit infrage gestellt und dadurch mindestens indirekt die Menschlichkeit abgesprochen wird, der erlebt ständig Stress. Und dieser chronische Stress hat Auswirkungen auf die Gesundheit der Betroffenen. Vor allem leidet unsere Psyche unter Ausgrenzung und Aggression. Wer ständig Angst vor stigmatisierenden Erfahrungen haben muss und diese Erfahrungen schon öfter gemacht hat, wer häufig belästigt und bedroht wird, hat ein erhöhtes Risiko für psychische Erkrankungen und ist eher selbstmordgefährdet. So beschreibt es das Modell des »Minderheiten-Stress« unter anderem für queere Menschen.[43, 44] Aber natürlich nicht nur Queerfeindlichkeit, sondern alle Diskriminierungsformen hinterlassen ihre Spuren in der Psyche.[45] So haben zum Beispiel Menschen, die Rassismus erfahren, häufiger Depressionen und Angststörungen,[46] ausgelöst durch wiederholte emotionale Verletzungen, sogenannten Rassismus-bedingten traumatischen Stress.[47, 48] Die Datenanalyse von repräsentativen Bevölkerungsbefragungen in Australien ergab für die indigene Bevölkerung der Aborigines gegenüber *weißen* Australier*innen ein dreifach erhöhtes Risiko, unter extremer psychischer Belastung zu leiden.[49] Der Zusammenhang zwischen Rassismus und psychischer Gesundheit wird derweil in Deutschland bisher kaum anerkannt, es gibt keine systematische Erfassung des Problems,[50] und Psychotherapeut*innen haben kaum ein Problembewusstsein, keine offizielle Diagnose einer Rassismus-bedingten Traumastörung existiert.[51] Rassismus taucht nicht als Risikofaktor in der Psychotherapieausbildung oder in diagnostischen Fragebögen auf, kritisiert das *Bundesfachnetz für Gesundheit und Rassismus*.[52] Die Ungerechtigkeit und Diskriminierung, die Stigmatisierung und soziale Isolation, die Menschen erfahren, machen nicht nur krank, sondern auch einsam. Und auch Einsamkeit ist wiederum ein nicht zu unterschätzendes Gesundheitsrisiko, von dem zum Beispiel queere Menschen besonders häufig betroffen sind.[53, 54]

So wenig wie Marginalisierung und mentale Gesundheit getrennt betrachtet werden können, so wenig können auch Psyche und Körper getrennt voneinander behandelt werden, auch wenn die Medizin das gern ignoriert und an biologistischen Krankheitskonzepten festhält. Trauma und Stigma, wie sie queere, behinderte, rassifizierte, weibliche, arme und anders marginalisierte Menschen erfahren, haben neben psychischen auch physische Folgen – und damit sind eben nicht nur die Wunden und Verletzungen nach körperlicher Gewalt gemeint. Traumatische Erfahrungen lösen nicht nur psychische Krankheiten aus, sie schreiben sich auch in unseren Körper ein, sie verändern die biochemische Balance unseres Gehirns, beeinflussen Hormone, Schlafrhythmus, Immunabwehr und Herz-Kreislauf-System.[55] Die US-amerikanische Wissenschaftlerin Arline Geronimus entwickelte zum Zusammenhang zwischen gesellschaftlicher Benachteiligung und Gesundheit in den Neunzigerjahren die Theorie des »Weathering« (von engl. Verwitterung), nachdem sie eine frühzeitige Alterung und Gesundheitsverschlechterung bei den von ihr untersuchten US-Afro-Amerikanerinnen gegenüber *weißen* US-Amerikanerinnen festgestellt hatte.[56] Inzwischen gibt es immer mehr internationale Daten darüber, dass erlebte Diskriminierung mit körperlichen Alterungs- und Krankheitsmarkern assoziiert ist, zum Beispiel mit verkürzten Chromosomenenden, verkalkten Arterien, Verschleißerscheinungen auf Zell- und Organebene und oxidativem Stress im Stoffwechsel.[57, 58] Das passiert unter anderem, weil unser Körper kurzfristige Schutzmechanismen für Ausnahmesituationen hat, die langfristig schädlich für uns sein können.[59] Befinden wir uns in einer Gefahrensituation, zum Beispiel, weil wir auf der Straße angefeindet oder sexuell belästigt werden, so schüttet unser Körper das Stresshormon Cortisol aus. Es bewirkt unter anderem einen höheren Blutzuckerspiegel, kräftigeren Herzschlag, schnelleren Atem und höheren Blutdruck, was dem Körper hilft, zum Beispiel schnell weglaufen zu können. Diese kurzfristige Stressreaktion des Körpers ist überlebenswichtig. Wird die kurzfristige Gefahrensituation aber zum Normalzustand, wird Stigmatisierung oder gar Gewalt zum Alltag, dann wird der Stress chronisch und die Cortisolausschüttung ungesund.[59] Menschen, bei denen besonders hohe Cortisolkonzentrationen festgestellt wurden, erkrankten häufiger an Herz-Kreislauf-Erkrankungen, von denen sie sich schlechter erholten und weniger auf Therapien ansprachen.[60] Cortisol bewirkt auch eine erhöhte Glukoseproduktion in der Leber, unterdrückt die Glukoseaufnahme in die Zellen und die Insulinausschüttung, alles Mechanismen, die langfristig zur Entwicklung von Diabetes führen können.[61] Einfach ausgedrückt: Diskriminierung führt zu chronischem Stress, der uns körperlich krank macht.

Alles hängt zusammen

Die Verknüpfung von sozialer Ungerechtigkeit, Umweltzerstörung und ungesunden Menschen sehen die Ärztin und Aktivistin Rupa Marya und der Wissenschaftler und Autor Raj Patel auch in engem Zusammenhang mit Entzündung. Das meinen sie sowohl im Sinne einer Welt der fossilen Brennstoffe, als auch in Form von unseren entzündlichen Immunreaktionen auf eine brandgefährliche Umwelt. Die beiden in den USA lebenden Autor*innen erklären unsere Körper zu einem Teil einer entzündeten Welt, die es zu behandeln gilt. Tatsächlich gibt es mehrere Studien, die in den letzten Jahren einen Zusammenhang zwischen erlebter Diskriminierung und verschiedenen Biomarkern für Entzündung fanden.[62-64] In ihrem Buch *Inflamed: Deep Medicine and the Anatomy of Injustice*[65] erklären Marya und Patel anhand von unzähligen Beispielen und Studien, wie unsere Gesundheit im Zusammenhang mit Essen, Umwelt, Machtsystemen und kolonialer Gewalt steht.

Da ist zum Beispiel unser persönliches Mikrobiom, also all die Bakterien und Mikroorganismen, die in und auf uns leben und eine wichtige Rolle bei der Unterstützung unserer Immunabwehr von Krankheiten spielen. Um diese Rolle gut erfüllen zu können, müssen vor allem unsere Mini-Helfer-Organismen des Darms besonders vielfältig vertreten sein, das heißt, eine hohe Diversität der Darmbakterien schützt besonders gut vor Krankheiten.[65] Gesunde Böden durch eine Landwirtschaft im Einklang mit der Umwelt und gesunde Nahrung, die auf diesen Böden wächst, sind die Voraussetzung für solch ein gesundes und vielfältiges Darm-Mikrobiom,[66] welches besonders bei nicht-»westlichen« und indigenen Bevölkerungen in Afrika, Indien und im Amazonas zu finden ist.[67, 68] Kapitalismus und Kolonialismus haben aber große Teile dieser indigenen Lebensweise ausgelöscht und an den meisten Orten der Welt die Grundlage für ein gesundes Leben zerstört. Die westlichen Gesellschaften, die aus diesen Unterdrückungen heraus entstanden, sind ungesund wie nie, die Menschen des globalen Nordens tragen ein verkümmertes Mikrobiom in ihrem Inneren, was sie besonders anfällig für Herz-Kreislauf-Erkrankungen, Asthma, Allergien, Diabetes, Darmkrebs, entzündliche

Darmerkrankungen, Autoimmunerkrankungen und Alzheimer macht.[65]

Die Summe aus den lebenslangen nicht-genetischen Gesundheitseinflüssen, denen wir ausgesetzt sind, unser sogenanntes Exposom, ist für viele nicht optional, sondern systemisch, so Marya und Patel. Die Exposome, denen wir ausgesetzt sind, können sogar über die Zeit unsere Immunsysteme unterschiedlich formen, und unterschiedlich geformte Immuntypen reagieren unterschiedlich auf die Herausforderungen, denen sich unsere Immunabwehr stellen muss. Die gleiche Infektion, zum Beispiel mit dem Covid Virus, wird unterschiedlich von unseren Körpern bewältigt.[69] Die Körper der Menschen, die einer sozialen Umgebung von Benachteiligung und chronischem Stress ausgesetzt sind, regulieren Proteine hoch, die eine Entzündung begünstigen,[70] und zeigen eine besonders niedrige Aktivität des Immunproteins Alpha-Interferon.[71]

Eigentlich sind die Alpha-Interferone dazu da, zusammen mit anderen immunmodulatorischen Proteinen und Immunzellen eine massive entzündliche Reaktion bei einem Virusbefall des Körpers verhindern zu können. Sie helfen, gefährliche Viren wie Covid zu bekämpfen, indem sie andere Teile des Immunsystems alarmieren und aktivieren. Wer aber eine niedrige Alpha-Interferon-Aktivität hat, möglicherweise weil diese von einer ungerechten Umgebung unterdrückt wurde, hat ein erhöhtes Risiko für einen besonders schweren Covid-Verlauf.[72] »Das Exposom der Unterdrückung, konkretisiert in der Architektur unserer Gesellschaft, konditioniert das Immunsystem auf eine katastrophale Reaktion infolge einer Covid-Infektion und erklärt zum Teil, dass die Todesraten so hoch waren in historisch unterdrückten Gruppen, und arme, Schwarze, indigene und Latinx-Gemeinschaften in den USA verwüsteten«[65], schreiben Marya und Patel. Auch in Deutschland gab es eine besonders hohe Covid-Sterblichkeit bei Menschen mit ausländischer Staatsbürgerschaft,[73] und Menschen mit Migrationserfahrung erkrankten gegenüber anderen doppelt so häufig,[74] nicht zuletzt weil sie einem erhöhten Infektionsrisiko durch ihre Arbeits- und Wohnbedingungen ausgesetzt waren.[75] »Covid hat aufgedeckt, welche Gewalt unsere Gesellschaft bestimmten Körpern zufügt, denen, die durch koloniale Mächte entfremdet und als Fremde und Feinde markiert wurden«[65], schlussfolgern Marya und Patel. Die beiden verschreiben »Deep Medicine«, da tiefgehende Ungerechtigkeit und Ungesundheit einen tiefgehenden und umfassenden Heilungsansatz benötigen. Die von ihnen gegründete Organisation *Deep Medicine Circle,* bestehend aus Landwirt*innen, Stammesältesten der indigenen Bevölkerung, Heiler*innen, Ärzt*innen, Ökolog*innen, Umweltschützer*innen und Künstler*innen, verknüpft die Heilung von Krankheiten mit der Heilung der Umwelt, die uns krank macht. So entstanden Farmen auf Hausdächern, die das dort angebaute Biogemüse an lokale Organisationen und ein Kinderkrankenhaus spenden, eine mobile Klinik wurde entwickelt, es werden Workshops für erkrankte und traumatisierte Mitarbeitende des Gesundheitssystems angeboten, indigenes Wissen wird sichtbar gemacht und fließt in Umweltprojekte und die Gesundheitsversorgung mit ein.[76] Der »Deep Medicine«-Ansatz zentriert die Überzeugung: Wenn wir auf eine gute, auf eine gesündere Zukunft hoffen wollen, müssen wir Systeme der Unterdrückung aufbrechen und reparieren und unsere eigene Rolle darin reflektieren. Das gilt für aktuelle wie für vergangene, die bis heute nachwirken.

Wie unterschiedlich Menschen von Krankheiten betroffen

sind, wird nämlich nicht nur durch ihre eigene Umgebung und Lebensumstände beeinflusst, sondern auch durch die ihrer Vorfahren.[77] Schon länger ist bekannt, dass Stresserfahrungen in der Schwangerschaft ein Leben lang Auswirkungen auf die Gesundheit des ungeborenen Kindes haben, aber erst in letzter Zeit wird auch der generationenübergreifende Gesundheitseffekt genauer betrachtet.[78] Man könnte sagen: Manche Menschen erben Immobilien, andere erben Traumata. Denn der Stress, der durch Trauma und Unterdrückung ausgelöst wird, bewirkt epigenetische Veränderungen, hat also Einfluss darauf, wie unsere genetischen Informationen vom Körper umgesetzt werden.[78, 79] Das bedeutet, es gibt eine biologische Grundlage für kollektive Traumata, Nachfahren von versklavten und misshandelten Menschen tragen die Wunden ihrer Ahnen in sich, nicht nur als Erinnerungen und im übertragenen, sondern auch im wortwörtlichen Sinn als molekulare Veränderungen. Der Psychologe Natan Kellermann, der in Israel Holocaust-Überlebende und ihre Familien betreut, schreibt: »Der Holocaust hat seine sichtbaren und unsichtbaren Spuren nicht nur auf den Überlebenden, sondern auch auf ihren Kindern hinterlassen. Statt eintätowierter Nummern auf ihren Unterarmen wurden sie epigenetisch gezeichnet mit einer chemischen Hülle um ihre Chromosomen, die eine Art biologisches Gedächtnis dessen, was ihre Eltern erlebten, repräsentiert.«[80]

Wie historische, gesellschaftliche und ökologische Kontexte biologisch inkorporiert, also in den Körper integriert werden, nennt die Epidemiologin Nancy Krieger »Embodiment«, also Verkörperung. Sie sieht dies als den biologischen Ausdruck von Ungerechtigkeit, der zu einer unfairen Verteilung von Gesundheit und Krankheit beiträgt. Sie entwickelte die »Ecosocial Theory of Disease Distribution«[81], die besagt, dass sich verkörperte historische Ungerechtigkeit in gesundheitlicher Ungleichheit ausdrückt. Krieger betont: »Wir leben und sterben verkörpert, so wie alles Leben auf der Erde. Es ist längst überfällig, dass unsere Wissenschaften Ebenen und Zeitstrahlen der Verkörperung integrieren, in Strukturpolitik und strukturelle Ungerechtigkeit auf molekularem Level. Über Generationen hinweg können wir lernen, was es heißt, Würde, Gleichberechtigung und Freude zu verkörpern. Lasst uns diese Arbeit angehen, geprägt von der Historie, eine Vision basierend auf sozialer Gerechtigkeit zusammen mit einer tiefen Anerkennung unserer Verwobenheit mit und Abhängigkeit von unserem wundersamen und bedrohten Planeten.«[82] Entsprechend zu Kriegers Theorie der Verkörperung von Ungerechtigkeit existiert auch der Ansatz, genau dieses Embodiment im Einsatz für soziale Gerechtigkeit zu nutzen, hierfür hat Rae Johnson »Embodied Social Justice«, einen körperzentrierten Ansatz im Kampf gegen Unterdrückung, entwickelt.[83]

Diagnose Diskriminierung

Klar ist also, Diskriminierung ist ungesund. Das zeigte zuletzt auch eine Grundlagenstudie in Deutschland, in der Teilnehmende zu verschiedenen Formen von Diskriminierung befragt wurden. »Kein Problem mit Vorurteilen? Dann gehören Sie zu einer Minderheit«[84], heißt es in der Zusammenfassung der Studie. Denn in der repräsentativen Befragung von 1527 Menschen gaben ganze 59 Prozent der Studienteilnehmenden an, von Vorurteilen oder Diskriminierung betroffen zu sein. Die diskriminierenden Erlebnisse, von denen berichtet wird, reichen von unhöflicher Behandlung und angestarrt werden über

Beleidigungen und Belästigungen bis hin zu Bedrohung und körperlicher Gewalt. Diese Erlebnisse führten bei den Betroffenen zu Unsicherheit, Scham, Wut, Trauer und vor allem Angst, die sich auch langfristig halten kann. Zwischen denen, die diskriminiert werden, und denen, die diese Erfahrung in ihrem Leben nicht machen, gab es große Unterschiede in Bezug auf körperliche und seelische Gesundheit. Am größten war die gesundheitliche Benachteiligung beim Thema Schlafstörungen, hier gaben 70 Prozent der Diskriminierten an, unter ihnen zu leiden, bei den nicht Diskriminierten waren es nur 30 Prozent. Aber auch bei Krankheitsbildern wie Migräne, Magen-Darm-Erkrankungen, Depression, Essstörungen, Burn-out oder Angststörungen zeigten sich eindeutige Unterschiede und damit ein Zusammenhang zwischen Diskriminierungserfahrungen und Erkrankungen, wie die Forschenden erklären. Dabei fiel auch auf, dass besonders stark diskriminierte Menschen sich besonders ungesund fühlten, dass also auch das Ausmaß ihrer Benachteiligung das Ausmaß der gesundheitlichen Folgen bestimmte. Stark diskriminierte Menschen sind in der Studie deutlich häufiger schwer psychisch erkrankt oder müssen aufgrund ihrer Erkrankungen eine Frührente beziehen, weil sie nicht mehr arbeiten gehen können. »Jeder Einzelne trägt also mit seinem Verhalten eine soziale Verantwortung für das Wohlbefinden anderer«, schlussfolgern die Forschenden, denn: »Weniger Vorurteile, weniger Krankheiten.«[84]

Wir sehen: Es ist wichtig für unsere Gesundheit, in was für einer Gesellschaft wir leben, in was für einer Umgebung wir uns befinden, unter welchen Bedingungen unsere Vorfahren lebten. In diesem Sinne sind der Einsatz für mehr soziale Gerechtigkeit und der Kampf gegen Unterdrückung die wohl wirksamsten Gesundheitspräventionen, die es gibt, sogar wirksamer als jede medizinische Behandlung, wie wir in diesem Kapitel gesehen haben. Eine gerechtere Gesellschaft ist eine gesündere Gesellschaft, darum ist Gesundheit eine gesamtgesellschaftliche Aufgabe. Während wir nun überlegen, wie wir unsere Gesellschaft gleichberechtigter und somit gesundheitsförderlicher gestalten können, müssen wir aber auch erkennen, dass genau die Orte für die Versorgung von Krankheiten – die oft durch chronischen Stress und dauernde Diskriminierung ausgelöst wurden – auch gleichzeitig oft die Orte sind, die das Trauma marginalisierter Menschen noch verstärken. Unsere Orte der Gesundheitsversorgung, sie selbst sind Teil einer gesundheitsgefährdenden Umgebung, die Menschen diskriminiert und uns manchmal noch kränker macht, statt uns zu helfen. Diskriminierung macht krank – und das Gesundheitssystem ist diskriminierend. Diese schmerzhafte Ironie des Medizinbetriebs kennen marginalisierte Patient*innen und Mitarbeitende nur allzu gut. Was Diskriminierung im Gesundheitskontext für queere, weibliche, arme, rassifizierte und behinderte Menschen konkret bedeutet, darum soll es in den folgenden Kapiteln gehen.

5. Sexismus und Symptome
Me(d) Too

»ich werde erst still sein wenn wir eine *vergewaltigung* als solche benennen und keiner mehr *lügnerin* schreit«[1]

RUPI KAUR

»Du hast anscheinend mitbekommen, was gestern passiert ist. Dass du das nicht weitererzählen wirst, ist ja selbstverständlich. Das ist alles Quatsch, absurd«, stellte der Arzt, der sich vor mir aufgebaut hatte, mit leiser, drohender Stimme klar. Ich war zu der Zeit Student*in im Praktischen Jahr, dem Abschnitt am Ende meines Studiums, in dem ich unter Aufsicht von Ärzt*innen wie ihm eigene Patient*innen untersuchen und betreuen durfte. Am Abend vorher war eine Patientin zu uns in die Notaufnahme gekommen, die ich zur Anamnese in ein separates Zimmer mitnahm. Angespannt erzählte sie mir, sie sei schon einige Stunden vorher als Patientin in dieser Klinik gewesen, und berichtete von der Untersuchung wegen eines Problems an ihrer Hüfte. Es dauerte eine Weile, bis sie expliziter wurde, und ich verstand, was sie mir eigentlich sagen wollte. Der behandelnde Arzt hatte ihr wiederholt Komplimente zu ihrem Körper gemacht, die ihr sehr unangenehm waren. Während der Untersuchung hatte er sie schließlich immer wieder unnötigerweise auf der Innenseite ihres Oberschenkels berührt, erklärte sie. Sie vertraute mir damit an, dass sie von dem mir vorgesetzten Arzt sexuell belästigt worden war. Ich glaubte ihr. Ich ahnte aber auch: Das würde keinen Unterschied machen.

Ich bemühte mich um einen professionellen und empathischen Ton, obwohl ich innerlich wütend und bedrückt zugleich war, denn diese Art von Geschichte kam mir nur allzu bekannt vor. Aus eigener Erfahrung weiß ich, wie groß die Überwindung ist, solche Vorkommnisse überhaupt anzusprechen. Und wie oft es die immer gleichen Reaktionen gibt: »Bist du sicher, dass du die Situation nicht falsch verstanden hast?« oder »Sei vorsichtig mit solchen Anschuldigungen, das könnte seiner Karriere schaden«. Die klassische Täter*innen-Opfer-Umkehr, die dazu führt, sexualisierte Übergriffe nicht anzusprechen, weil so oft der daraus resultierende Stress für Betroffene zu groß und die Konsequenzen für Übergriffige zu klein sind.[2] Ähnlich ging auch diese Geschichte aus: Weil die Frau bei der Behandlung mit dem Arzt allein im Raum gewesen war, gab es niemanden, der etwas mitbekommen hatte, es stand Aussage gegen Aussage. Die Patientin wurde offiziell vertröstet und inoffiziell als unglaubwürdig hingestellt. Der beschuldigte Arzt stritt alles ab, durfte aber – so die halbherzige Konsequenz – vorsorglich eine Zeitlang nur in Anwesenheit einer dritten Person Patientinnen behandeln. Und ich, ich habe verunsichert den Mund gehalten, genau wie es von mir verlangt wurde.

Geht eine Frau zum Arzt

In den sozialen Medien schrieb Anfang 2022 die Userin *@joanalistin* unter dem Hashtag #FrauenBeimArzt: »Ich würde gerne sichtbar machen, welche sexualisierten oder erniedrigenden

Erfahrungen Frauen bei ihren Arztbesuchen erlebt haben.«[3] Es kommentierten über tausend Menschen, teilten ihre Geschichten, wie sie Grenzüberschreitungen, verbale und physische Übergriffe von Ärzt*innen erfahren haben. Wie ein Amtsarzt damit drohte, eine Einschränkung der Sehfähigkeit nicht zu attestieren, wenn die Patientin ihm nicht ihre Brüste zeigte. Oder wie ein anderer zu abendlichen Terminen in seine »Privatpraxis« einlud, die eigentlich seine Wohnung war. Wie sich ihr Arzt zur Befundbesprechung neben sie auf die Untersuchungsliege gesetzt und seine Hand auf ihr Knie gelegt hat, berichtet eine Frau. Wie der Zahnarzt ihr als Dreizehnjähriger unter die Bluse griff, erzählt eine andere. Die Geschichten reichen von sexistischen Äußerungen über das Nicht-ernst-Nehmen von Beschwerden und der Verweigerung von Behandlung bis hin zu sexualisierten Kommentaren und Berührungen. Manche der beschriebenen Grenzüberschreitungen sind so skurril und widerlich, dass mir beim Lesen übel wird. »Mit 16 (?) bei meinem Gyn, der hat mir seinen Finger reingesteckt, in den Mund gesteckt und gesagt: ›Schmeckt gut‹«,[4] schreibt eine Userin etwa.

Wie häufig solche Situationen vorkommen, ist nicht genau in Zahlen zu sagen. Das liegt zum Teil am Mangel an Beschwerdestellen, die für den medizinischen Bereich überhaupt existieren. »(E)s gibt keine einzige länderübergreifende staatliche Anlaufstelle für Patient:innen, die sagen, dass sie missbraucht wurden oder einen sexualisierten Übergriff erlebt haben«[5], heißt es in einer deutschlandweiten investigativen Recherche der Journalistin Juliane Löffler. Die offiziell gemeldeten Zahlen sind sehr niedrig, es wird aber von einer sehr hohen Dunkelziffer ausgegangen. Ähnlich sieht es in Österreich aus, beispielsweise bei der *Wiener Pflege-, Patientinnen- und Patientenanwaltschaft* oder bei der *Österreichischen Ärztekammer*, wo jeweils nur wenige Fälle auf dem Schreibtisch landen.[3]

Dass so wenige Fälle gemeldet werden, liegt aber auch daran, dass Betroffene Angst haben, nicht ernst genommen zu werden. Und mit diesem Gefühl liegen sie leider allzu oft richtig. Setzen sich Patient*innen nämlich zur Wehr und fassen den Mut, nach Vorfällen von sexualisierter Gewalt Anzeige zu erstatten, sehen sie sich häufig damit konfrontiert, dass ihnen nicht geglaubt wird. Denn das Absprechen von Wut und anderen Reaktionen auf ungerechte oder gar übergriffige Behandlung vor allem von marginalisierten Menschen hat eine lange Tradition, nicht nur im Medizinbetrieb.

Besonders absurd wird es, wenn Betroffene selbst für das Geschehene verantwortlich gemacht werden. Diese Täter*innen-Opfer-Umkehr, auch »Victim Blaming« genannt, ist Teil von patriarchalen Logiken, die das Unterdrückungssystem aufrechterhalten, die Abwertung von marginalisierten Menschen verfestigen und Täter*innen vor Konsequenzen ihrer Übergriffe schützen. Aber eigentlich »verbrecherisch«, so schreibt es Şeyda Kurt treffend, »ist die Legitimierung einer gefährlichen Selbstverständlichkeit und Anspruchshaltung, mit der Menschen, die in Machtpositionen sind, Raum einnehmen und auf die Körper anderer Menschen zugreifen, sie konsumieren, ihre Integrität missachten und somit hierarchisieren – als wären diese Körper unbedingt anwesend, um ihre Bedürfnisse nach Nähe oder Anerkennung zu befriedigen.«[6]

Für die wenigen Fälle von sexualisierten Übergriffen im Medizinbetrieb, die letztendlich gemeldet werden, gibt es wiederum keine systematische Erfassung, seit Jahrzehnten »keine umfassende Studie dazu«[4]. Betroffene sind oft auf sich allein gestellt und darauf angewiesen, dass das Thema in den Informations- oder sozialen Medien aufgegriffen wird, um ein öffentliches Bewusstsein für diese persönliche und strukturelle Gewalt zu schaffen, die ihnen angetan wurde. Einige Monate bevor das Thema »#FrauenBeimArzt« online kursierte, hatte es eine ähnliche Welle an Meldungen gegeben, als die Autorin Franka Frei thematisierte, dass Menschen in Corona-Testzentren sexuell belästigt werden.[7] Schnell füllte sich ihr Posteingang mit Nachrichten, in denen von ähnlichen erlebten Situationen erzählt wurde. Immer wieder gab es Anspielungen auf Oralverkehr: Bei Gelegenheit könne man ein dickeres Stäbchen einführen, hieß es etwa. In unserem Verein *Feministische Medizin* waren die internen Reaktionen wie meist bei solchen Geschichten: von wütend bis traurig, betroffen bis besorgt, angewidert bis abgestumpft, aber eines jedenfalls nicht: überrascht. Wir wurden von Frei zu einem Statement angefragt und verfassten online in Stichpunkten, was Betroffene bei solchen Vorfällen tun können: Unterstützung bei Vertrauenspersonen oder dem *Hilfetelefon Gewalt gegen Frauen* holen und den Vorfall bei der Polizei oder der zuständigen Ärztekammer melden.

Nachdem etwas passiert ist, passiert nichts

Aber wie geht es dann weiter, nachdem solche Vorfälle bei den Landesärztekammern gemeldet werden? Die Nachforschungen von Löffler ergaben die ernüchternde Erkenntnis: Es passiert wenig bis gar nichts. Laut der Berliner Ärztekammer gab es dort in den letzten zehn Jahren rund 200 Beschwerden über missbräuchliches Verhalten von Ärzt*innen, viele davon Wiederholungstäter*innen. Von den jährlich rund 1400 bis 1500 allgemeinen Beschwerden über ärztliche Pflichtverletzung führt nur ein Bruchteil überhaupt zu förmlichen Untersuchungsverfahren: im Schnitt 13 jährlich, also in nicht einmal einem Prozent der Fälle.[5] Das ist so, als würde bei 100 Patient*innen mit Vergiftungserscheinungen nach der Einnahme eines Medikaments nur bei einer dieser Personen überhaupt das Blut untersucht werden, um den genauen Zusammenhang zu verstehen – das wäre unvorstellbar und zudem höchst unwissenschaftlich.

Zwischen 2008 und 2019 gab es 235 strafrechtliche Verurteilungen wegen »Sexuellem Missbrauch unter Ausnutzung eines Beratungs-, Behandlungs- oder Betreuungsverhältnisses« gegen Ärzt*innen, Psychotherapeut*innen und Pflegepersonal. In einem ähnlichen Zeitraum wurde deutschlandweit in 48 Fällen die ärztliche Berufszulassung nach Sexualdelikten entzogen, alle Täter waren Männer.[5] Gegen den Entzug der ärztlichen Zulassung kann aber Widerspruch eingelegt werden, bis zur abschließenden Klärung des Falls darf weiter praktiziert werden. So auch im Fall von Janine Fiedler, die eigentlich anders heißt und deren missbrauchender Arzt noch fünf Jahre nach ihrem eigenen Fall weiter Patient*innen behandeln durfte und in dieser Zeit weitere Frauen und Mädchen in seiner Praxis missbrauchte. Diese Missbrauchsfälle passierten, während bereits ein Verfahren vor dem Amtsgericht lief und mehrere Beschwerden bei der Ärztekammer eingegangen waren. Erst drei Jahre nachdem Fiedler von ihrem Arzt sexualisierte Gewalt erfahren hat, hat dieser seine Zulassung verloren.[5]

Übergriffe zu Übungszwecken

Wenn wir diese Sonderform des Sexismus verstehen wollen, die Strukturen hinterfragen wollen, die sexualisierte Gewalt begünstigen, dann müssen wir verstehen, aus welchem Selbstverständnis sie entstanden sind. Wie wir in vorherigen Kapiteln gesehen haben, war die ursprüngliche Entstehung des heutigen Medizinbetriebs eng mit Misogynie und Macht verknüpft. Gewalt und Gesundheitssystem haben eine gemeinsame Geschichte. Zu dieser fortdauernden Geschichte gehört auch immer eine Art Anspruchshaltung, auf die Körper von Hilfesuchenden zuzugreifen, in sie einzugreifen, sie auf gewisse Weise beherrschen und über sie verfügen zu wollen. Wir lernen implizit als medizinisches Personal, Patient*innen, die auf ihre körperliche Selbstbestimmung bestehen, sind sogenannte »schwierige Patient*innen«. Was eigentlich eine Selbstverständlichkeit sein sollte, wird als übermäßige Empfindlichkeit dargestellt.

Medizinisches Personal spricht Menschen gern ihre Realität ab, da uns seit jeher beigebracht wird, die Deutungshoheit läge per definitionem bei uns. Das ist genauso grausam wie gefährlich. Denn es führt dazu, dass Grenzen verschoben werden und Grundrechte ins Wanken geraten. In einem Nebenjob half ich als Student*in eine Zeitlang bei gynäkologischen Operationen in einer Klinik aus. Im OP-Saal werden die narkotisierten Patient*innen in vielen Fällen zunächst in eine Position in Rückenlage gebracht, mit gespreizten und angewinkelten Beinen, die auf Halterungen befestigt werden. Vor dieser vulnerablen Position der Patient*innen habe ich großen Respekt. Ich fühle mich daran erinnert, selbst auf dem gynäkologischen Stuhl zu sitzen und mich entblößt zu fühlen, und erinnert an das Gefühl des Ausgeliefertseins durch die Bewusstlosigkeit der Narkose, als ich in meiner Jugend wegen einer Verletzung operiert wurde. Nun stand ich als Student*in auf der anderen Seite, neben einer nackten, bewusstlosen Frau, die sich in unsere Hände begeben hatte. Der Arzt, dem ich beim Operieren assistieren sollte, nahm letzte äußere und vaginale Tast-Untersuchungen vor, was üblich ist, um sich als Operateur einen guten Überblick über die individuelle Anatomie zu verschaffen. Dann forderte er mich auf, dass auch ich die Patientin untersuche, dass ich meine Finger in ihre Vagina einführe. Da ich ein ungutes Gefühl bei der Sache hatte, zögerte ich, es fühlte sich komisch an. Durch meinen Kopf schoss die Frage, ob es wirklich nötig war, diese Untersuchung doppelt durchzuführen, da ich lediglich für kleinere chirurgische Handgriffe zuständig war. Der Arzt drängte weiter und schaute mich ungläubig wartend an, schließlich hatte er mir eine Anweisung gegeben, der ich nicht sofort Folge leistete. Mir zieht sich immer noch der Magen zusammen, wenn ich darüber nachdenke, dass ich letztendlich eine bewusstlose Person an einer extrem intimen Körperregion penetriert habe, ohne dass ihr Einverständnis dafür vorlag, während ich es für medizinisch fragwürdig hielt.

Der Arzt beantwortete meine unausgesprochene Frage, ohne mit der Wimper zu zucken: Er merkte an, ich solle von nun an immer vor den Operationen diese Möglichkeit zum Üben nutzen, schließlich sei es so praktisch, dass die narkotisierten Patient*innen von diesen Untersuchungen nichts mitbekämen. Diese Selbstverständlichkeit des Zugriffs, des Eingriffs, des Übergriffs hat mich fassungslos gemacht, aber anscheinend nicht fassungslos genug, um zu protestieren. Ich hätte in der Situation anders handeln können, aber das habe ich nicht. Ich bin Teil des Systems, ich bin Teil des Problems. Mona Chollet schreibt: »Viele Mediziner sind sich ihres guten Rechts so sicher, dass sie gegen das Gesetz verstoßen, ohne sich dessen bewusst zu sein.«[8] Sie berichtet von einer Klinik in Frankreich, aus der bekannt wurde, dass ein Arzt »Studierende der Gynäkologie dazu einlud, die Praxis des Abtastens der Vagina an schlafenden Patientinnen des Operationstraktes zu üben«[8]. Als das Thema von den Verantwortlichen heruntergespielt wurde, schlug jemand in den sozialen Medien vor, wenn es so harmlos sei, könnten die Studierenden vaginale und rektale Untersuchungen ja gegenseitig aneinander üben. Am Ende geht es hier um das Konzept des »Consent«, um eine Einwilligung in das, was geschieht oder getan wird. Im Feminismus wird Consent in den letzten Jahren häufig als eines der Werkzeuge für gleichberechtigte, gewaltärmere zwischenmenschliche Beziehungen und Sexualität auf Augenhöhe thematisiert. Die Medizin könnte hier viel vom Feminismus lernen, könnte sehr viel mehr Consent im klinischen Alltag vertragen, und das vor allem auch jenseits des Zwecks rechtlicher Absicherung, der oft im Vordergrund steht, wenn es um Unterschriften von Aufklärungen geht. Schließlich würden doch alle Patient*innen von einer Kultur der ernsthaften selbstbestimmten Einwilligung in Behandlungen profitieren, von einer Umgebung, in der ihre körperliche Selbstbestimmung und deren Verletzung ernst genommen wird. Wie das zum Beispiel bei der gynäkologischen Untersuchung aussehen kann, haben Colette Gras und Claudia Schumann erstmals (!) 2021 in einem Leitfaden für Ärzt*innen zusammengefasst. In ihren Empfehlungen betonen sie, wie wichtig Respekt, Rücksprache und Reflexion in dieser sensiblen Situation sind. Im Leitfaden geht es um Consent, das Erfragen von Ängsten, die Vereinbarung eines Stopp-Signals der Untersuchung, gemeinsame Entscheidungsfindung für weitere Untersuchungen – alles Dinge, die mir bisher leider extrem selten in medizinischen Empfehlungen begegnet sind.

Stattdessen gibt es führende Mediziner*innen, die weder Patient*innen noch die ihnen angetanen Grenzüberschreitungen ernst nehmen. Einer von ihnen ist der ehemalige Leiter der Rechtsmedizin der Universitätsklinik Hamburg, dem einzigen Ort der Stadt, an dem die Spurensicherung nach sexualisierter Gewalt durchgeführt wird. Klaus P. ist für eine lange Liste von umstrittenen Methoden und fragwürdigen Ansichten bekannt: die Zwangsverabreichung von Brechmitteln zur angeblichen Beweismittelsicherung, an deren Folgen 2001 der 19-jährige Achidi John verstarb. Die Festlegung des Alters junger Geflüchteter anhand ihrer Genitalien, die meist zum Wegfall des besonderen Schutzes für Minderjährige führte. Die Verharmlosung von Vergewaltigung als Autor von True Crime-Büchern.[9] Bei einem Kongress für Gynäkologie und Geburtshilfe war P. 2022 für einen Vortrag eingeladen, der den vorläufigen Titel *Vorgetäuschte Vergewaltigung* trug. Das ist nicht nur eine sprichwörtliche Ohrfeige für Betroffene, sondern damit nährt er auch weiter einen patriarchalen Blick auf Patient*innen, der allzu oft in der Debatte rund um das Thema bedient wird. Dazu schreiben die Gynäkologinnen Anh-Thy Nguyen und Anke Kleinemeier: »In einem System, in dem nur fünf bis zehn Prozent aller Vergewaltigungen überhaupt zur Anzeige gebracht werden, müssen offensichtlich große Anstrengungen unternommen werden, um einen rechtlichen und medizinischen Rahmen zu bieten, in dem die Bedürfnisse der Betroffenen im Mittelpunkt stehen. Ein Mediziner, in dessen Gedankenwelt das Problem der Falschbeschuldigung zentraler ist als dieses, hat in unseren Augen zur öffentlichen Debatte um Vergewaltigungen fachlich nichts beizutragen.«[9] Von diesem sehr geringen Anteil der Gesamtfälle, der überhaupt zur Anzeige kommt, machen nämlich Falschanschuldigungen wiederum nur 3 Prozent aus,[10] das sind rechnerisch also nur 0,3 – 0,6 Prozent aller stattgefundenen Vergewaltigungen. Um der verzerrten und diffamierenden Darstellung in P.s Vortrag etwas entgegenzusetzen, bildete sich rasch ein Zusammenschluss aus kritischen Gruppen, das *Feministische Bündnis gegen sexualisierte Gewalt und ihre Vertuscher.* Es organisierte eine kritische und gut besuchte Gegenveranstaltung, in der unter anderem Expert*innen von Betroffenenberatungsstellen zu Wort kamen.[11]

Bisher scheint das System medizinisches Personal in seiner überheblichen Selbstverständlichkeit der sexualisierten Übergriffigkeit zu schützen. Das zeigt auch ein Fall aus Wien in Österreich, wo Antonia P. 2019 wegen Schulterschmerzen zu einem Orthopäden ging. Während der Untersuchung schob er plötzlich ihren Slip beiseite und führte mehrere Finger in ihre Vagina ein – ohne Ankündigung, ohne Einwilligung, ohne Handschuhe. Neben einem vaginalen Riss und Blutungen erlitt P. auch psychische Folgen. Sie erstattete Anzeige, so wie zeitgleich eine weitere Frau, der das Gleiche beim selben Arzt passierte. Beide Ermittlungsverfahren wurden zunächst eingestellt. Der beschuldigte Arzt hatte sich auf eine osteopathische Technik berufen – »Vaginal Touché«, bei der innere Organe und Gewebe zur Linderung von Beschwerden massiert werden sollen. Es handelt sich um keine übliche standardisierte Technik, zu deren Anwendung im vaginalen Bereich keine wissenschaftlichen Belege für die Wirksamkeit existieren. Wenn überhaupt, kommt die fragwürdige Methode sehr selten bei spezialisierten Behandler*innen bei gynäkologischen Beschwerden, zum

Beispiel bei Endometriose im Beckenbereich, zur Anwendung, aber auch nur nach ausführlicher Aufklärung und Zustimmung der Patient*innen. Nach jahrelangem bürokratischem Hürdenlauf für Antonia P. und einem Ausbleiben von Konsequenzen vonseiten der Ärztekammer, kam es 2022 schließlich zu einem Urteil: Der Arzt wurde freigesprochen.[12, 13]

»Unsere Recherchen zeigen, dass Ärzte immer wieder geringe Strafen erhalten, selten verurteilt werden und oft weiter praktizieren dürfen. (…) Und dass sich an diesem strukturellen Problem seit Jahren fast nichts ändert«,[5] sagt Löffler. Als Teil der Erklärung, warum das so ist, nennt sie auch den offensichtlichen Rollenkonflikt, der sich aus der Doppelfunktion der Ärztekammern ergibt: Als Interessenvertretung für die ärztliche Berufsgruppe übernehmen sie gleichzeitig die Beaufsichtigung und Sanktionierung bei Fehlverhalten. Das ist genauso problematisch und absurd wie die Zuständigkeit der Polizei für die Ermittlung bei Anzeigen zu Polizeigewalt, bisher gibt es hierzu nur in drei deutschen Bundesländern unabhängige Beschwerdestellen.[14]

Abhängigkeitsverhältnisse und Ableismus

Betroffene von sexualisierter Gewalt finden Hilfe in Beratungsstellen und können notfalls auch in sogenannten Frauenhäusern unterkommen. Das Problem ist nur, dass es zu wenige Plätze gibt und bei diesen Angeboten leider nicht alle mitgedacht werden. Disability Aktivist*innen wie Tanja Kollodzieyski weisen darauf hin, dass diese Orte oft nicht barrierefrei gestaltet sind, was den Zugang für Betroffene mit Behinderung an manchen Stellen unmöglich macht.[15, 16] Und das, obwohl gerade diese Gruppe besonders auf solche Schutzräume angewiesen ist, weil sie überproportional häufig von sexualisierter Gewalt betroffen ist. In einer repräsentativen Befragung zur Lebenssituation von 1561 Frauen aus Deutschland im Alter zwischen 16 und 65 Jahren gaben diejenigen von ihnen, die eine Behinderung haben, im Vergleich zwei- bis dreimal so häufig an, schon einmal sexualisierte Gewalt erfahren zu haben.[17, 18] Die Aktivistin Luisa L'Audace beschreibt, wie diese Zahlen zustande kommen könnten: »Sexualisierte Gewalt ist immer eine Demonstration von Macht, und je ungleicher die Machtverhältnisse sind und je größer das Abhängigkeitsverhältnis ist, desto gefährdeter sind diejenigen, die sich in der weniger machtvollen Position befinden. (…) verstärkt werden diese Positionen durch Abhängigkeitsverhältnisse, die gerade für behinderte Menschen oft zu ihrer Lebensrealität gehören.«[16] Sie erklärt, wie schwierig es sein kann, übergriffige Partner*innen oder Familienangehörige zu verlassen, wenn man auf Pflege von ihnen angewiesen ist, oder einem mühsam aufgebauten sozialen Hilfenetz beispielsweise durch einen Umzug den Rücken zuzukehren. Dieses Abhängigkeitsverhältnis erklärt vermutlich auch, warum unter den befragten Frauen der oben genannten Studie der Anteil derer, die schon sexuelle Übergriffe erlebt haben, am höchsten bei denjenigen war, die in Einrichtungen wie Wohn- oder Pflegeheimen leben: erschreckende 56 Prozent.[17]

Aber nicht nur Frauen gehören zu den Betroffenen, wie ein tragischer Fall aus Zürich in der Schweiz zeigt. Dort wohnte Sebastian Frei in einem Heim, als ein neuer Betreuer zu seiner Wohngruppe kam. In den folgenden Monaten beobachteten Freis Eltern Veränderungen in seinem Verhalten, und es häuften sich Klinikbesuche, er hatte Schweißausbrüche und verweigerte die Nahrung. Sprechen kann Frei nicht, aber später berichteten andere Mitarbeitende, was sie beobachtet haben. Dass der neue Betreuer sich Frei häufig auf den Schoß setzte und dass der Mitarbeiter eines Tages nur mit einer Unterhose bekleidet in Freis Zimmer stand. Der Vater von Frei erhielt eine SMS des Betreuers: »Sebastian ist jetzt zum Mann geworden«, heißt es darin. 2018 wird der Betreuer schließlich beim sexuellen Missbrauch von Frei ertappt und suspendiert, später entlassen und zu einer Gefängnisstrafe und Berufsverbot verurteilt.[19]

Verfestigte ableistische, klassistische, rassistische, queerfeindliche und sexistische Denkmuster führen zu einer Abwertung von Körpern. Sie normalisieren die implizite Annahme, marginalisierte Körper könnten beherrscht und fremdbestimmt werden, und dass sie im Umkehrschluss weniger schützenswert sind. Im medizinischen Bereich kommt erschwerend hinzu, dass von vornherein eine Schieflage im Machtverhältnis besteht: zwischen Personen, die medizinische Hilfe in Anspruch nehmen, und denen, die in der Rolle des Behandelnden sind. Schnell passiert es, dass besonders marginalisierten Patient*innen im klinischen Alltag ihre Autonomie und Selbstbestimmung abgesprochen wird. »Intime Behandlungssituationen und Ausnahmemomente, sowie der Umgang mit Körper und Krankheit, führen oft zu einer erheblichen Vulnerabilität und zu einem Umfeld, in dem es zu Machtmissbrauch und Grenzüberschreitungen kommt«,[20] schreibt die Studierendeninitiative *Kritische Medizin München* in ihrem Booklet *Diskriminierung in der Medizin*.

Auf der anderen Seite

»Morgens motiviert für Chirurgie
›Wird ihr Freund auch so berührt durch Sie?‹
Willst du hörn und denkst noch: ›geiler Witz‹
Jeder weiß: Das hier ist ein Übergriff.
Später fragst du, ›Sind Sie eigentlich verliebt?‹
Sagst: ›Lass das mit den Kindern, weil's Karriere sonst nicht gibt‹
(...) Meine Mama hat gesagt, Mädchen, aus dir wird was Großes
Trau mich kaum, ihr zu erzähl'n, was oft in der Klinik los ist (...)«[21]

Mit diesem Songtext thematisieren Medizinstudierende aus Jena und Berlin in ihrem selbst produzierten Rapsong *Lotuseffekt* das Thema sexuelle Belästigung. Denn nicht nur Patient*innen sind im Medizinbetrieb gefährdet für sexualisierte Übergriffe. Auch das Gesundheitspersonal selbst ist davon betroffen. Vorgesetzte, Dozent*innen, Praxisanleiter*innen, Kolleg*innen, Mitstudierende oder auch Patient*innen können übergriffig werden. Der Tag, der das Thema für mich ganz persönlich und konkret werden ließ, war irgendwann im Jahr 2012, am Anfang meines Medizinstudiums. Es war eine Zeit, in der ich mich erstmals mit feministischen Konzepten auseinandersetzte. Der Austausch mit verschiedenen Menschen eröffnete neue Horizonte, und ich begann, Ungerechtigkeiten, die mir im Studium begegneten, nicht mehr hinzunehmen, sondern öfter den Mund aufzumachen. Zwischen manchen Menschen aus meiner Umgebung und mir schaffte das eine Verbundenheit und festigte Freund*innenschaften. Bei manchen Mitstudierenden kam das aber gar nicht gut an. Ich wurde als nervige*r Feminist*in bekannt, als Spaßverderber*in, weil ich erniedrigende Witze über mich und andere nicht immer hinnahm.

Mit einem dieser Bekannten aus dem Studium fand ich mich eines Tages kurz allein in einem Raum wieder. Plötzlich drückte er mich abrupt an die Wand und pinnte mich mit seinem Gewicht fest, sodass ich mich nicht mehr bewegen konnte. Während er mir in die Augen sah, begann er, seine Hüfte vor und zurück zu bewegen. Er tat so, als würde er mich vergewaltigen. Das sollte mir offenbar zu verstehen geben: Wenn er wollte, könnte er das tun, er war stärker als ich. Meine Grenzen wollte er testen, erklärte er mir später, schauen, wie »vorlaut« und fordernd ich am Ende wirklich sein würde. In einer Art Schockstarre aus Hilflosigkeit und Überforderung muss ich gewesen sein, denn ich konnte nichts sagen, nichts tun. Dieses Gefühl des Ausgeliefertseins, der Angst, hat sich in mein Körpergedächtnis geschrieben. Das Schlimmste ist: In der Zeit danach habe ich wirklich weniger vehement meine Meinung gesagt, aus Angst, erneut in die Schusslinie derartiger Machtdemonstrationen von ihm oder anderen zu geraten. Dieser Mann arbeitet inzwischen vermutlich irgendwo in Deutschland als Arzt. Aber es geht nicht darum, auf einzelne Personen zu zeigen, sondern klarzumachen, dass das Problem so viel größer ist.

Ich habe diesen Übergriff nie offiziell gemeldet. Damit habe ich mich genau so verhalten wie der Großteil derer, die sexuelle Belästigung als Personal im Gesundheitssystem erfahren.[2] Erst später habe ich verstanden: Das, was mir passiert ist, ist kein privates Problem, sondern eine strukturelle Schieflage, die ganze Kultur des Medizinbetriebs ist davon betroffen. An meiner Universität führte meine damalige Dozentin, die

Gendermedizinerin Sabine Oertelt-Prigione, drei Jahre später eine Studie zu sexueller Belästigung unter Ärzt*innen und Studierenden durch. Die 2018 veröffentlichten Ergebnisse zeigen, dass ganze 70 Prozent meiner damaligen Mitstudierenden und Kolleg*innen genau wie ich schon eine Form von sexueller Belästigung oder unangemessenem Verhalten im Berufs- und universitären Kontext erlebt haben. Die Täter*innen waren in den meisten Fällen Kolleg*innen, und überwiegend männlich.[22] Als ich diese Zahlen sah, habe ich endlich besser verstanden, dass ich nicht allein bin, meine Erfahrung kein Einzelfall ist, im Gegenteil. Die Auswertung von deutschlandweiten Erfahrungsberichten durch die Recherchegruppe *Ippen Investigativ* zeichnen ein ähnliches Bild. »Die Mediziner:innen und das Pflegepersonal berichten von Übergriffen durch Kollegen und Vorgesetzte, vielfach aber auch durch Patient:innen. Sie berichten von sexistischen Kommentaren und Begrapschen im Dienstzimmer, Übergriffen durch Kollegen beim Nachtdienst, sexistische Bemerkungen auf der Station, Einladungen zu privaten Treffen durch Vorgesetzte, Berührungen an Po und Taille im OP oder Aufforderungen durch Patienten und seltener auch Patientinnen zu sexuellen Handlungen bei der Pflege.«[23] Erst seit ich für sexuelle Belästigung sensibilisiert bin, fällt mir auf, wie häufig sie für mich im Gesundheitssystem Thema ist und war. Da ist der Arzt, der mir als Student*in wiederholt ungefragt von seinen Dating- und Sexerlebnissen erzählte und mich zu sich nach Hause einlud, oder der Mitstudent, der vor anderen Studierenden Kommentare über meine Genitalien machte, oder der Oberarzt, der sich am OP-Tisch extrem nah an mich drängte und meine Hand nahm, oder der Chefarzt, der mich zum gemeinsamen Schwimmen nach der Arbeit überreden wollte.

»Du willst mich nur im OP weil mein Aussehen dich entzückt
Schmeißt Tupfer extra runter damit ich mich für dich bück
Lass mich dich educaten, hör bitte auf zu haten,
setz dich hin und hör mir zu, auch wenn dein Interesse fake ist!
Regel Nummer 1, bitte erspar dir die Blamage
schreib mir nicht bei Facebook ob ich heut Bock auf dich habe«[21]

In Deutschland gehören sexualisierte Sprüche oder Gesten statistisch für über zwei Drittel des medizinischen Personals zum Arbeitsalltag, für die Hälfte sogar in Form von unerwünschtem körperlichem Kontakt.[24–27] In einer Umfrage des Portals *Medscape* unter Ärzt*innen und Pflegepersonal in deutschen Kliniken und Praxen berichteten die Betroffenen im Jahr 2019 am häufigsten von anzüglichen Kommentaren oder Blicken (61 Prozent), körperlichen Annäherungen (56 Prozent) und unerwünschtem Körperkontakt in Form von Berührungen, Umarmungen oder versuchten Küssen (51 Prozent).[2] Das Risiko für sexuelle Belästigung an Arbeitsplätzen im Gesundheitssystem ist hoch – in Deutschland und überall sonst auf der Welt, eine Pandemie der Übergriffigkeit in Gesundheitskontexten. 2017 startete der *Weltärztinnenbund* eine internationale Umfrage unter den Ärztinnen der Mitgliedsländer. In über 1300 Antworten aus aller Welt berichteten über ein Drittel der Befragten von sexueller Belästigung am Arbeitsplatz.[28] Diese immer wiederkehrenden Übergriffe sind nicht nur ein Machtinstrument zur Festigung von Hierarchien,[22, 29] sie können auch ein Mittel sein, um Konkurrenz klein zu halten, merkt die Studierendeninitiative *Kritische Medizin München* an.[20]

> *»ist doch schön, wenn hübsche Mädels die Patienten untersuchen«*
> *nach dem Augenzwinkern hört man dich noch etwas rufen*
> *Nennst mich ›Püppchen, Früchtchen‹ ich bin nicht dein Weib*
> *Hauptsache nicht Doktor oder wie ich wirklich heiß*
> *Ich soll nicht so machen? ›ist doch bloß ein Kompliment‹*
> *Für dich bin ich nur in Sachen Schönheit kompetent (…)«*[21]

Verschiedene Erhebungen ergaben, dass steile Hierarchien sexuelle Belästigung begünstigen – es sind eher höhergestellte Personen, die sich Grenzüberschreitungen herausnehmen.[2, 22] Aber selbst dort, wo die Hierarchie vermeintlich umgekehrt ist, kommt es zu Belästigungen: nämlich wenn Patient*innen medizinisches Personal belästigen. In der oben erwähnten *Medscape* Umfrage von 2019 kam sexuelle Belästigung ausgehend von Patient*innen bei Ärzt*innen dreimal, bei Pflegepersonal sogar viermal häufiger vor als durch eigene Kolleg*innen.[2]

Ich musste selbst schon mehrere Untersuchungen pausieren oder in einigen Fällen abbrechen. Weil mir ein Patient Kommentare zu meinem Körper zuflüsterte oder mir mitteilte, er sei körperlich erregt von mir, oder seine Hand auf meinen Oberschenkel legte. Anfangs war ich verunsichert und schwieg, wenn so etwas passierte, mit der Zeit begann ich, laut und bestimmt eine Grenze zu ziehen. Trotzdem bleibt immer ein ungutes Gefühl zurück, manchmal noch sehr lang. Situationen für sexuelle Belästigung scheinen überall im Gesundheitswesen zu lauern, auch da, wo wir vielleicht erst gar nicht damit rechnen. So ging es einer befreundeten nicht-binären Person von mir, die mich vor Kurzem nach ihrem Dienst im Gesundheitsamt anrief. Während der telefonischen Nachverfolgung von Corona-infizierten Personen hatte ein Mann erst anzügliche Kommentare gemacht und dann angefangen, heftig zu stöhnen – offensichtlich masturbierte er während des Anrufs.

Wie oft nicht-binären, trans* und inter* Personen sexuelle Übergriffe als Beschäftigten im Gesundheitssystem widerfahren, ist leider nur zu erahnen, weil hier wie so häufig eine Datenlücke besteht.[30] Was wir aus den bisher verfügbaren sehr binären Daten zu cis Menschen wissen: Zum einen sind die, die sexuelle Belästigung ausüben, überwiegend Männer. Zum anderen sind auf der Seite der Betroffenen die Frauen viel stärker vertreten.[2,22] Aber: Auch bei den Betroffenen machen Männer einen relevanten Anteil aus, der häufig vernachlässigt wird. Wie wir in vorherigen Kapiteln gesehen haben, sind Männer zwar in unserer Gesellschaft in unglaublich vielen Bereichen privilegiert, vor allem bei den Themen Gesundheit und Gewalt aber auch Leidtragende der vorherrschenden Rollenbilder, die das Machtgefüge des Patriarchats aufrechterhalten. Das gesellschaftliche Bild des »starken Mannes« führt zu Gewalt, die häufiger von Männern ausgeht, aber auch dazu, dass von Gewalt betroffene Männer seltener Hilfe in Anspruch nehmen, während sich gleichzeitig viele Hilfsangebote explizit nur an Frauen richten.

In jedem Fall bleiben solche Vorfälle für das betroffene medizinische Personal – und im Übrigen auch für ihre Patient*innen – meist nicht folgenlos. Sie sind mehr als reine

Unannehmlichkeiten, sondern können ernsthafte und langfristige Folgen haben. In der genannten *Medscape* Befragung von 1055 Ärzt*innen und Pfleger*innen gaben die Betroffenen von sexueller Belästigung an, als Folge unter Konzentrationsstörungen zu leiden (19 Prozent), weniger engagiert im Kontakt mit Kolleg*innen (16 Prozent) und Patient*innen (7 Prozent) zu sein, medizinische Fehler zu machen (7 Prozent) und Besprechungen (5 Prozent) oder Termine mit Patient*innen (4 Prozent) verpasst zu haben. Unabhängig davon, ob sie selbst betroffen waren, gingen 80 Prozent aller Befragten davon aus, dass sexuelle Belästigungen, die das Gesundheitspersonal erlebt, sich auch negativ auf die Qualität der Patient*innenversorgung auswirken. Kein Wunder, denn krankes medizinisches Personal ist bekanntlich ungesund für alle. In der Umfrage gaben die betroffenen Ärzt*innen und Pfleger*innen auch ein verschlechtertes Gesundheitsverhalten nach der erlebten sexuellen Belästigung an: ein verändertes Schlafverhalten (21 Prozent), soziale Isolation (16 Prozent), Binge Eating (9 Prozent), die Einnahme verschreibungspflichtiger Medikamente (7 Prozent), eine ungesunde Ernährung (7 Prozent) sowie gesteigerten Alkohol- (5 Prozent), Nikotin- (5 Prozent) und Cannabiskonsum (4 Prozent).[2] Ständiger Stress durch sexuelle Belästigung erfordert viel emotionale Kapazität, denn man muss sich abgrenzen, ist erschöpft, der Körper schüttet Stresshormone aus und ist belastet. (Non-)verbale und körperliche sexuelle Belästigung ist sexistische Gewalt, die sich, wie andere Diskriminierungsformen auch, negativ auf die Gesundheit auswirkt. Sie steht in engem Zusammenhang mit Burnout, Depressivität und psychosomatischen Beschwerden wie Schlafstörungen, Kopf- und Rückenschmerzen.[24] Ja, Sexismus macht nicht nur unzufrieden, sondern auch krank. So krank, dass betroffenes Gesundheitspersonal vermehrt über Kündigung nachdenkt oder bereits gekündigt hat.[2,31] Wenn es in politischen Debatten um Fachkräftemangel im Gesundheitswesen geht, ist von diesem Grund aber leider selten die Rede.

»Ich war bisschen zu naiv, lieber passiv statt aktiv
doch auch wenn ich laut was sage änderst du das Narrativ
Kritisier ich diesen Mist, werd ich von dir dismissed
Zeit zu sagen: das hier ist ein Übergriff.«[21]

Die Ärztin und Journalistin Gilda Sahebi stellt fest: »Ob Rassismus oder eben Sexismus – es ist eine Konstante im deutschen Gesundheitssystem: Von Missständen innerhalb der Kliniken dringt wenig bis nichts nach außen. Denn wer sich beschwert, gilt als Nestbeschmutzer:in, wird gemobbt, fliegt raus, muss sich auf einen sehr kurzen Karriereweg einstellen. Oder geht von selbst. Das System funktioniert.«[32] Dabei ist die Diskussion über sexuelle Belästigung seit dem 2017 bekannt gewordenen Hashtag #MeToo endlich auch in einer breiteren Öffentlichkeit angekommen, nur im Medizinbetrieb offenbar noch nicht so recht. »Ich bin immer noch erstaunt darüber, wie die #MeToo-Debatte am Gesundheitssystem vorbeigegangen ist«,[33] schreibt Sahebi.

Auch hier sind wieder die sozialen Medien der Ort, an dem sich zuerst etwas bewegt. So wird zum Beispiel unter #MedMeToo seit einiger Zeit in den sozialen Medien über sexuelle Belästigung diskutiert, so sammelt etwa der Account *@MeTooScience* anonyme Geschichten aus dem akademischen System. Auch an einzelnen medizinischen Universitäten kommt das Thema endlich auf den Tisch. Auf der anonymen Meldeplattform *DETECT* der Uni Freiburg können sich Betroffene von

Sexismus und Rassismus Gehör verschaffen, außerdem wurden Workshops zur Sensibilisierung von Gesundheitspersonal entwickelt.[34] Wer immer noch nicht überzeugt ist, dass wir es mit einem gewaltigen wie gewaltvollen Problem zu tun haben, findet dort auch eine unerträglich lange Liste an Zitaten und Berichten, die von Betroffenen sexistischer und rassistischer Diskriminierung aus dem medizinischen Alltag eingesandt wurden. An der Uni Köln wird derzeit eine umfangreiche Studie zu Diskriminierung im Medizinstudium durchgeführt. Und an der Charité Berlin wurde anhand der von Oertelt-Prigione gesammelten Daten das Präventionsprogramm *Watch, Protect and Prevent* entwickelt, das erste dieser Art in Deutschland.[35] Zumindest am Berliner Universitätsklinikum gibt es darum nun sensibilisierende Pflichtfortbildungen für Chefärzt*innen.[36] Aber all das sind Einzelbeispiele, sie dürfen nur der Anfang sein. *Time's Up*[37] – die Zeit ist abgelaufen. So heißt die US-amerikanische Initiative, die sich aus der #MeToo-Bewegung entwickelte. Es bedarf eines flächendeckenden Paradigmenwechsels im hierarchisch geprägten Gesundheitssystem, der viel Mut und Kraft erfordern wird.

»Sexistische Scheiße labern ist nicht mehr en vogue
Girls steh'n füreinander ein, Girl support ist grenzenlos!«[21]

6. Rassismus und Risikofaktoren
Black Health Matters

»Es geht nicht um die Absicht, es geht um die Wirkung. In der Medizin ist das eine ziemlich gefährliche Wirkung.«[1]

SHREYASI BHATTACHARYA

Ende 2021 meldete sich Mirrianne Mahn online in einem live Video, das später häufig geteilt wurde und viele Menschen erreichte. Sie filmte aus dem Krankenhaus, lag nach einer Operation im Klinikbett und hatte Schmerzen. Sie berichtete, dass an dem Morgen ein Wechsel des ärztlichen Personals stattgefunden hatte. Der neue behandelnde Arzt sagte bei der Visite über sie: »Liegt die Afrikanerin noch da? Die müsste mal weg.«[2] Mit ihrem Namen wurde sie von ihm nicht angesprochen, ihre Fragen beantwortete er ihr nicht, wenn er überhaupt direkt mit ihr sprach, dann in gebrochenem Deutsch. Sie solle froh sein, dass sie in Deutschland ist, in ihrem Geburtsland wäre sie längst tot, sagte ihr der Arzt. Ein trauriges und anschauliches Beispiel dafür, wie das koloniale Konzept des »Othering«, des »Anders-Machens«, im Krankenhaus funktioniert. Normalerweise würde sie sich so etwas nicht gefallen lassen, »wenn ich nicht in diesem Bett liegen würde, in diesem würdelosen

Hemd«[3], sagte sie. Damit meinte sie das OP-Hemd, das sie anstelle der üblichen Hosenanzüge trug – denn Mahn ist Politikerin. Als Stadtverordnete für die Grünen in Frankfurt am Main hält sie sonst Reden, sitzt in den Ausschüssen für Bildung und Schulbau sowie für Kultur, Wissenschaft und Sport und ist als Politikerin an Stresssituationen vermutlich gewöhnt. Aber im Krankenhaus wurde sie in eine vulnerable Position gebracht, sie war dem Mediziner ausgeliefert, der sie nicht ernst nimmt, sie rassistisch und herabwürdigend behandelt. Das ist leider keine Ausnahme, kein Einzelfall.

Die Spitze des Eisbergs

Wie groß genau das Problem rassistischer Diskriminierung im Gesundheitssystem ist, lässt sich anhand der bisher vorhandenen Daten nur erahnen, denn wie wir im Kapitel zur Forschung gesehen haben, wird zum Thema Benachteiligung im Gesundheitssystem aufgrund rassistischer Diskriminierung bisher in Deutschland kaum geforscht, das bestätigt auch die *Antidiskriminierungsstelle des Bundes*. In ihrem Bericht von 2021 heißt es, in Beratungsanfragen erzählten Betroffene »von Stereotypisierungen und Beleidigungen bis hin zu Benachteiligungen bei Behandlungen sowie Verweigerungen von Leistungen der Gesundheitsversorgung«[4]. Aus vereinzelten älteren Studien gibt es außerdem Hinweise auf längere Wartezeiten und eine kürzere Behandlungsdauer von türkeistämmigen Patient*innen im deutschen Gesundheitssystem.[5, 6] Im Rahmen des *Afrozensus* 2020, bei der erstmaligen systematischen Befragung von Schwarzen und afrodiasporischen Menschen, berichteten 64,6 Prozent der 3385 Befragten, die in den letzten zwei Jahren in Deutschland Kontakt mit dem Gesundheitssystem hatten, von Diskriminierung, die sie dort erlebt hatten. Von den Befragten mit eigener oder familiärer Fluchterfahrung berichteten sogar 72 Prozent von Diskriminierung im Gesundheitskontext. Die Betroffenen nennen als häufigste Merkmale, aufgrund derer sie diskriminiert wurden, ihre Hautfarbe (74,4 Prozent), rassistische Gründe bzw. »ethnische Herkunft« (72,7 Prozent) und ihre Namen (22,7 Prozent). Aber wo Rassismus ist, da sind auch andere Diskriminierungsformen nicht weit, und so waren auch das Geschlecht (22,7 Prozent), die soziale Herkunft (11,5 Prozent) und Körpergewicht (9,5 Prozent) Gründe für die Diskriminierung, die die Befragten erlebt haben. Und wie fast immer sind auch hier mehrfach marginalisierte Menschen an der Intersektion der verschiedenen Diskriminierungsformen besonders betroffen. In der Gruppe der 104 befragten trans*, inter* und nicht-binären Menschen des *Afrozensus* kam es besonders häufig zu Diskriminierung im Gesundheitssystem (81,7 Prozent). Sehr ähnlich sah es bei den 267 befragten Menschen mit Behinderung und/oder Beeinträchtigung aus, die Mehrheit von ihnen (81,6 Prozent) machte diskriminierende Erfahrungen, vor allem im Kontakt mit Ämtern und Behörden.[7] Aber nicht nur durch Berichte von negativ Betroffenen können wir etwas über diskriminierende und rassistische Behandlung im Krankenhaus lernen, wir können auch einfach in den medizinischen Akten nachlesen, wo die Ärzt*innen ihre Vorurteile unbedacht schwarz auf weiß dokumentieren. So nahmen Forschende der US-amerikanischen Stadt Chicago über 40 000 Patient*innenakten aus den Jahren 2019 und 2020 unter die Lupe. Mithilfe von Künstlicher Intelligenz Intelligenz analysierten sie die Notizen und Beschreibungen von Ärzt*innen über ihre Patient*innen und kamen zu dem Schluss, dass im Vergleich zu *Weißen* in den Akten über Afroamerikaner*innen 2,5-mal häufiger negative Zuschreibungen wie »unangenehm«, »aggressiv«, »hysterisch«, oder »defensiv« dokumentiert waren.[8]

Schmerzliche Stereotype

Eine Voreingenommenheit des medizinischen Personals gegenüber rassifizierten Menschen hat sehr reale, teils fatale Folgen. »Ihre Landsleute halten doch mehr aus als andere!«, hatte Mirrianne Mahns behandelnder Arzt zu ihr gesagt. Damit hat er ein Vorurteil ausgesprochen, das die meisten erst auf Nachfrage zugeben würden: dass sich Schwarze Menschen angeblich grundlegend von *weißen* Menschen unterscheiden, dass es genetische Unterschiede zwischen ihnen gibt. Zur Erinnerung: Das ist absoluter Quatsch, Mensch ist Mensch. Trotzdem glaubt immer noch knapp die Hälfte der Bevölkerung in Deutschland, es gäbe verschiedene menschliche »Rassen«, wie die Auftaktstudie des *Nationalen Diskriminierungs- und Rassismusmonitor (NaDiRa)* zeigte.[9] Die Kenntnis der Tatsache, dass die Wissenschaft längst das Gegenteil bewiesen hat, müssten wir, wenn schon nicht von der Allgemeinbevölkerung, dann aber doch zumindest von angehenden Ärzt*innen, die zu Expert*innen für den menschlichen Körper ausgebildet werden, erwarten können, oder? Nein, leider ist Mahns Arzt kein Einzelfall.

Die falsche Annahme, dass Schwarze und rassifizierte Menschen mehr Schmerz ertragen können als *weiße* Menschen, teilten 50 Prozent der 418 befragten Medizinstudierenden und Assistenz*ärztinnen in einer US-amerikanischen Studie von

2016.[10] Die Forschenden waren selbst überrascht, dass so viele der Befragten inkorrekte Aussagen wie »Schwarze Menschen haben dickere Haut als *weiße* Menschen« als möglicherweise, wahrscheinlich oder eindeutig richtig einstuften. Die Befragten, die diese falschen Annahmen für wahr hielten, stuften auch die Schmerzen von Schwarzen Patient*innen niedriger ein, trafen darum seltener korrekte Therapieentscheidungen wie das Verschreiben von Schmerzmitteln. Dieses Phänomen wird auch »Pain Gap« genannt, also die »Schmerzlücke«. Eine frühere Studie aus den USA fand auch Hinweise auf den Pain Gap gegenüber nicht-*weißen* Patient*innen beim Pflegepersonal.[11]

Wie wir im Kapitel zum Kolonialismus gesehen haben, stammt die pseudowissenschaftliche Zuschreibung, Schwarze Menschen hätten »robustere« Körper, aus der Zeit der Versklavung, als sie als Legitimierung für ihre Ausbeutung diente. Die Spuren der Konstruktion von Schwarzen Menschen als »anders« wirkt bis heute nach. Die Autorin Alice Hasters beschreibt in ihrem Buch, wie sie immer wieder mit Falschannahmen über ihren Körper konfrontiert wird. »Mich erstaunt es jedes Mal wieder, wenn ich darüber aufklären muss, wie meine Haut funktioniert. Mir ist klar, dass diese Fragen meist unbedarft gestellt werden und zu denen gehören, die ›ja nicht böse gemeint‹ sind. Sie zu beantworten, bedeutet allerdings, erklären zu müssen, dass ich ein Mensch wie jeder andere bin – und diese Fragen überhaupt zu stellen bedeutet, dass man irgendwo denkt, ich sei es nicht. Darüber aufzuklären, ist eine nervige, lächerliche und erniedrigende Aufgabe, die ich im Alltag regelmäßig erledigen muss.«[12]

Niemand sollte sich für den eigenen Körper rechtfertigen müssen, und niemand sollte Schmerzen aushalten müssen. Der

Pain Gap zeigt, wie hartnäckig gesellschaftliche Vorstellungen und Vorurteile sind und wie eng diese bis heute mit Medizin verwoben sind. Natürlich ist Schmerz schwer zu messen und vor allem eins: subjektiv. In der Medizin wird dafür eine Skala benutzt, auf der von Patient*innen angegeben wird, wie stark die empfundenen Schmerzen sind, von 0 für gar keine Schmerzen bis 10 für die stärksten vorstellbaren Schmerzen. Tatsächlich habe ich es schon in Notaufnahmen erlebt, dass Patient*innen, die ihre Schmerzen auf der Zahlenskala in der gleichen Intensität einstuften, unterschiedlich starke Schmerzmittel erhalten haben – mit der Begründung, eine*r von ihnen übertreibe und dürfe nicht so ernst genommen werden: Damit waren rassifizierte Patient*innen gemeint. Solche Berichte finden sich auch bei der Autorin Audre Lorde, die in ihrem *Krebstagebuch* berichtet, sie wurde im Krankenhaus zurechtgewiesen, weil sie zu laut war – dabei äußerte sie nur Schmerzen, die sie nach der operativen Entfernung ihrer Brust hatte: »Ich weiß noch, dass ich im Reanimationsraum geschrien und geflucht habe (…). Ich weiß noch, dass eine Stimme sagte, ich solle still sein, es wären kranke Leute hier, und dass ich sagte: Das ist mein gutes Recht, schließlich bin ich auch krank!«[13] Werden Menschen die Schmerzen, die sie empfinden, nicht geglaubt, dann wird auch ihre Äußerung darüber als übertrieben wahrgenommen. Die Gendermedizinerin und Psychiaterin Amma Yeboah merkt an: »Hier sehen wir einen klassischen Teufelskreis: Die Ärzteschaft kategorisiert diese Menschen als besonders schmerzempfindlich, die Menschen wissen davon und betonen ihre Symptome, um Gehör zu finden. Die Ärzteschaft empfindet dies dann wiederum als übertrieben und nimmt die Beschwerden nicht ernst.«[14]

Das erste Mal begegnete mir diese Form von Rassismus in

meinem Praktischen Jahr am Ende des Studiums. Mit einer Kollegin saß ich im Personalzimmer, von dem aus man den Flur der Notaufnahme einsehen konnte. Ein Mann kam den Gang entlang, sichtlich nach vorn gekrümmt, mühsam setzte er seine Schritte und stöhnte vor Schmerzen. Mit einem kurzen Blick auf den Mann kommentierte meine Kollegin nur kurz: »Also wenn ich den so sehe, dann weiß ich schon, was seine Diagnose ist: Morbus Mediterraneus.« Ich war kurz verunsichert: Hatte ich im Studium etwas versäumt? Von dieser Diagnose hatte ich nämlich noch nicht gehört. Ich suchte kurz im Internet und fand heraus: Was nach einem Krankheitsbild klingt, ist eigentlich das Codewort für ein Vorurteil, das unter Gesundheitspersonal verbreitet ist: dass Menschen aus dem Mittelmeerraum besonders wehleidig sind und übertreiben, wenn sie ihre Schmerzen äußern.[15] Rassismus mit weißem Kittel als Deckmantel. Bei dem Patienten, den meine Kollegin als Simulanten abgetan hatte, ohne ihn auch nur aus der Nähe gesehen, geschweige denn mit ihm gesprochen zu haben, wurde später eine Nierenkolik diagnostiziert – eine extrem schmerzhafte Angelegenheit. In einer italienischen Studie von 2011 wurde untersucht, wie sich impliziter rassistischer Bias auf die Empathie für Schmerzen auswirken kann.[16] Den Teilnehmenden wurden Filme gezeigt, in denen verschiedene Menschen mit einer Nadel in die Hand gestochen werden. Dabei wurde anhand des elektrischen Leitungswiderstandes die Schweißabsonderung der Haut der Proband*innen gemessen, die bei emotionalen Reaktionen erhöht ist. Die körperliche Reaktion auf den beobachteten Schmerz fiel bei *weißen* Proband*innen statistisch signifikant niedriger aus, wenn sie eine Schwarze Person im Video sahen, als bei einer *weißen* Person. Außerdem konnte auch hier ein Zusammenhang mit implizitem rassistischem Bias, also unbewussten Vorurteilen der Proband*innen, festgestellt werden. Dieses Phänomen wird auch »Empathy Gap« genannt, eine Lücke in der Empathie, im Mitgefühl, das wir zwischen Schwarzen und *weißen* Menschen empfinden.

Der Pain und der Empathy Gap können im medizinischen Kontext fatale Folgen haben. Schmerz nicht ernst zu nehmen, ihn Menschen abzusprechen, ist nicht nur grausam, sondern auch gefährlich. Er ist ein Warnsignal des Körpers, das manchmal schlicht unangenehm aber harmlos ist, manchmal aber auf potenziell lebensbedrohliche Verletzungen oder Erkrankungen hinweisen kann. Wenn die Schmerzen eines Herzinfarktes als harmlos abgetan werden, dann kann das Vorurteil, das zu dieser Fehleinschätzung führt, tödlich sein. Tatsächlich gibt es Studien, die beispielsweise zeigen, dass Frauen, die nach einer Herz-OP über Schmerzen klagen, eher Beruhigungsmittel erhalten, während Männer eher Schmerzmittel erhalten.[17] Schwarze Frauen und weiblich gelesene Personen sind also zusätzlich zu Rassismus auch vom Medical Gaslighting betroffen, das wir hier im Buch schon kennengelernt haben. Davor sind sie selbst als medizinisches Personal nicht geschützt.

Ein trauriges Beispiel hierfür ist der Fall der afroamerikanischen Ärztin Susan Moore, die sich Ende 2020 mit dem Corona-Virus infizierte. Sie wurde von einem *weißen* Arzt behandelt, der der Meinung war, Moore würde übertreiben, selbst nachdem sie ihm klargemacht hatte, dass sie eine medizinische Kollegin ist und gut über die erforderlichen Therapien bei Covid-Infektionen Bescheid weiß. Die Behandlung mit einem anti-viralen Medikament musste Moore sich trotzdem erkämpfen, denn ihr Arzt sagte ihr, sie brauche es nicht, sie sei nicht einmal kurzatmig. »Ich antwortete: Doch, das bin ich!«, berichtete Moore. Er teilte ihr mit, sie solle einfach nach Hause gehen und er würde sich nicht wohl dabei fühlen, ihr weitere Schmerzmittel zu geben. »Ich hatte solch starke Schmerzen (…) Er hat mir das Gefühl gegeben, eine Drogenabhängige zu sein«, berichtete Moore in den sozialen Medien in einem Video, das sie aus dem Klinikbett heraus aufgenommen hatte.[18] Erst als auf ihre wiederholte Forderung hin ein Röntgen ihrer Lunge durchgeführt wurde, auf dem sich eine Lungenschädigung zeigte, erhielt sie mehr Medikamente. »Wäre ich *weiß*, müsste ich das nicht durchmachen«, erklärt die 52-Jährige in ihrem Video. »Genau so werden Schwarze Menschen umgebracht! Wenn man sie nach Hause schickt und sie nicht wissen, wie sie für sich selbst kämpfen können.« Wenige Tage, nachdem sie diese Sätze vom Krankenbett aus mit dem Internet geteilt hatte, wurde sie selbst aus der Klinik entlassen, obwohl sie sich noch nicht gesund genug fühlte, um nach Hause zu gehen – eine traurige Ironie. Stunden später musste sie wegen schwerer Atemnot in eine andere Klinik aufgenommen werden. Dort starb sie zwei Wochen später an den Komplikationen ihrer Corona-Infektion.[19]

Unterbewusstsein der Unterdrückung

Rassismus im Gesundheitswesen ist aber nicht immer so eindeutig zu erkennen. Es verhält sich wie mit Stichwunden: Von außen mag es nach einer einzelnen kleinen Verletzung aussehen, nur eine begrenzte Fläche der Haut ist klar erkennbar verwundet. Auf den ersten Blick kann die Bedrohlichkeit der Lage nicht vollständig erfasst werden, erst nach genauem Untersuchen wird klar, wie tiefgreifend der Schaden ist, welche verborgenen Strukturen betroffen sind, wie groß das Ausmaß der Verwundung ist. Ein großer Teil des Gesundheitsschadens, den Rassismus im Medizinbetrieb anrichtet, passiert nicht durch offene Diskriminierung wie in den bisherigen Beispielen, sondern durch Mechanismen, die zuerst gar nicht explizit wahrgenommen werden. Denn selbst wenn wir uns als Gesundheitspersonal der Gefahren von Rassismus bewusst sind und uns bemühen, alle gleich zu behandeln, kann uns unser Unterbewusstsein einen Strich durch die Rechnung machen. Ich möchte, so wie vermutlich der allergrößte Teil des medizinischen Personals auch, meine Patient*innen gleichberechtigt und gut behandeln – medizinisch wie menschlich. Das Problem ist nur: Das gelingt uns bei allen guten Vorsätzen meistens trotzdem nicht.[20] Denn wir wurden in einer rassistisch geprägten Gesellschaft sozialisiert, und Vorurteile sind in unserem Unterbewusstsein versteckt, ohne dass wir es merken. Voreingenommenheit tragen wir alle in uns, auch als Gesundheitspersonal.[21] Das ist menschlich, unser Gehirn ist darauf programmiert – was aber keine Entschuldigung dafür ist, sie unhinterfragt zu lassen.

US-amerikanische Forschende der Harvard Universität wollten es genau wissen: Gibt es einen Einfluss von unbewussten Vorannahmen über rassifizierte Menschen auf ihre Behandlung, *obwohl* die behandelnden Ärzt*innen der Meinung sind, keine expliziten Unterschiede zwischen Schwarzen und *weißen* Menschen zu machen? Der 2007 veröffentlichte Fachartikel zeigte: Die befragten Ärzt*innen gaben im Interview keine Präferenz zwischen den verschiedenen Patient*innengruppen an, ein Test auf unbewusste Vorurteile widersprach dem eindeutig. Die untersuchten Mediziner*innen waren der Meinung, alle Patient*innen gleich zu behandeln – nur leider taten sie das nicht. War in den identischen Fallbeispielen eines Herzinfarktes von einer Schwarzen Person die Rede, war die Wahrscheinlichkeit deutlich niedriger, dass die befragten Mediziner*innen die potenziell lebensrettenden Maßnahmen einleiten würden, als bei einer *weißen* Person.[22] Denn implizierter Bias, also unbewusste Vorannahmen, übertrumpft unsere bewussten moralischen Einstellungen – in Freizeit und Beruf, in Gesundheit und Krankheit.[23] Und noch viel wichtiger: Dieser implizite Bias kann ganz explizit schaden, diese unbewussten Vorurteile, die sich in unserem Gehirn versteckt haben, können eine der Erklärungen sein, warum rassifizierte und andere marginalisierte Menschen immer noch gesundheitliche Nachteile haben.

Wie genau es um die Gesundheit von rassifizierten Menschen bestellt ist und wie das im Zusammenhang mit Diskriminierung steht, dazu wird, wie wir gesehen haben, in Deutschland noch viel zu wenig geforscht. Der oben erwähnte *Afrozensus* war die erste systematische Erhebung seiner Art. Rassismus im Medizinbetrieb – das ist noch immer etwas, wofür uns im deutschsprachigen Raum die Zahlen – und oft sogar die Worte – fehlen. »In Deutschland haben wir noch nicht einmal eine Sprache für Rassismus in der Medizin, es gibt keinen linguistischen Konsens, um diese strukturelle Gewaltform anzusprechen. Das Fortwirken von Rassismus ist noch nicht im Bewusstsein, und es gibt kein gesellschaftlich wahrgenommenes Verständnis von Rassismus«[14], so Amma Yeboah. Das möchte der *Nationale Diskriminierungs- und Rassismusmonitor (NaDiRa)* des *Deutschen Zentrums für Integrations- und Migrationsforschung (DeZIM)* ändern. Für die nächsten Jahre sind intensive Forschungsarbeiten zu gesellschaftlichem wie gesundheitlichem Rassismus geplant. Bis dahin müssen wir uns Daten aus dem Ausland anschauen. Diese legen nahe, dass Menschen, die negativ von Rassismus betroffen sind, auch häufiger und schwerer von Krankheiten betroffen sind,[24, 25] von einer geringeren Lebenserwartung,[25, 26] von späteren Krebsdiagnosen und höherer Krebssterblichkeit,[27] von häufigeren Früh- und Totgeburten,[28, 29] von höherer Müttersterblichkeit,[30, 31] von häufigeren psychischen Erkrankungen,[24, 32] von höherem Blutdruck,[33] von häufigeren Herz-Kreislauf-Erkrankungen,[34] von Schlafstörungen,[35] von schlechterer, späterer und weniger umfangreicher medizinischer Versorgung.[32, 36, 37]

Krankenhaus: kein sicherer Ort

Was diese gesundheitlichen Nachteile teilweise erklären könnte, ist der Einfluss von erlebter rassistischer Gewalt auf die zukünftige Inanspruchnahme und Nutzung des Gesundheitssystems durch rassifizierte Menschen. Eine Übersichtsarbeit aus den USA fand einen Zusammenhang zwischen Rassismuserfahrungen und einem höheren Misstrauen gegenüber dem Gesundheitssystem und medizinischem Personal, genauso wie einer niedrigeren Zufriedenheit mit der Kommunikation und medizinischen Versorgung.[36] Eigentlich logisch, wer sich in der Vergangenheit beleidigende Sprüche, stereotypisierende Fragen oder übergriffige Untersuchungen von Ärzt*innen und Co. gefallen lassen musste, versucht zu vermeiden, dass sich diese Erfahrung wiederholt. So wird es auch im *Afrozensus* beschrieben: Schwarze, afrikanische und afrodiasporische Menschen müssen wegen rassistischem Personal und Retraumatisierung teils sogar Behandlungen abbrechen und entwickeln daraufhin ein Vermeidungsverhalten gegenüber dem Gesundheitssystem. »Es kommt zu einem doppelten Ausschlussmechanismus: Diskriminierung bei der Inanspruchnahme der Versorgung als auch durch Nicht-Inanspruchnahme, also antizipierter Diskriminierung durch das Meiden von Versorgungsstrukturen.«[7] Und auch Psychiaterin Amma Yeboah bestätigt diese Beobachtung aus ihrem Fachgebiet der psychischen Erkrankungen: »Die Suizidversuche werden meist als psychiatrische Akutnotfälle behandelt. Das sagt uns etwas über die Krankheitsentwicklung: Die Menschen kommen nicht zu Beginn ihrer Beschwerden zur psychiatrischen Vorstellung. Untersuchungen zeigen, dass diese Menschen angeben, ›*weiße* Institutionen‹ zu vermeiden. Sie merken, dass sie unter psychischen Belastungsstörungen leiden, versuchen aber ohne ärztliche Vorstellung mit den Symptomen fertig zu werden, weil sie Angst vor Diskriminierungserfahrungen in den Kliniken haben.«[14]

»Mein Privates ist politisch!«, schreibt Mirrianne Mahn kurz nach ihrem Video auf Social Media. »Den Namen des Krankenhauses und des Arztes werde ich NICHT veröffentlichen. Das Krankenhauspersonal war bis dahin immer aufmerksam und empathisch, und dieser eine Vorfall ist nicht repräsentativ für die gute Behandlung, die ich hier genießen durfte. Mir geht es nicht um diesen einen Arzt, sondern um das strukturelle Problem dahinter«[38], so Mahn. Das *Bundesfachnetz Gesundheit Rassismus* nahm den Fall zum Anlass, genau diesen strukturellen Rassismus in einer öffentlichen Stellungnahme anzuprangern. Es fordert die Festlegung von Konsequenzen bei solchen Vorfällen im Gesundheitssystem. Werden die Gesundheit und das Patient*innenwohl zum Beispiel durch diskriminierungsbedingte Behandlungsfehler gefährdet, soll die Berufserlaubnis den behandelnden Mediziner*innen entzogen werden können. Vor allem aber braucht es mehr Anerkennung von Rassismus und seinen gesundheitlichen Folgen, mehr Thematisierung in Forschung und klinischem Alltag. Außerdem fordert der Zusammenschluss mehr antirassistische Inhalte in der medizinischen Ausbildung,[39] was laut einer ersten explorativen Umfrage unter Medizinstudierenden in Deutschland auch dringend nötig ist.[40] Auch die Ärztin und Journalistin Gilda Sahebi schreibt: »Einzelne Ärzt:innen, Hebammen und Pflegekräfte mit rassistischen Einstellungen sind das eine. Doch drängender ist es, die Strukturen im Gesundheitssystem abzubauen, die Rassismus und Diskriminierung ermöglichen oder begünstigen.«[41]

Laut Sahebi wird das Ausmaß des Problems eben nur sichtbar, wenn Menschen sich trauen, ihre Erfahrungen mit der Öffentlichkeit zu teilen, und auch das medizinische Personal muss sich trauen können, beobachtete Vorfälle zu melden. Sie musste aber feststellen, dass keine der Personen, die sie für einen Artikel zum Thema interviewt hatte, ihren Namen nennen wollte, aus Angst vor negativen beruflichen Konsequenzen.[41] Umso schwieriger ist es für Patient*innen, die sich wie Mirrianne Mahn im kranken Zustand noch gegen Ungleichbehandlung wehren müssen. Symptomatisch für den strukturellen Rassismus im Medizinbetrieb sind nämlich, ähnlich wie bei sexualisierter Gewalt und anderen Diskriminierungsformen, die fehlenden Anlaufstellen. Mahn beschwerte sich direkt beim Krankenhaus über den Arzt, der sich rassistisch geäußert hatte, ihre Beschwerde wurde von der Klinik ernst genommen und der Fall untersucht. Solch ein Vorgehen ist aber nicht immer möglich, manchmal braucht es externe, unabhängige Ansprechpartner*innen. Deutschlandweit gibt es in nur einer einzigen der 17 Landesärztekammern einen Rassismus-Beauftragten. Ernst Girth ist in Hessen seit 2020 zuständig für rassistische Vorfälle und Menschenrechtsverletzungen. Der Haken an der Sache ist nur: Er ist *weiß*. Das heißt nicht, dass er nicht einen guten Job machen kann und wichtige Arbeit leistet. Wie offen Betroffene sich aber vor jemandem äußern können, der selbst nicht von rassistischer Diskriminierung betroffen ist, ist durchaus fraglich. Cis-männliche Gleichstellungsbeauftragte sind schließlich zu Recht auch eher die Ausnahme.

Miteinander reden

Ein weiteres Symptom für eine unangemessene Behandlung ist das Thema Sprache. Wenn eine Person wenig oder kein Deutsch spricht, sind es oft Kolleg*innen, die zum Dolmetschen herangezogen werden. Für diesen Mehraufwand erhalten sie aber keine zusätzliche Bezahlung, und das Übersetzen geht von ihrer ohnehin sehr knapp bemessenen Arbeitszeit ab. Oder es wird zurückgegriffen auf Familienangehörige, die medizinische Sachverhalte erklären sollen, was aber allenfalls eine Notlösung sein kann.[4] Einmal kam ich beispielsweise in die Situation, mit einer Patientin über eine schmerzhafte Eiteransammlung in ihrem Genitalbereich sprechen zu wollen, ihr zehnjähriger Sohn war aber die einzige Person, die hätte übersetzen können. Das ist natürlich auf verschiedenen Ebenen problematisch und bringt mich in ein moralisches Dilemma, für das ich im hektischen Klinikalltag leider kaum Kapazitäten habe. Entweder wahre ich ihre Intimsphäre und enthalte ihr vor, was ihre Erkrankung ist, oder ich versuche ihr diese Information zugänglich zu machen, was aber sehr entblößend für sie und sicher auch überfordernd für ihren Sohn sein könnte.

Wenn meine Patient*innen und ich sprachlich nicht gut miteinander kommunizieren können, dann erhalte ich vielleicht nicht die Informationen, die ich für die Wahl der richtigen Therapie bräuchte, und die Patient*innen, die ein Recht auf Information haben, verstehen nicht, was geschieht. Das hat teils schwerwiegende Folgen für die medizinische Behandlung.[7]

Was das konkret bedeuten kann, hat die Expertin für sozialmedizinische und medizinsoziologische Grundlagen der Sozialen Arbeit, Theda Borde, 2012 anhand von Schmerzlinderung unter der Geburt untersucht. Türkeistämmige Frauen mit geringen Deutschkenntnissen erhielten statistisch signifikant seltener eine Periduralanästhesie während der Geburt, weil Sorge bestand, dass sie die Aufklärung für diesen invasiven Eingriff nicht verstanden haben.[42] In keiner der vielen verschiedenen Kliniken, in die ich bisher Einblick hatte, gab es ein funktionierendes System der Sprachmittlung. Die Antidiskriminierungsstelle des Bundes bestätigt meinen subjektiven Eindruck: Es kommt immer wieder zu Problemen bei der Verständigung, es werden zu häufig Lai*innen und zu selten professionelle Sprachmittler*innen hinzugezogen.[4] Dabei ist das Problem nicht neu. »Es gibt Mittel, die sprachliche Verständigung zu ermöglichen«[41], merkt Theda Borde an. Längst gibt es Dolmetscherservices für den Gesundheitsbereich und Sprachmittlungs-Apps,[43] nur müssten diese auch einheitlich etabliert und vor allem bezahlt werden. In der Rechtsprechung ist die Frage nach der Übernahme von Dolmetsch-Kosten nämlich nicht endgültig geklärt.[4] Unser Verein unterzeichnete darum 2022 neben vielen weiteren Initiativen und Einzelpersonen ein Positionspapier, das ein bundesweites Bündnis aus 30 beteiligten Organisationen verfasst hatte. Darin wird gefordert: Die Kosten für Sprachmittlung im Gesundheitswesen müssen endlich in den Leistungskatalog der gesetzlichen Krankenkassen aufgenommen werden, und es werden konkrete Schritte zur Erreichung dieses Ziels vorgeschlagen.[44] Nicht zuletzt hat Sprache natürlich oft auch eine klassistische Dimension. Fachausdrücke – und zu wenig Zeit, um sie zu erklären – festigen die Wissenshierarchien zwischen medizinischem Personal und als Lai*innen kategorisierten Patient*innen, die aber zum Beispiel bei chronischen Erkrankungen meist viel genauer über ihren eigenen Körper und die Erkrankung Bescheid wissen, als das Fachpersonal.

Rechtsruck im Rettungsdienst

Sprachbarrieren und strukturelle Diskriminierung werden aber schon viel früher zum Problem, nicht erst im Krankenhaus oder in der ärztlichen Praxis, bei der Physiotherapie oder der Vorsorgeuntersuchung. Viele Menschen, die negativ von Rassismus betroffen sind, erreichen nämlich oft zu spät das Gesundheitssystem, landen manchmal gar nicht in einer Behandlungssituation. Und das, obwohl sie eigentlich sogar einen erhöhten Bedarf an medizinischer Versorgung haben, durch Lebensumstände und Diskriminierungserfahrungen, die Krankheiten begünstigen. Sie haben aber, so zeigen es Daten aus Deutschland, einen erschwerten Zugang zu guter und angemessener gesundheitlicher Versorgung.[45, 46]

Ein sehr drastisches Beispiel für einen erschwerten Zugang zum Gesundheitssystem habe ich vor einigen Jahren beobachtet. Während meines Studiums war ich am Wochenende auf einer WG-Party. Zwischen dröhnender Musik, angetrunkenen Gesprächen in der Küche und langem Warten in der Kloschlange gab es in der überfüllten Wohnung auch eine Person, die offensichtlich etwas zu tief ins Glas geschaut hatte. Meistens gehe ich kurz hin, um zu klären, ob alles in Ordnung ist. Dieses Mal war nicht alles in Ordnung. Der Bekannte, der vor mir auf dem Boden lag, hat nicht auf meine Fragen reagiert, auch nicht auf mein Rufen, auch nicht auf mein Rütteln. Das bedeutet, er war tief weggedämmert, eine Situation, in der in meinem Kopf der Erste-Hilfe-Schalter umgelegt wird und ich den Algorithmus abspiele, der mir während meiner Rettungsdienstausbildung neben dem ein oder anderen sexistischen Spruch ins Gedächtnis gebrannt wurde. Ich kam ziemlich schnell zu dem Schluss, dass der Partygast eine ernst zu nehmende Bewusstseinsstörung mit eingeschränkten Schutzreflexen hatte. Das bedeutet, die giftige Wirkung des Alkohols hat sein Gehirn so sehr beeinträchtigt, dass dieses die klassischen Abwehrmechanismen des Körpers wie den Hustenreiz oder eine Schmerzreaktion nicht mehr richtig koordinieren kann. Genau der Zustand also, in dem man als bewusstlose Person Gefahr läuft, am eigenen Erbrochenen zu ersticken. Höchste Zeit für mich, ihn in die stabile Seitenlage zu bringen und die 112 anzurufen.

Was dann folgte, hat mich fassungslos gemacht. Der Rettungsassistent und eine Rettungssanitäterin betraten den Raum, und in meinem Kopf ging ich die Schritte durch, die ich selbst im Rettungsdienst in solchen Situationen schon angewandt hatte. Aber zu meiner Verwunderung ging der Rettungsassistent nicht zu meinem bewusstlosen Bekannten am Boden, stellte nicht sicher, ob er noch atmet, hat nicht seinen Puls getastet, hat nicht seine Reflexe geprüft, hat nicht in seine Pupillen geschaut, hat nicht die Sauerstoffsättigung gemessen, hat kein EKG angelegt, hat sich nicht einmal in seine Richtung bewegt. Er hat ihn nur von Weitem angeschaut und gefragt, wo sein Reisepass sei. Es hat einen Moment gedauert, bis ich verstand, was hier gerade passiert. Nämlich, dass der Rettungsdienstler aus rassistischen Motiven die medizinische Hilfe verweigert, zu der er eigentlich verpflichtet ist. Die Situation endete damit, dass er uns erklären wollte, der Mann, der immer noch bewusstlos auf dem Boden lag, hätte nichts. Sie drohten uns sogar mit einer Geldstrafe wegen fälschlichen Rufens des Rettungsdienstes, wenn wir weiter darauf drängen würden, dass sie unseren bewusstlosen Freund ordentlich untersuchen und mit ins Krankenhaus nehmen. Sie sind ohne ihn wieder weggefahren. Mein Bekannter hat am Ende glücklicherweise die Nacht unter Aufsicht von Freunden gut überstanden, aber eins ist mir seitdem klar: Auch das Unterlassen von Hilfe kann rassistische Gewalt sein. *Rechte Retter* heißt ein Artikel, der 2022 zum Thema Rechtsextremismus im Rettungsdienst erschien.[47] Darin wird von einer deutschlandweiten Recherche berichtet, die im wahrsten Sinne alarmierende Zustände unterm Blaulicht zutage bringt. Da geht es um nationalsozialistische Marschlieder als Klingelton, um rassistische Memes in Mitarbeitenden-Chatgruppen, um beruflichen Korpsgeist und private Mitgliedschaften in Neonazi-Vereinigungen und der Identitären Bewegung, um Nazi-Geburtstage, die im Kalender des Pausenraums vermerkt sind, und die Kündigung von Mitarbeitenden, die auf diese Probleme in ihren Rettungswachen aufmerksam gemacht haben. Es geht um die – zugegeben sehr extreme und reale – Härte des Jobs und die unterschiedlichen Motivationen, ihn zu ergreifen. In der Recherche heißt es: »Lebensretter:innen, das sind eigentlich die Guten. Aber es gibt eben auch die Rettungsrambos, denen es gefällt, Macht zu haben. Das ist ein Begriff, den wir tatsächlich von Sanitäter:innen selbst hören. Mit Blaulicht und Martinshorn durch die

Stadt heizen. Dass Menschen auf sie angewiesen sind. Mächtig zu sein wie ein:e Polizist:in oder Soldat:in. Ohne Waffe zwar, aber mit der Entscheidungsgewalt über Leben oder Tod. ›Manche glauben, sie seien Gott‹, sagt eine Rettungsdienst-Mitarbeitende.«[47] Das können sie sich laut dem Artikel leider auch leisten, denn sie werden bei heftigem Personalmangel dringend gebraucht, sodass sprichwörtlich gern mal ein Auge, nämlich das rechte, zugedrückt wird.

Sie sind hier nicht vorgesehen

Der Zugang zum Gesundheitssystem wird aber nicht immer so buchstäblich behindert wie im Fall von Rechtsextremismus im Rettungswesen. Oft sind es eher Muster auf struktureller Ebene, die den Zugang zu gesundheitlicher Behandlung für bestimmte Personen erschweren oder de facto unmöglich machen. Denn die Bedarfe und Bedürfnisse von rassifizierten Menschen werden häufig sprachlich und inhaltlich nicht berücksichtigt,[7] das beginnt schon beim Infomaterial. So gaben in einer Studie befragte Menschen mit »Migrationshintergrund« an, die häufigsten Gründe dafür, dass sie das Gesundheitssystem nicht in Anspruch nahmen, waren neben Sprachproblemen auch fehlende Informationen über das Gesundheitssystem und die Angebote, die es dort gibt.[4, 48] Wenn Menschen also zum Beispiel eine Broschüre über eine Krebsvorsorge erhalten, aber deren Inhalt nicht verstehen, dann werden sie wahrscheinlich nicht zum Screening gehen,[4, 49] und sollten sie im Laufe ihres Lebens Krebs entwickeln, wird dieser womöglich erst in einem späteren Stadium entdeckt. Tatsächlich gibt es Daten aus Deutschland, nach denen zum Beispiel Früherkennungsuntersuchungen für Brustkrebs seltener von Frauen mit »Migrationshintergrund« in Anspruch genommen werden.[45] Ähnlich ist es mit medizinischen Reha-Maßnahmen nach einer Verletzung oder längerer Krankheit. Wenn kultur- und religionsspezifische Besonderheiten nicht berücksichtigt werden, dann wirkt sich das nicht nur auf den Zugang, sondern wahrscheinlich auch auf die Wirksamkeit einer Reha aus.[4, 50] Besonders schwierig ist auch der Zugang zu Psychotherapie für rassifizierte Menschen. Denn diese wird von den überwiegend *weißen* Therapeut*innen nicht ausreichend anerkannt und sensibel thematisiert.[7] Umso schwieriger ist es für geflüchtete Menschen, traumasensibel behandelt zu werden, denn neben fehlendem Bewusstsein des medizinischen Personals und Sprachbarrieren kommt häufig noch bei ungeklärtem Aufenthaltsstatus die Angst vor der Abschiebung hinzu, sodass das Gesundheitssystem kaum in Anspruch genommen wird. »Eigentlich behandelbare Erkrankungen werden verschleppt und chronifiziert; Kinder erhalten nicht die notwendigen Vorsorgeuntersuchungen, Impfungen und Therapien«,[51] heißt es von der Bundesärztekammer. Deutschland gehört zu den wenigen EU-Ländern, die für die medizinische Behandlung von Staatsbürger*innen und illegalisierten Menschen unterschiedliche Standards ansetzen, und von allen EU-Ländern den Zugang zu Gesundheitsleistungen am längsten einschränkt. In der Theorie sind zwar die Behandlung von akuten Erkrankungen, Schwangerenvorsorge, Schutzimpfungen und psychotherapeutische Behandlung für traumatisierte Menschen vorgesehen. In der Praxis sieht es meist anders aus. Es kann passieren, dass in Asylbewerber*innen-Unterkünften die Heimleitung entscheidet, ob bei akuten gesundheitlichen Beschwerden von Bewohner*innen medizinische Hilfe gerufen wird oder nicht. Außerdem muss, wenn kein

Notfall vorliegt, ein Krankenschein beim Sozialamt beantragt werden, der meist aber von den Sozialarbeitenden abgelehnt wird. Die Entscheidung liegt in beiden Fällen bei Menschen, die keine medizinische Fachausbildung haben, wodurch gesundheitliche Risiken unterschätzt werden können. Schaffen es die Menschen dann doch irgendwie in eine Klinik oder Praxis, werden sie zwar behandelt, durch eine Aushebelung der ärztlichen Schweigepflicht laufen sie aber Gefahr, selbst bei gesundheitlichen Notfällen im Nachhinein gemeldet und abgeschoben zu werden.[51]

Die Ethikkommission der Bundesärztekammer schreibt dazu: »Da es sich bei der ärztlichen Schweigepflicht nicht um eine unbedeutende akzidentelle Bestimmung, sondern um ein wesentliches und unverzichtbares Element jeder vertrauensvollen Arzt-Patienten-Beziehung handelt, muss aus ethischer Perspektive sichergestellt sein, dass nicht ausgerechnet diejenigen Patient*innen dieses Schutzes beraubt werden, die aufgrund ihrer prekären Lebenssituation ohnehin in mehrfacher Hinsicht besonders vulnerabel sind.«[51] Deutschland hat für seinen Umgang mit Menschen ohne Papiere sogar schon internationale Kritik auf sich gezogen. Der Ausschuss für wirtschaftliches, soziales und kulturelles Recht der *Vereinten Nationen* forderte die Bundesrepublik auf, dafür zu sorgen, dass Gesundheitsdienste endlich ohne Angst vor Abschiebung in Anspruch genommen werden können.[52]

Bis das passiert, sind es in der Zwischenzeit mal wieder engagierte Menschen und Organisationen, die sich auf eigene Faust für einen gerechteren Zugang zu Gesundheit starkmachen. An inzwischen 39 Orten in Deutschland gibt es sogenannte *Medibüros*, nicht-staatliche Anlaufstellen, die mithilfe von Spenden und ehrenamtlicher Arbeit medizinische Hilfe anonym und kostenlos an Menschen mit ungeklärtem Aufenthaltsstatus vermitteln.[53]

Noch einmal komplizierter wird es mit dem Zugang zum Gesundheitssystem, wenn Menschen aufgrund mehrerer Merkmale gleichzeitig potenzieller Diskriminierung ausgesetzt sind. Queere Personen mit Fluchterfahrung haben es beispielsweise besonders schwer, Psychotherapeut*innen zu finden, die sowohl sensibel für Fluchtthemen sind, als auch Erfahrung im Umgang mit queeren Menschen haben. Hier setzt in Berlin ein Projekt vom *Lesben- und Schwulenverbands in Deutschland (LSVD)* an. Bei der Anlaufstelle MILES (Zentrum für Migranten, Lesben und Schwule) gibt es neben Deutsch-Nachhilfe und einer Krisenwohnung für migrantische queere Personen auch rechtliche und psychosoziale Beratung.[54] Im Gesundheitswesen sind wir aber von einer migrationssensiblen Versorgung weit entfernt, laut der Antidiskriminierungsstelle des Bundes wird die kulturelle, religiöse und sprachliche Vielfalt der Bevölkerung nicht ausreichend berücksichtigt.[4] Bei der Erhebung *Krankenhaus Barometer* hatten 2017 nur 13 Prozent der befragten Kliniken konkrete Schritte umgesetzt, um das zu ändern.[55] Ich erinnere mich an eine Stationsvisite im Krankenhaus, bei der ich vor einigen Jahren in meinem Studium dabei war. Als wir das Patientenzimmer betraten, waren wir alle zusammen kurz erschrocken, weil der Patient sich nicht in seinem Bett, sondern auf dem Boden befand. Ob er gestürzt sei, wurde er hastig gefragt, eine Studentin wollte ihm schon hochhelfen. Der Mann war ähnlich verdutzt wie wir, denn niemand war auf die Idee gekommen, dass der Mann Muslim ist und einfach nur in Ruhe sein Gebet verrichten wollte. Stattdessen wurde er von einer Gruppe überraschtem medizinischem Personal unterbrochen.

In den meisten Kliniken gibt es keinen physischen und metaphorischen Raum für Religion, abgesehen natürlich von den Krankenhaus-Kapellen und Gebetsräumen, die für Christ*innen eingerichtet sind. Bei einer Studie im Auftrag der *Antidiskriminierungsstelle des Bundes* zeigte sich, »dass bei Diskriminierungserfahrungen aufgrund der Religion der Anteil an sozialen Herabwürdigungen im Gesundheitswesen (…) mit 86 Prozent besonders hoch liegt«[56]. Ansonsten fehlt es aber mal wieder, wie so oft im deutschsprachigen Kontext, an größeren Studien, die Diskriminierung aufgrund der Religion im Gesundheitskontext untersuchen. Es gibt aber Hinweise darauf, dass vor allem muslimisch wahrgenommene Patient*innen abwertenden Einstellungen von medizinischem Personal ausgesetzt sind.[57] Bisher sind es vor allem Einzelpersonen, die es sich zur Aufgabe gemacht haben, dem Stigma und dem Mangel an Wissen und Repräsentation entgegenzutreten. Hatun Karakaş zum Beispiel. Sie ist deutsch-kurdisch-türkische Ärztin und Muslima, in Hannover arbeitet sie in der Inneren Medizin, im Internet klärt sie als Dr. Hatun rund um die Themen Islam und Medizin auf.[58] Sie gibt Antworten auf die Fragen, die nur die allerwenigsten Mediziner*innen beantworten können: Welche Medikamente dürfen in der Fastenzeit eingenommen werden? Wo finde ich muslimische Psychotherapeut*innen? Welche Position vertreten muslimische Gelehrte in Bezug auf die Covid-Impfung? 2021 schrieb Karakaş einen Brief an die Bundesärztekammer mit der Bitte, es brauche mehr Seminare und Fortbildungen für Medizinstudierende und ärztliches Personal, um Mediziner*innen mehr für Rassismus zu sensibilisieren. Damit hat sie einen Prozess losgetreten, der am Ende sogar dazu führte, dass der Weltärztebund sich das Thema auf die Tagesordnung setzte und eine Resolution verabschiedete.[59]

Von mehr Bewusstsein für die Thematik würden übrigens nicht nur Patient*innen profitieren, sondern auch das medizinische Personal selbst, das immer wieder zum Ziel von Diskriminierung und Benachteiligung wird. Das geht schon auf struktureller Ebene mit dem Zugang zu medizinischen Berufen los. Vor allem Fachkräfte aus dem Ausland, die aufgrund des Personalmangels eigentlich dringend gebraucht werden, wird der Zugang zum Arbeitsmarkt nicht leicht gemacht.[60] Sie müssen langwierige und oft erfolglose Verfahren der Anerkennung ihrer Abschlüsse durchlaufen und erleben dabei Diskriminierung im Kontakt mit deutschen Behörden,[4] und sollten sie am Ende eine Anstellung bekommen, sind sie dort regelmäßig unter anderem rassistischer Diskriminierung durch Kolleg*innen und Patient*innen ausgesetzt.[61–63] Aber auch rassifizierte Menschen, die ihre medizinische Ausbildung in Deutschland durchlaufen haben, werden immer wieder aufgrund ihres Aussehens oder ihrer Religion anders behandelt, sowohl von Patient*innen als auch von Kolleg*innen. »(V)on Patientinnen und Patienten habe ich immer wieder gehört, dass ich gut Deutsch spreche. Oft werde ich gefragt, wo ich geboren bin und ob ich zurück ›in mein Land‹ gehen will. Ich antworte dann immer: ›Ich bin doch Deutsche, wo soll ich denn hingehen? Das hier ist doch mein Land, ich bin in Hamburg geboren.‹[64] So berichtet es die operationstechnische Assistentin und Medizinstudentin Gülcan Çetin, die in den sozialen Medien vom Rassismus berichtet, der ihr als Muslima im Medizinsystem widerfährt – dass sie zum Beispiel in einer Teambesprechung für die Putzfrau gehalten wurde. Menschen sagen Dinge wie »Oh, ich bin ja auch überrascht, dass hier auch Leute wie du […] arbeiten […]«[7], wird beim *Afrozensus* in einem Interview mit ärztlichem Personal erzählt. Generell wird dort in den Expert*inneninterviews an vielen Stellen beschrieben, dass medizinischem Personal aufgrund von rassistischen Vorurteilen weniger zugetraut wird, ihr Können wiederholt angezweifelt wird, sie sich immer wieder rechtfertigen müssen. Manchmal verweigern sogar Patient*innen die Behandlung oder Kolleg*innen die Zusammenarbeit, so wird es im *Afrozensus* berichtet.[7] Auch die Medizinstudentin Shreyasi Bhattacharya, die sich immer wieder für rassismuskritische Medizin starkmacht, kennt das: »Unsere Leistungen werden immer infrage gestellt«[65], erklärt sie. Außerdem fehlen ihr Rollenvorbilder, die ihr ähnlich sind. »Wenn ich eine Person sehe, mit der ich mich identifizieren kann, dann glaube ich eher, dass ich das selbst schaffen kann. Wenn man nach diesen Personen sucht, findet man sie auch, aber sie bekommen nicht die Bühne oder wollen vielleicht auch nicht auf die Bühne, weil sie nicht auf ihre Marginalisierung reduziert werden wollen«, so Bhattacharya. An ihrer Universität in Köln leitet sie das Projekt *Medicus Kickstarter*, das gezielt Studierende der ersten Generation und mit Bildungsbiografie im Ausland fördert, außerdem ist sie Teil eines Forschungsprojektes,[66] in dem zum ersten Mal weltweit Diskriminierungserfahrungen von Medizinstudierenden und ärztlichem Personal erfasst werden.

Wer sich nicht vorstellen kann, welche Sprüche sich marginalisierte Menschen im Medizinstudium und am Arbeitsplatz tagtäglich anhören müssen, dem*der empfehle ich, die oben erwähnte leider lange Liste an Einsendungen des *DETECT*-Projektes[67] der Universität Freiburg durchzulesen. Auf der Website des Projektes, das sich die Sichtbarmachung von Sexismus und Rassismus zum Ziel gesetzt hat, können Menschen anonym von ihren diskriminierenden Erfahrungen im medizinischen Alltag in Deutschland berichten. Die Geschichten, Zitate und Berichte von körperlichen Übergriffigkeiten, die ich dort lese, kommen mir leider größtenteils sehr bekannt vor. Und auch im *Afrozensus* berichtet das interviewte medizinische Personal von Kommentaren, die von blöden Sprüchen bis hin zu menschenfeindlichen Äußerungen wie dieser reichen: »Einem (…) Patienten nahm ich Blut ab, und er erzählte mir stolz von seinem reinen, arischen, blauen Blut, was ich ihm da gerade abnehmen würde«[7], berichtet zum Beispiel eine Pflegekraft.

Oft sind auch verschiedene Diskriminierungsformen miteinander verknüpft und verwoben, Sexismus und Rassismus gehen besonders häufig Hand in Hand. Gülcan Çetin erzählt: »Einmal besprachen zwei Chirurgen die Operationsschritte mit den Worten: ›Erst von vorne, dann von hinten – wie zu Hause.‹ Alle im OP lachten schallend los – ich nicht. Daraufhin hieß es: Die kleine Muslimin versteht das nicht. Dabei fand ich es einfach nicht lustig, sondern sexistisch.«[4] Laut *Afrozensus* führt wiederholte rassistische Diskriminierung am Arbeitsplatz nicht selten zum Arbeitsplatzwechsel – nicht etwa für die diskriminierenden Kolleg*innen, sondern für die Betroffenen. Selbst eine höhere Position in der Hierarchie des Medizinsystems scheint nicht vor Erfahrungen mit rassistischer Diskriminierung zu schützen, so das Fazit von Çetin: »Eins habe ich gelernt: egal ob du Krankenschwester bist oder mit fünf Doktortiteln um die Ecke kommst: Es passiert trotzdem, jeden Tag. Aber ich lasse das nicht mehr zu, denn Rassismus ist keine Meinung, sondern ein Verbrechen.«[68]

Ein Gespräch mit N'joula Baryoh

Liebe N'joula, magst du dich zum Einstieg selbst kurz vorstellen?

Ja gerne. Ich heiße N'joula Baryoh, bin alleinerziehende Mutter zweier Kinder, Tochter zweier Eltern aus Sierra Leone (Westafrika), die Mediziner*innen und somit vielleicht auch irgendwie Vorbild für meine Berufswahl sind bzw. waren. Denn auch ich bin Fachärztin für Gynäkologie und Geburtshilfe – wie meine Mutter –, allerdings war ich zuletzt im öffentlichen Gesundheitswesen beschäftigt, aber mein Herz schlägt weiterhin für die Gynäkologie und Geburtshilfe. Seit ein paar Jahren bin ich aktiv im Bereich Black Communities, beispielsweise als Mitbegründerin der ersten Schwarzen Bibliothek in Köln, der *Theodor Wonja Michael Bibliothek*, als Core-Team-Member von *Our Journey Beyond* (*OJB e. V.*, ein Verein Schwarzer Frauen* in Hamburg) und als Mitglied von *Black in Medicine* (Initiative Schwarzer praktizierender oder studierender Ärzt*innen und Mediziner*innen im deutschsprachigen Raum). Im Rahmen der Ehrenamtstätigkeiten durfte ich ab und an zum Thema Rassismus und Dekolonisierung in der Medizin und im Gesundheitswesen referieren. Privat repräsentiere ich in den sozialen Medien mein Verständnis eines etwas holistischeren, afrozentrischeren Bildes von Gesundheit. Und was mir persönlich ganz wichtig ist, ist Sprache. Also Sprache als Ausdrucksform. Ich schreibe Texte und Gedichte, viel Autobiografisches und Gesellschaftskritisches und bin damit als Spoken Word Artist und Poetress unterwegs.

Wie hast du es erlebt, als Schwarze Person in diesem medizinischen System, das nicht sonderlich interdisziplinär und intersektional ist, tätig zu sein?

Die Zeit im Klinikum retrospektiv betrachtet: Es ist sehr hierarchisch, das wissen wir alle. Es ist sehr *weiß*, das wissen wir auch alle. Und natürlich ist da ganz viel Raum für Diskriminierungen. Als Patient*innen mit Migrationsbiografie, aber natürlich auch als Fachpersonal selbst, ist man von Rassismus und Diskriminierung in Form von Mikro- und Makroaggression betroffen. Ob es nun Patient*innen sind, die von mir nicht behandelt werden möchten oder verbal aggressiv werden, oder auch Kolleg*innen. Zu Beginn der Karriere, als Assistenzärzt*in, besteht sowieso schon dieses (Macht-)Gefälle, und dann kommen diese kleinen Machtspitzen und -spielchen vom Pflegepersonal oder von Hebammen dazu. Oftmals unbewusster Natur. Da fielen dann Aussagen wie: »Da ist eine Schwarze Patientin, geh du da mal rein in den Kreißsaal.« Dieser medizinische Raum, das Krankenhaus, diese Institution ist ja genauso wenig wie der Rest der Gesellschaft frei von Rassismen, und genauso spiegelt sich das dort wieder. Und der eine »-Ismus« hebt den anderen nicht auf. Ich erfahre vielleicht in einem Konstrukt als ebenfalls privilegierte Person trotzdem Diskriminierung, das heißt, Diskriminierung macht keinen Unterschied bezüglich »Klasse«. (lacht)

Und andersherum bedeutet es auch, dass rassizifierte Menschen mit Privilegien sich oft schwertun, zu begreifen: Selbst diskriminiert zu werden, schützt einen nicht davor, selber Täter*in zu sein und vielleicht bestimmte Dinge, die wir erfahren, weiterzugeben und zu reproduzieren, das sage ich ganz ehrlich, aus eigener Erfahrung.

Ich glaube wirklich, um bei Verstand zu bleiben und bestehen zu können, muss man sich irgendwo in eine Art von Dissoziation begeben. Und das funktioniert auf verschiedenen Levels. Ein aktiver Aspekt ist, sich zu maskieren. Also in einem bestimmten Moment setze ich meine *weiße* Maske auf, damit ich nicht auffalle, damit ich mich bestmöglich einfügen kann. Und deshalb reproduziere ich dieses Verhalten. Damit das Othering der anderen, das vielleicht mit Angst, Scham, Vulnerabilität, Trauer etc. verbunden ist, nicht (mehr) gefühlt werden muss und ich funktionieren kann. Es ist auch einfach ein Job, der viel fordert, körperlich und psychisch. Und damit ich das aufrechterhalten kann, muss ich mich einfügen oder zumindest irgendwie mitspielen. Und du merkst aber trotzdem, allzu weit kannst du dich nicht abspalten, zumindest kannst du das nicht dauerhaft machen. Wenn da eine Person ist, die dir aufgrund verschiedener Merkmale näherkommt, dann ist es natürlich auch schwieriger, sich abzugrenzen. Das funktioniert mit Patient*innen meiner Erfahrung nach natürlich besser, weil da noch einmal so eine gewisse Distanz aufgrund der Ärzt*in-Patient*in-Beziehung ist. Aber sobald das Kolleg*innen sind, die ja denselben Status haben wie du, wird es noch deutlicher, der einzige Unterschied ist jetzt vielleicht nur die Hautfarbe, und dann geht es anders an die Substanz, das ist einfach so, zumindest für mich.

Danke, dass du das teilst. Du hast den Zusammenschluss Black in Medicine erwähnt, in dem du Mitglied bist. Ist das ein Raum für dich, wo du solche Gedanken und Erfahrungen mit anderen teilen kannst?

Als die Geschwister (Anm.: Bezeichnung unter Schwarzen Menschen) die Initiative gegründet haben, ging es genau darum, diese Erfahrungen zu teilen, einfach eine Plattform und ein Netzwerk zu schaffen, wo das sichtbar sein darf. Und ich glaube, darum geht es, dass wir oftmals zu hören bekommen, das sind individuelle Erfahrungen, das sind einzelne Schicksale. Und zu verstehen, nein, das ist nicht so, ich bin kein Einzelfall, ich stehe nicht alleine da, das ist empowernd. Wenn jemand meine Erfahrungen bagatellisiert und mir meine Wahrheit abspricht, zu sagen: nein. Da ist ein Raum, da kann ich das erzählen, und mein Gegenüber versteht das und macht auch solche Erfahrungen. Das gibt Kraft, das gibt Halt, ganz einfach. Und so funktioniert auch Trauma-Arbeit im Sinne von Selbsthilfegruppen, und das ist eigentlich von der Idee her nichts anderes. Mittlerweile geht es auch um andere Themen, nicht nur um Medizin, weil auch Mediziner*innen ja noch ein Leben neben dem Beruf haben, man mag es gar nicht glauben. (lacht) Und das ist wirklich schön, sich von der Seele sprechen zu können, was oftmals ja schon hilft, oder auch die Gegenprobe zu machen, indem man sagt: »Das ist mir widerfahren, wie macht ihr das, wie handhabt ihr das?« Das hilft auch Studierenden, die dann wissen, das war nicht in Ordnung, und einen generationenübergreifenden Rückhalt haben. Tatsächlich ist es von diesem Austauschraum dann dazu gekommen, dass wir auch Bildungsarbeit außerhalb dieser Community betreiben, um sie gesellschaftlich nutzbar zu machen, auch für *weiße* Fachkräfte nutzbar.

Wie genau sieht dann dieser zweite Aspekt aus, dass neben dem internen Empowerment auch der Schritt nach außen gegangen wurde?

Das ist natürlich immer eine Frage von Ressourcen im Ehrenamt, denn Ärzt*innen arbeiten viel, deswegen ist das so eine Sache. Es gab schon öffentliche Auftritte, Muna Ismail Abdi hat zum Beispiel einen Fernsehbeitrag beim NDR geleistet zum Thema Rassismus in der Medizin.[1] Es gab auch schon Fachtagungen wie den *Black Health Summit.* Die Referent*innen-Tätigkeiten sind meistens auch in Kontexten, die nicht nur Schwarze Communities betreffen. Und da wären wir wieder beim Thema, wer bringt die Energie auf, diese Bildungsarbeit zu machen und die Gesellschaft ein bisschen diverser, also antirassistischer zu gestalten? Und das wäre mir auch noch wichtig zu sagen: dass genau dieser Weg, glaube ich, der richtige ist, sich erst einmal auszutauschen, zu vernetzen, zu empowern, weil das Energie freisetzt, um überhaupt diese andere Arbeit leisten zu können, diese Arbeit, die dann am Ende noch ehrenamtlich ist. Und warum müssen denn rassifizierte Menschen dies thematisieren, warum müssen von Intersektionalität betroffene Menschen dies thematisieren, dass wir andere Curricula brauchen, dass wir andere Strukturen brauchen, Beratungsstellen brauchen, wieso muss von ihnen darauf aufmerksam gemacht werden? Es ist ja nicht nur ein strukturelles Problem, es ist auch ein soziales Problem, das heißt, jeder Mensch muss sich da hinterfragen. Es ist wichtig, sich selbst zu (hinter-)fragen: Was ist das Problem, wie profitiere ich aber auch gleichzeitig von dem Problem, und will ich es wirklich ändern? Oder geht es einfach nur darum, dass es gut aussieht, das irgendwo hinzuschreiben – man sollte ehrlich sein zu sich selbst und im Außen.

Wir müssen erst einmal verstehen, wie tiefgreifend das Problem ist, gerade in der Medizin, wie tief diese Rassenideologie reicht, das ist ganz wichtig und noch gar nicht so angekommen. Wir müssen schauen, wo gibt es die Ressourcen, wenn wir von Lehre sprechen oder von Wissenschaft. Als ganz plattes Beispiel: Malaria. Wo sind die Gelder, wenn Tagungen abgehalten werden, wer darf denn überhaupt in den globalen Norden einreisen von den Menschen, die das Problem auf ihrem Kontinent haben, wer hat das Geld, zu kommen? Und dann wird etwas besprochen über andere hinweg. Was ist das, welche Bedeutung hat das? Das alles muss man hinterfragen. Dieser Prozess des Umdenkens, der ist nicht damit getan, dass es ein Pamphlet gibt, in dem steht, so machen wir das jetzt, während die einzelnen Personen, die in diesen Strukturen arbeiten, sich persönlich gar nicht hinterfragen. Diese zwei Ebenen (strukturell und persönlich) finden wir überall wieder, in der Medizin und in anderen Bereichen. Ich glaube, das Problem mit der Medizin ist eben nur, dass sie sich selbst als so objektiv und deshalb als unantastbar sieht.

Du hast Trauma-Arbeit angesprochen. Ist dir das Thema auch in der Geburtshilfe, zum Beispiel als psychische oder körperliche Gewalt, begegnet?

Ich glaube, ein Bewusstsein für Trauma zu haben, setzt immer voraus, dass man eigene Traumata hat. Wir sind alle traumatisiert, das ist kein Schwarz-*weiß*-Ding, wir haben alle Traumata, allein schon dadurch, dass die »-Ismen« nicht nur auf die eine Partei wirken. Sie wirken auch auf das Gegenüber, ohne dass sich das Gegenüber dessen immer bewusst ist und aufgrund bestimmter Privilegien vielleicht nicht unbedingt bewusst sein muss. Es ist wichtig zu verstehen, dass Traumata ein systemisches Geschehen sind und somit auch systemischer Regulationsansätze bedürfen.

Gerade während der Schwangerschaft, Geburt und in der Zeit danach werden Traumata sichtbar. Es ist eine nicht nur auf körperlicher Ebene transformative Zeit, in der Ängste neu auftreten oder bestehende verstärkt werden können, wo man wirklich ausgeliefert ist und das auch fühlt. Da geht es darum, ich bin Einzelperson, und ich werde jetzt Elternteil, es geht darum, dass man sich fallen lassen muss, im wahrsten Sinne des Wortes. Das gibt es ganz oft bei Geburten, wenn das Fachpersonal merkt, es ist alles gut, die Wehentätigkeit ist gut, das Kind macht gut mit, aber warum öffnet sich der Muttermund nicht? Oder er ist eröffnet, und es tut sich nichts im weiteren Geburtsverlauf. Und manchmal merkt man, da stecken ganz andere Themen dahinter. Es gab schon die Situation, da stellte sich im Gespräch mit der Begleitung heraus, die schwangere Person hat eine Angststörung oder hat Panik vor der Zeit, die jetzt kommt, was vorher gar nicht thematisiert wurde. Durch die Rücksprache mit der begleitenden Person wurde klar, da besteht ein Trauma. Das kann nicht außer Acht gelassen werden, was Trauma im Körper macht. Im Endeffekt behandelst du ein Symptom, aber es bringt unter Umständen nichts, zumindest nicht nachhaltig. Und wenn du dann verstehst, was es ist, dann reicht es vielleicht, wenn du die Person fragst, ihr Zuwendung und Verständnis gibst und verstehst, das ist jetzt das, was die Person braucht. Es ist nichts pathologisch im Körper, sondern sie braucht Zuspruch.

Das ist das eine. Das andere ist natürlich das Trauma, das in dieser Situation vom Fachpersonal oder im schlimmsten

Falle dann auch noch von der begleitenden Person verursacht wird, auch das gibt es ganz oft. Also Situationen, in denen ist alles fein, das Kind liegt (nach der Geburt) auf dem nackten Oberkörper, und du schaust natürlich dann als Gynäkologin, muss ich eine Geburtsverletzung versorgen? Du richtest alles, und dann stellt sich ein begleitender Mensch da hin und kommentiert das oder sagt, »Machen sie mal ein bisschen enger«. (Anm.: Die Begleitperson wollte, dass der Dammriss fester zugenäht wird.)

Und dann ist da natürlich auch das Fachpersonal, das, wenn Pärchen A oder Pärchen B in den Kreißsaal kommt, Stereotype hat. Also A, hier ist eine muslimische Patientin mit ihrem Mann: »Ach ja, die kann wieder kein Deutsch, das wird ja jetzt ein Spaß, und die schreit auch wieder so laut und stellt sich an« oder Patientin B, die schon fünf Kinder hat: »Jetzt kommt die schon wieder, die können auch nicht aufhören, Kinder zu kriegen«. Und dann ist es nachts um vier, der*die Ärzt*in hat vielleicht gerade eine halbe Stunde geschlafen, ist übermüdet und genervt, und dann kommt die Patientin A oder B und wird allein deshalb, weil die Fachperson übermüdet ist, einen Spruch abbekommen oder ein Schroffsein erfahren. Und die Patientin merkt das, hatte sowieso schon Bedenken, zu kommen oder wie es ablaufen könnte im Kreißsaal. Oftmals auch unbewusst, aber sie hat vielleicht schon in den Knochen, dass sie vor zwei Tagen irgendwo bei einem Amt saß und blöd behandelt wurde. Es ist wichtig zu verstehen, dass die Diskriminierung, von der Menschen betroffen sind, sie rigide macht. Das ist das Schlimme, dass es dann wirklich schwerfällt, Ärzt*innen aufzusuchen. Also das ist etwas, was ich immer wieder höre, gerade aus dem Bereich der Gynäkologie und Geburtshilfe. Dieses Gefühl, dorthin zu kommen und schon gleich eine Stereotypisierung zu erfahren, einen Spruch zu bekommen, sich ausgeliefert zu fühlen, das ist oftmals etwas, was auch Traumata schafft. Nicht ernst genommen zu werden in einer Situation, in der man bedürftig ist, Hilfe braucht, Schutz braucht, nicht nur, nicht gehört zu werden, sondern wirklich schroff behandelt zu werden. Und diese Situationen passieren ja sogar, wenn Patient*innen der Sprache mächtig sind und *weiß* sind, also wie viel häufiger passiert das dann bei Menschen mit Mehrfachdiskriminierung?

Was kann das Gesundheitspersonal tun, um weniger diskriminierend zu sein? Und an welchen Stellen gelingt das vielleicht sogar schon ganz gut, welche Strukturen oder Personen nimmst du als Vorbild?

Ich glaube, das A und O ist, dass Bewusstsein dafür geschaffen werden muss. Viele werden sagen: »Also ich nicht! Ich habe ja einen Onkel, der kommt aus Polen« oder »ich war schon zweimal in Kenia im Urlaub« oder was auch immer. Es gibt einfach kein Bewusstsein dafür, dass selbst wenn du mit einem Schwarzen Mann verheiratet bist, oder gerade dann in manchen Fällen, du rassistisch sein kannst. Das ist oft kein bewusster Prozess, wir sind so sozialisiert. Anti-Rassismus-Trainings, Supervision, diese Dinge sind in Arbeitskontexten ganz wichtig. Aber ist eine solche Erwartung an ein bereits überlastetes, teils privatisiertes, ökonomisch ausgerichtetes Gesundheitssystem realistisch? Also dass dafür Zeit und Geld investiert wird, das ist, glaube ich leider, utopisch, und deswegen kommen wir wieder an den Punkt, dass doch jede Person eine Eigenverantwortung hat. Wenn die Person morgens aufsteht und sich ernsthaft fragt, möchte ich ein Mensch sein, der bewusst liebevoll mit seinen Mitmenschen umgeht? Aber auch das ist utopisch, glaube ich, manchmal, leider. Aber natürlich wäre das schön, wenn es Critical-Whiteness-Trainings gäbe, interkulturelle Bildungsreferent*innen eingeladen würden. Dass Menschen eine gewisse Sprache an die Hand bekommen, um sich selbst auszudrücken, aber auch anderen Personen das vermitteln zu können.

Und wir brauchen eine Beschwerdementalität. Das gibt es bisher nicht, denn Fehler »werden ja sowieso nicht gemacht« und in der Medizin schon mal gar nicht, und alles ist so elitär, wer beschwert sich denn da? Es beschweren sich wenige Leute, aber wenn, dann beschweren sich Leute, die der Sprache mächtig sind. Das sollte direkt am Anfang bei der Aufnahme gesagt werden: Das ist ein Recht. Und wir müssen auch schauen, wie viele Personen kommen zur Entbindung und haben keine Hebamme, auch in der Nachbetreuung, selbst wenn es im kulturellen Kontext nicht so gängig ist, aber da kommen oftmals auch andere Fragestellungen, bei denen assistiert werden könnte. Mir fehlt manchmal der Nachdruck, es noch einmal anzusprechen, statt nur zu sagen: Die Patientin hat sich eben nicht darum gekümmert. Sondern sich zu fragen: Verstehe ich, warum die Person sich nicht darum gekümmert hat? Und wieder komme ich zu dem Punkt: Das eine ist das Persönliche, diese persönliche Verantwortung, die wir übernehmen müssen, als Personen, die in so einem Kontext arbeiten, und das andere sind die Strukturen, in denen vorgeschrieben sein muss, dass es so eine (Beschwerde-)Stelle gibt, dass diese Stelle auch entsprechend aufgestellt ist, dass die Personen, die dort arbeiten, regelmäßig Trainings durchlaufen müssen, die ebenfalls entsprechend besetzt sind. Und das andere ist die (medizinische) Lehre, dass die Ausbildung das auch schon beinhalten muss.

Hier in Köln gibt es das *BIPoC Referat (Autonomes BIPoC Referat der Universität zu Köln)*, das finde ich super. Und dann gibt es mittlerweile viele Menschen, die wirklich ihre eigene persönliche Zeit und Energie verwenden, um sich zu vernetzen, zum Beispiel die *Kritischen Mediziner*innen*. Da kommt die Energie wirklich von Studierenden, was ich super finde. Wo ich auch sagen muss, dass ich da wirklich Vorbilder habe, die jünger sind als ich. Da ist ganz viel Energie, Menschen wie Shreyasi Bhattacharya, die ganz tolle Arbeit leisten, auch neben dem, was sie sonst tun.

Dieses Problem des Rassismus bestand schon immer. Es ist etwas Positives, dass Menschen jetzt endlich ihren Mund aufmachen, weil darin die Chance liegt, zu lernen und es zu verändern, sofern man das denn möchte, und das funktioniert eben nur, wenn wir verstehen, dass dieses Konzept der Ungleichheit so viel Schaden anrichtet und wir deshalb wirklich uns alle immer hinterfragen müssen, was diese patriarchalen Strukturen, diese misogynen Strukturen im Einzelnen anrichten, und ob wir wirklich so eine Gesellschaft haben möchten. Und wenn du zu dem Ergebnis kommst, ich möchte das so, weil ich liebe meine Privilegien, und ich finde das super, okay. Das ist aber langfristig, glaube ich, nicht ausführbar, und deswegen wünsche ich mir mehr Eigeninitiative. Aber der Preis ist für viele sehr hoch, wenn sie sich wirklich ernsthaft hinterfragen: Wenn ich das jetzt ändere, bedeutet das für mich, dass ich etwas von meiner Macht abgebe, also auch medizinische Institutionen. Und ich glaube, da hapert es, weil wir in einer kapitalistischen Gesellschaft leben, in der dieses Macht-Abgeben schwierig wird und es einfacher ist, bei diesen erschaffenen »Normen« zu bleiben, insbesondere wenn man innerhalb der Grenzen dieser Normen sitzt. Was ich noch sagen möchte: Auch die Menschen, die sich als Ally (Verbündete) bezeichnen, aber in Wahrheit zu wertvollen Kompliz*innen geworden sind oder werden, sollten sich gut aufstellen, weil ihre Kompliz*innenschaft sehr anstrengend und fordernd sein kann. Das rüttelt nämlich genau an diesen eigenen Privilegien, die man eigentlich gar nicht aufgeben müsste. Es ist wichtig, dass dieses Commitment gesehen und geschätzt wird und bewusst ist, wie notwendig diese Solidarität für uns Betroffene ist. Dieses kollektive, gemeinsame Handeln kann Heilung schaffen. Wenn ich zum Beispiel erlebe, da ist ein Mensch, der die Komfortzone der Privilegien verlässt, auch im medizinischen Kontext, bei der Arbeit, und dafür vielleicht etwas auf den Deckel bekommt vom Chef. Diese Kompliz*innen finde ich ganz wichtig. Und an dieser Stelle sage ich voller Dankbarkeit und Stolz an alle Betroffenen, die tagtäglich in bestimmten Strukturen wandeln und aktivistisch tätig sind: Passt gut auf euch auf.

Ein großes Dankeschön, dass du dir die Zeit genommen hast, deine Erfahrungen und Gedanken zu teilen!

7. Geld und Gesundheit
Capitalism Kills

»Es ist eine Logik der unterschiedlichen Wertigkeiten von Körpern, die umeinander konkurrieren. Als wäre das Recht auf ein würdevolles Leben oder gar auf Überleben eine knappe Ressource, die erkämpft und verdient werden müsste. Die Logik ist gekoppelt an Normen, die diese entmenschlichenden Hierarchien wiederum als angeblich naturgegeben bestätigen sollen - die Norm eines bestimmten Typs von Körper.«[1]

Şeyda Kurt

Während ich dieses Buch schreibe, tun sich rund 700 Beschäftigte aus den sechs Universitätskliniken in Nordrhein-Westfalen zusammen, um zu streiken. Das Pflegepersonal, Reinigungskräfte, Labormitarbeitende, Hebammen, Auszubildende, Servicepersonal, Küchenmitarbeitende, Transportdienste, Operationstechnische Assistenzen und viele mehr aus Köln, Bonn, Düsseldorf, Essen, Münster und Aachen kämpfen zusammen unter dem Motto *Notruf NRW*. Nicht für ein höheres Gehalt, sondern dafür, dass sich an dem zum Arbeitsalltag gewordenen Notstand etwas ändert. Das Personal fehlt an allen Ecken, es ist derart knapp bemessen, dass nicht nur die Beschäftigten regelmäßig unter der Arbeitslast zusammenbrechen, sondern dass auch die Sicherheit der Patient*innen gefährdet ist. Das wollen die Streikenden nicht länger hinnehmen. Sie fordern: mehr Entlastung, es soll endlich festgelegt und durchgesetzt werden, wie viele zu versorgende Patient*innen im Verhältnis zum Personal zumutbar sind – dass es nicht mehr zu Situationen kommt, in denen eine Pflegefachkraft für 20 kranke Menschen gleichzeitig verantwortlich ist.[2] Denn die meisten halten das auf Dauer nicht durch.

»Ich bin seit 2009 Krankenpfleger im Bereich Pulmologie (…). Das Hauptsymptom in diesem Arbeitsbereich ist Luftnot. Diese ist fast ausnahmslos mit Panik verbunden, welche in wenigen Minuten zu Todesangst und rapider körperlicher Verschlechterung führt. (…) Was ich auf (meiner) Station betrieben habe, war Massenverwahrung. Panikpatient:innen wurden von mir so häufig in ihrer Angst alleine gelassen, dass ich es nicht mehr aufzählen kann. Egal wie sehr man sich jeden Tag angestrengt hat, ohne Pause, stets im Stechschritt – ich wurde nicht fertig. (…) Ich liebe meinen Beruf, und ich bin sehr stolz darauf. Allerdings bin ich so schockiert über die unterirdisch schlechte Versorgung (…).«[3]

Diese Erzählung stammt aus dem *Schwarzbuch Krankenhaus*, einer anonymen Sammlung aus Erfahrungsberichten von der Arbeit in deutschen Kliniken.[4] Und Kira, eine Intensivpflegerin am Uniklinikum Köln, sagt über ihren Arbeitsalltag: »Ich gucke, dass sie alle überleben, und dann bin ich zufrieden mit meinem Dienst«[5]. Aber manchmal sind sie in der Schicht so wenige, dass selbst das Überleben der Patient*innen gefährdet ist. Sie berichtet von einer Situation, in der es einen Defekt an einer Pumpe gab, die kontinuierlich Medikamente zur Kreislaufunterstützung für einen Patienten abgeben sollte. Dass das lebensrettende

Medikament ausgelaufen ist, statt wie vorgesehen im Körper des Patienten zu landen, merkte das zu knapp besetzte Team erst, als es schon fast zu spät war.

Mir kommen die Geschichten der Streikenden und aus dem *Schwarzbuch Krankenhaus* sehr bekannt vor. Die wenige Zeit, die ich mir für meine Patient*innen nehme, die kurzen Sätze, die ich spreche, die Listen und Normen, in die ich sie zwänge – ich verabscheue sie. Während ich als Ärzt*in umherhetzte, jede Minute ausquetschend, bin ich als Patient*in plötzlich in ewigen Warteschleifen gefangen – am Telefon, in Praxisräumen und Krankenhausfluren. Ich musste letztes Jahr zu einer Untersuchung ins Krankenhaus und habe sieben Stunden darauf warten müssen, dass ein Bett für mich frei wurde. Ich hing erschöpft halb sitzend mit dem Oberkörper auf einem Tisch im Aufenthaltsraum der Station, meine Grundbedürfnisse waren Störfaktoren für den Stationsablauf: Ich hätte dringend liegen müssen, mir war kalt, ich hätte gern Privatsphäre gehabt.

Ein Alltag der Ausbeutung

Eine Freundin fragte mich einmal, wo ich denn in der Umgebung des Krankenhauses, in dem ich arbeite, immer mittagesse, weil sie dort in der Nähe essen wollte. Ich konnte ihr keine Antwort geben, denn ich hatte keine Zeit, das Gebäude oder überhaupt die Station für eine Mittagspause zu verlassen. Es gibt so viele Schichten, bei mir, meinen ärztlichen und auch pflegerischen Kolleg*innen, in denen es keine Pausen zum Essen gibt. In meiner Kitteltasche habe ich immer einen Notfall-Müsliriegel dabei, den ich mir statt eines Mittagessens im Gehen oder beim Tippen eines Befundes in den Mund schiebe. Als mir einmal jemand in der Umkleide den Riegel aus der Tasche geklaut hat, bin ich später am OP-Tisch fast umgekippt wegen meines leeren Magens. Eine Pflegefachkraft schreibt im *Schwarzbuch Krankenhaus*: »Niemand von uns macht Pause, manche von uns schaffen es nicht mal, auf die Toilette zu gehen oder zu trinken. Letzteres hilft sogar, um das zur Toilette gehen Müssen zu verhindern. Aber gut für die eigene Gesundheit ist es nicht.«[4] Und der Pfleger aus dem Bericht am Anfang des Kapitels zieht am Ende einer Schicht folgende Bilanz: »Ich hatte nicht mehr als 2 Minuten gesessen, ich war um kurz vor Mitternacht noch nicht mit der Abendrunde durch und hatte seit mehr als 15 Stunden nichts getrunken.«[3]

Diese Arbeitsbedingungen machen das Gesundheitspersonal krank, die Raten von Suchterkrankungen, Burn-out und Suizid sind viel höher als in der Normalbevölkerung.[6–8] Denn es geht um Jobs, die selbst unter guten Arbeitsbedingungen emotional, körperlich und kognitiv zugleich fordernd sind. Über die Zeit entwickeln sich verschiedene Bewältigungsmechanismen gegen den Stress und das Gefühl, nie den eigenen Ansprüchen der Menschlichkeit gerecht werden zu können. Es ist keine Zeit für Emotionen, nicht für die der Kranken, nicht für die der Versorgenden.

Als ich das erste Mal als Ärzt*in einen Leichenschein für ein Neugeborenes ausfüllen musste, weinte ich später vor meinen Kolleg*innen. Diese Sensibilität ist für mich Teil des Berufs, denn sie hilft mir, empathisch gegenüber meinen Patient*innen zu sein. Ich möchte sie mir nicht abgewöhnen, aber genau das wird immer wieder von mir verlangt, mal in Form von expliziten Kommentaren, mal in Form von Strukturen, die keine Pause, keinen freien Tag, keine psychologische Betreuung nach solchen tragischen Vorfällen vorsehen. So auch in dieser Situation. Wir alle verdienen mehr Wertschätzung und Menschenwürde, mehr, als immer wieder zwischen eigenen Grundbedürfnissen und Patient*innenwohl entscheiden zu müssen, und unsere Patient*innen verdienen mehr, als mit Schlafmangel und unter Zeitdruck behandelt zu werden.

Die Pflegewissenschaftlerin Karen Kersting beschreibt diesen Widerspruch zwischen Rahmenbedingungen und Anspruch als Grundlage für eine moralische Desensibilisierung bei Pflegenden. Um dem Druck standzuhalten, und im Klinikalltag zu überleben, müssen Beschäftigte eine innere Kälte entwickeln, so Kersting. Dieses »Cool-out« in der Pflege führt dazu, dass die schlechten strukturellen Bedingungen akzeptiert und dadurch gleichzeitig immer weiter stabilisiert und fortgeführt werden.[9] Wer im Gesundheitssystem bleibt, muss abhärten, kühl werden, zäh sein.

Immer mehr Gesundheitspersonal verlässt aber auch den Beruf, wegen der Wertekonflikte, aus Erschöpfung und vor lauter Desillusion. Wenn es um Personalmangel in den Kliniken geht, dann stützen sich die Lösungsansätze meist auf die Ausbeutung von Leiharbeitenden und das Anwerben von medizinischem Personal aus dem Ausland, das dann dort fehlt. Selten geht es in der Debatte aber um die Menschen, die ihren Beruf in der Versorgung von erkrankten Menschen eigentlich lieben, ihn aber unter aktuellen Bedingungen schlicht unzumutbar finden. *Ich pflege wieder, wenn …* – sich die Arbeitsbedingungen deutlich verbessern, sagen in der gleichnamigen Studie die rund 12 700 befragten Pflegekräfte.[10] Werden die in Teilzeit Arbeitenden, die sich eine Aufstockung vorstellen können, zusammengerechnet mit denen, die dem Pflegeberuf komplett den Rücken gekehrt haben, sich aber eine Rückkehr vorstellen können, so könnten durch verbesserte Arbeitsbedingungen mindestens 300 000 zusätzliche Pflegefachkräfte in Deutschland zur Verfügung stehen, so das Ergebnis der Studie aus dem Jahr 2022. Das sind so viele Pflegefachkräfte, dass die aktuelle Personallücke[11] tatsächlich gefüllt werden könnte. Ähnliche Daten gab es schon einige Jahre vorher in der *Pflege-Comeback-Studie*, in der sich fast die Hälfte der befragten ehemaligen Pflegekräfte einen Wiedereinstieg vorstellen konnten.[12]

Profit der Pauschalisierung

Aber warum sind die Arbeitsbedingungen eigentlich so schlecht, die Zeit so knapp, das Personal so überlastet? Weil es in der Klinik nicht um Gesundheit, sondern um Geld geht. Seit 2003 ist die Finanzierung von medizinischen Leistungen über Fallpauschalen, die sogenannten *Diagnosis Related Groups (DRGs)*, organisiert. Das bedeutet, Krankenhäuser erhalten für die Behandlung einer bestimmten Krankheit eine bestimmte festgelegte Summe Geld von den Krankenkassen. Es besteht dadurch ein Druck, die Kosten für eine Behandlung jeweils möglichst niedrig zu halten, weil sonst Verluste für die Klinik entstehen. Weil Personalkosten über 60 Prozent der Ausgaben von Kliniken ausmachen, wird hier besonders gern gespart.

Das Studierenden-Bündnis *Junge Mediziner*innen gegen Profite* schreibt Ende 2022 in den sozialen Medien: »Ihr wisst, dass die meisten Chefärztinnen & Chefärzte insbesondere deswegen so viel mehr verdienen, weil die per Vertrag der Klinikleitung versprechen, mit möglichst wenig Personal möglichst viel Arbeit zu stemmen/abzurechnen? Was die Effizienz nennen, bedeutet für uns Burn-out. (…) Dieses System wird durch Hierarchie geschützt. So haben Chefs oft ein eigenes monetäres Interesse daran, dass niemand zusätzlich eingestellt wird oder Überstunden aufgeschrieben werden.«[13] Diesen Beitrag kommentierte Günther Jonitz, der ehemalige Präsident der Ärztekammer Berlin, mit folgender Feststellung: »Das ist kein Gehalt, sondern Schweigegeld. Die Ursache liegt in der völlig verfehlten Politik.«[13] Bei aller Hierarchie innerhalb der Ärzt*innenschaft hat es diese Berufsgruppe gegenüber anderen zumindest finanziell trotzdem vergleichsweise gut. Denn vor allem in den schlechter bezahlten Berufen wie der Pflege wurden über die Jahre Stellen abgebaut und Aufgaben an externe, noch schlechter bezahlte Arbeiter*innen ausgelagert. Die ohnehin klassistisch benachteiligten Einkommensgruppen werden durch den Kostendruck, der auf den Kliniken lastet, weiter marginalisiert, während intern Ressourcen zugunsten von ärztlichem Personal verschoben wurden.[14] Dass sinkende Zahlen von Pflegenden mit steigenden Todesraten von Patient*innen zusammenhängen,[15] wird beim Stellenabbau für den Profit wortwörtlich *in Kauf* genommen.

Wenn Kliniken dieser Profitlogik nicht folgen, kann es passieren, dass Abteilungen, die sich wirtschaftlich nicht lohnen, geschlossen werden, oder gleich ganze Kliniken. Davon sind vor allem kleine Krankenhäuser im ländlichen Raum betroffen, was die ohnehin schon schlechtere gesundheitliche Versorgung der Menschen dort gefährden kann. Die Übertragung von wirtschaftlicher Logik auf den Gesundheitsbereich bedeutet auch, dass Entscheidungen über Therapien nicht nur danach getroffen werden, was für die Gesundheit der behandelten Person am besten wäre, sondern auch danach, was sich gut abrechnen lässt. Ausführliche Patient*innengespräche, gute Aufklärung zu Behandlungen, Trost spenden und auf Ängste eingehen bringt in der kapitalistischen Logik wenig Geld. »Alles steht unter dem Zwang, sich rechnen zu müssen. Mitgefühl hat da immer weniger Platz.«[16] schreibt das Bündnis *Krankenhaus statt Fabrik* in seiner Grundlagen-Broschüre zur Ökonomisierung der Kliniken. Was hingegen aber viel Profit bringt, sind Operationen. Seit der Einführung des Fallpauschalen-Systems wurden zum Beispiel 48 Prozent mehr künstliche Kniegelenke eingesetzt als zuvor – eine Zahl, die sich nicht durch veränderte Leitlinien oder eine alternde Gesellschaft erklären lässt, sondern durch den gesteigerten Gewinn, der damit erzielt werden kann.[16] Dass wir uns in einer »Krankenhauslandschaft (befinden), die so brutal durchökonomisiert ist, dass es teilweise gefährlich wird«[17], möchte die Geschäftsführerin des *Vereins demokratischer Ärztinnen und Ärzte*, Nadja Rakowitz, zusammen mit dem Bündnis *Krankenhaus statt Fabrik* ändern, »weil wir das für eine Katastrophe halten.«[17]

Auch die Zweiklassenmedizin wird durch Kommerzialisierung verschärft: In einigen Kliniken sind hotelähnliche Luxusstationen entstanden, die nur Privatpatient*innen aufnehmen, während in anderen Stationen der gleichen Klinik Kranke allein sterben müssen, weil niemand für sie Zeit hat. Andersherum bestimmt die Profit-Logik knallhart, welche Behandlung sich lohnt und welche eben nicht. »Die Selektion diskriminiert alle Patient*innen, die betriebswirtschaftlich unattraktive Erkrankungen haben oder deren Behandlung aufgrund vieler komplikationsträchtiger Zusatzerkrankungen keinen ausreichenden Gewinn abwirft«[16], heißt es vom *Bündnis Krankenhaus statt Fabrik*. Anders gesagt: Wer eine komplizierte oder chronische Erkrankung hat, die dem Krankenhaus kaum Geld bringt, hat Pech gehabt. Wer zum Beispiel zu den 7,1 Millionen Menschen in Deutschland gehört, die Typ 2 Diabetes haben,[18] kann im Verlauf der Erkrankung einen diabetischen Fuß entwickeln, der eine starke Schädigung des Gewebes bedeutet. Für die Behandlung braucht es eine engmaschige Wundbetreuung und langfristige Versorgung, die im DRG-System nicht angemessen bezahlt wird. Viel besser bezahlt ist aber die operative Entfernung eines diabetischen Fußes: Es finden medizinisch unnötige Amputationen statt.[19] Das muss mensch sich klarmachen. Angemessene Behandlung kostet die Kliniken im aktuellen System zu viel Geld, diese erbarmungslose Logik kostet die Betroffenen ihre Gliedmaßen.

In der Ausbildung und im Studium lernen wir als medizinisches Personal, wie wir erkrankte Menschen behandeln, welche Therapien wirksam sind, wie kompliziert eine Behandlung sein kann und dass manche Heilungsprozesse nie ganz abgeschlossen sein werden. Früher oder später sehen wir uns mit dem »Praxisschock« konfrontiert: Im Lehrbuch wird das am besten wirksame Medikament empfohlen, in der Praxis wird aber die zwar weniger wirksame, jedoch billigere Pille verabreicht. Die medizinische und pflegerische Einschätzung wäre eine zusätzliche Nacht in der Klinik für die frisch operierte Patientin, die betriebswirtschaftliche Vorgabe drängt aber auf eine »blutige Entlassung«, wie es unter Klinikbeschäftigten heißt.[16] Es geht im profitorientierten Gesundheitssystem schon lange nicht mehr um die Gesundheit als Grundrecht, stattdessen wird sie zur Ware.[20] »Dieses ökonomische Kalkül ist den meisten, die sich einmal für einen Beruf im Krankenhaus entschieden haben, zutiefst fremd und belastet mindestens genauso stark wie die ständig steigende Arbeitshetze«[16], schreibt das Bündnis *Krankenhaus statt Fabrik*. »Dabei ist nicht unterstellt, dass jeder, der im Krankenhaus an verantwortlicher Stelle arbeitet, bewusst so handelt – das erledigt schon die Schere im Kopf, angetrieben durch den dauernden ökonomischen Druck. Letztlich setzen sich ökonomische Zwangsgesetze unabhängig vom Willen der Beteiligten durch.«[16] Das letzte Wort in den Kliniken haben nämlich nicht die Chefärzt*innen, das Sagen haben am Ende des Tages die Gesundheitsökonom*innen – ein Begriff, der ein Widerspruch in sich sein sollte.

Die Gewinner*innen des Gesundheitssystems

Und wer verdient am Ende daran, dass der Kostendruck so hoch ist, dass das Personal gezwungen ist, sich zwischen der eigenen Gesundheit und der der kranken Menschen zu entscheiden? Die Gewinner*innen des Gesundheitssystems sind unter anderem die Konzerne, die Kliniken betreiben. Das Unternehmen *Fresenius*, einer der größten privaten Krankenhausbetreiber in Deutschland, erzielte 2022 einen Umsatz von über 40,8 Millionen Euro.[21] Neben Einnahmen aus beispielsweise den *Helios-Kliniken* gehören auch Pharmavertrieb und Medizintechnik zum Geschäftsmodell des internationalen Konzerns, der Tochterfirmen in auffällig vielen Steueroasen hat.[22] Eine Fallstudie des *Netzwerkes Steuergerechtigkeit* betont, dass *Fresenius* mit klassischen Tricks Steuervermeidung im großen Stil betreibt. Hätte der Konzern in den letzten zehn Jahren seine Gewinne korrekt versteuert, so wären bis zu 2,9 Milliarden Euro mehr in der Steuerkasse gelandet.[23]

»Das neoliberale Mantra, Markt und Wettbewerb seien die Lösung aller Probleme unserer Gesellschaft, bedroht unser Gesundheitssystem nicht nur in der (…) Krankenversorgung, sondern auch im Fortbestand des Solidarprinzips als Grundlage der Organisation der gesetzlichen Krankenversicherung«[16], heißt es vom Bündnis *Krankenhaus statt Fabrik*. Die Bundesärztekammer bezeichnete die Ökonomisierung im Gesundheitswesen schon 2015 als eine »nicht verantwortbare Dysfunktionalität des Systems«[24]. Leider ist dieses System aber so mächtig, dass es bisher immer weiter fortbesteht.

Die Verlierer*innen des Gesundheitssystems

Profitlogik in Kliniken bedeutet auch immer mehr Aufgaben, die in immer weniger Zeit erledigt werden müssen, denn Zeit ist Geld. Und so kommt es zu menschenunwürdigen Situationen. Wie dramatisch die Lage für Patient*innen ist, wurde mir in einem Schlüsselmoment vor einigen Jahren klar. Als Medizinstudent*in in einer Berliner Notaufnahme erlebte ich eine Szene, die symptomatisch für das System ist und mich lange nicht losließ. Der Wartebereich für die Notaufnahme war an diesem Tag so überfüllt, dass die Notfallpatient*innen auf ihren Liegen zusätzlich auf dem Gang dicht an dicht zwischengeparkt wurden. Außer mir ging selten Personal diesen Gang entlang, weil alle in den Behandlungszimmern mit anderen Notfallpatient*innen beschäftigt waren. Lief ich dort im Kittel entlang, ertönten von allen Seiten die Rufe der dort liegenden Menschen, sie warteten alle seit Stunden, hatten Fragen, brauchten Hilfe. Eigentlich hatte auch ich keine Zeit zu helfen, aber als Student*in konnte ich es mir manchmal herausnehmen, Ausnahmen zu machen.

Eine ältere Frau winkte mich zu sich herüber. Sie hatte einen künstlichen Darmausgang, der ihren Stuhl über die Bauchdecke in einen Beutel abführt. Leider hatte sich etwas Material gelöst, durch eine undichte Stelle war der Kot herausgelaufen, auf ihren Bauch und die Liege. Ausgelaufene Körperflüssigkeiten sind eigentlich eine Routinesituation im Krankenhaus. In dieser Situation aber gab es niemanden, der Zeit hatte, der Frau zu helfen, ich konnte auch niemanden finden, der mir das Material geben konnte, um es bei der Frau selbst zu wechseln, und außerdem gab es keinen einzigen freien Raum, in dem die Patientin kurz hätte frisch gemacht werden können. Ihr war die Situation sichtlich unangenehm, die neben ihr liegenden Patient*innen fingen an, sich über den Geruch zu beschweren, und ich habe mich selten so schäbig und hilflos gefühlt. Mir blieb nichts anderes übrig, als das Gröbste mit Papiertüchern wegzuwischen und sie zu vertrösten, dass bald jemand kommen würde. Aber eigentlich ist es immer eine Notlüge, wenn wir im Krankenhaus sagen, es komme gleich jemand, der sich kümmert. Am Ende meiner Schicht sah ich, dass die Frau immer noch dort lag, und ich konnte es nicht ertragen, dass das eines der besten Gesundheitssysteme der Welt sein soll, von dem so gern die Rede ist. Ein System, in dem diese Frau stundenlang in ihrem eigenen Kot liegen musste.

Die Autorin Emilia Roig schreibt: »Das Krankenhaus ist ein Ort, an dem wir auf unseren Körper reduziert sind. Unseren Körper, der nicht neutral ist, sondern dem ein Wert zugewiesen wird. Während einige Körper als wertvoll behandelt werden, die gerettet und mit Respekt behandelt werden sollen, werden andere als wertlos betrachtet.«[25] Das lässt sich unter anderem auf neoliberale Vorstellungen zurückführen. Die resultierende Profitlogik im Gesundheitssystem bedingt eine unmenschliche und mangelhafte medizinische Behandlung.[26] Und sie schadet wenig überraschend vor allem denen, die ohnehin schon marginalisiert sind. Der Kostendruck drängt zum erbarmungslosen Abwägen, welche Behandlungen sich lohnen. Wo Wirtschaftlichkeit Vorrang hat, kommt es zu (Über- und) Unterversorgung, wo gespart werden muss, da muss rationiert werden. Das trifft zum Beispiel ältere Menschen: Ihnen werden im Vergleich zu Jüngeren manche medizinischen Behandlungen vorenthalten.[27] Dieses »höhere Einsparpotenzial bei älteren Menschen« wird in der Gesundheitsökonomie »Altersrationierung« genannt.[28] Konkret heißt das zum Beispiel, dass einer jüngeren Frau bei einer krebsbedingten Brustoperation eine aufwendige Rekonstruktion der Brust angeboten wird, während älteren Frauen die betroffene Brust eher amputiert wird.[27] Dies folgt vermutlich neben ökonomischen Abwägungen auch der altersfeindlichen Annahme, im Alter würden Menschen weniger Wert auf ihr Äußeres legen und kein Verlangen nach Sexualität mehr empfinden – weil sie von ihrer Umwelt weniger sexualisiert werden.

Der deutsche Ethikrat stellte 2016 fest, dass die Ökonomisierung im Gesundheitswesen Menschen mit »besonderen Bedarfen« benachteiligt.[29] Mit dieser Formulierung sind meist eigentlich Menschen mit chronischer Erkrankung oder Behinderung gemeint, die bei der Behandlung eben nicht in die starre Schablone von Stationsabläufen passen. Dabei ist der Wunsch, zwischenmenschlich wie medizinisch gut behandelt zu werden, kein besonderer Bedarf, kein spezielles Bedürfnis, sondern einfach menschlich und Menschenrecht. Die Autorin Luisa L'Audace schreibt dazu: »In Wahrheit unterscheiden sich unsere Bedürfnisse nämlich nicht im Geringsten von den Bedürfnissen nicht-behinderter Menschen. Lediglich die Voraussetzungen, die für uns erfüllt sein müssen, um diesen Bedürfnissen nachzukommen, sind unterschiedlich. (…) Es ist ja schließlich nicht so, dass wir verlangen, jeden Vollmond in einem Whirlpool mit rosa Schaum zu baden, während uns ein*e Pianist*in *Für Elise* auf einem weißen Flügel vorspielt. *Das* wäre ein besonderes Bedürfnis.«[30]

Bei der Behandlung von Privatpatient*innen beispielsweise ist ein gewisser Mehraufwand und besondere Aufmerksamkeit fester Bestandteil der Versorgung, weil die Klinik dafür finanziell belohnt wird. In der ableistischen Logik der Krankenhausfinanzierung sind aber jene Menschen, die aufgrund von chronischen Erkrankungen oder einer Behinderung eine umfangreichere Betreuung benötigen, ein Minusgeschäft.[27] Vor allem Menschen mit psychischer Erkrankung oder Behinderung, die in der stressvollen Kliniksituation mit als »normabweichend« beurteiltem Verhalten reagieren, werden als störend empfunden und zur Not in Form von Fixierung und Sedierung in die eng getakteten Stationsabläufe gezwungen.[27] Patient*innen mit Behinderung kann im Vergleich oft keine bedarfsgerechte gute pflegerische Versorgung gewährleistet werden, teilweise wird ihre stationäre Aufnahme an die Bedingung einer Begleitperson geknüpft, und manchmal werden sie sogar schlichtweg von Kliniken als Patient*innen abgelehnt.[27] Menschen mit chronischer Erkrankung und Behinderung werden vom System zu unbeliebten Patient*innen gemacht, die immer einen Mehraufwand bedeuten, dessen Ausgleich nicht vorgesehen ist.

Nach dem gleichen Prinzip der knappen zeitlichen Ressourcen in der Klinik werden auch Menschen mit geringen deutschen Sprachkenntnissen benachteiligt. Eigentlich haben alle ein Recht auf Information zu ihrer Gesundheit, ein Recht, zu wissen und zu verstehen, was mit ihnen geschieht. Hierfür gibt es Dolmetschende, die theoretisch für genau diese Situationen ausgebildet sind. Nur kommen sie aus verschiedenen Gründen – unter anderem Kosten – viel zu selten zum Einsatz.

Schon oft habe ich selbst diese wiederkehrenden Situationen der erschwerten Kommunikation erlebt, am meisten frustriert mich an ihnen, dass es kaum eine systematische Strategie gibt, sie für die Behandelnden, aber vor allem für die betroffenen Patient*innen zu verbessern. Diese Struktur der Sprachlosigkeit führt dazu, »dass das Gesundheitspersonal mit (diesen) Patient*innen den Gedanken an Mehrarbeit, Zusatzarbeit, längere Arbeit, mehr Dokumentation (…), dass sie damit negative Dinge verknüpfen«[27], heißt es in einem Expert*inneninterview der *Antidiskriminierungsstelle des Bundes.* Dass sich das negativ auf die Empathie und das Vertrauensverhältnis zwischen Behandelnden und Hilfesuchenden auswirken kann, liegt nahe. Und nicht nur das: Auch die medizinische Behandlung leidet natürlich darunter.[27]

Keine Zeit für Menschlichkeit

Der Einfluss von Prinzipien der Wirtschaftlichkeit und kapitalistischer Logiken ist nicht nur in den Krankenhäusern ein Problem, sondern in allen Bereichen des Gesundheitssystems. Auch ambulante Praxen müssen wie kleine Unternehmen geführt werden. Das heißt, es werden vielleicht die schmerzhafteren Nadeln zum Blutabnehmen verwendet, weil es die im Vergleich zu den dünneren Nadeln zum gleichen Preis in einer größeren Stückzahl für die Praxis zu kaufen gibt. Und auch hier gilt: Privatpatient*innen sind am beliebtesten, weil sie am meisten Geld einbringen und so indirekt das Fortbestehen der Praxis sichern. Gleichzeitig ist es zunehmend unrentabel, Praxen in Gebieten mit eher ärmerer Bevölkerung oder auf dem Land anzusiedeln, was die schlechtere Gesundheitsversorgung weiter verschärft.[31] Wer sich auf der anderen Seite bemüht, besonders marginalisierte Menschen medizinisch zu betreuen, kann finanzielle Schwierigkeiten bekommen.

Martin* Viehweger berichtet in einem Interview von seiner* Praxis in Berlin, die sich auf trans* Personen spezialisiert hat. Um eine gute und ganzheitliche Betreuung zu gewährleisten, »braucht es Gespräche zur Aufklärung und Begleitung, die wir in diesem Umfang leider nicht abrechnen können«[32], sagt er*. Weil er* sich viel Zeit für seine* Patient*innen nimmt und ihnen die benötigten teuren Medikamente verschreibt, droht ihm nach einer Wirtschaftlichkeitsprüfung im schlimmsten Fall die Privatinsolvenz. Eine ähnliche Geschichte ist die der Münchner Gynäkologin Eiman Tahir: Sie hat sich auf die Behandlung von genitalverstümmelten und genitalbeschnittenen Frauen spezialisiert. Ihre Versorgung braucht Sensibilität, Fachwissen und vor allem: Zeit. Mehr Zeit, als durchschnittlich von den Krankenkassen vorgesehen ist. Weil ihre Praxisabrechnung nicht dem Fachdurchschnitt entspricht, wird ihr Abrechnungsbetrug vorgeworfen und über 130 000 Euro Strafe von der *Kassenärztlichen Vereinigung* verlangt. Die Geschichte hat vorerst ein Happy End: Die Aktivistin Fadumo Korn, die selbst von Genitalverstümmelung betroffen ist, startete eine Spendenaktion, in der mithilfe von über 8000 Menschen innerhalb von zwei Tagen das benötigte Geld zusammenkam, um die Praxis vor der Insolvenz und damit der Schließung zu bewahren.[33] Das strukturelle Problem der ungerechten Praxisabrechnung bleibt aber bestehen. Das aktuelle System erschwert also nicht nur die gute gesundheitliche Versorgung marginalisierter Menschen, sondern es sanktioniert sie sogar.

Korruption und Krankheit

Dass Gesundheit als marktwirtschaftliche Variable funktioniert, bedingt eine enge Verstrickung von Industrie und Medizin. Das wurde mir erst so richtig bewusst, als ich meinen ersten Fachkongress besuchte und mich erschlagen fühlte von der Werbung und Präsenz der vielen Firmen für Medizintechnik und Pharma-Produkte. Die meisten Tagungen werden durch eine integrierte Industrieausstellung finanziert, wo Vertretende der Unternehmen ihre neuesten Produkte vorstellen. Das kam mir anfangs irgendwie falsch vor, weil es sich nicht nach neutraler Medizin anfühlt, wenn sie mir von Konzernmitarbeitenden statt Forschenden vorgestellt wird. Diese Skepsis hat sich mit der Zeit etwas abgenutzt, nach mehreren Kongressbesuchen ist dieses Vorgehen für mich normaler geworden, und ich habe aufgehört, es zu hinterfragen, auch weil anscheinend niemand sonst das tut. Das ist natürlich übertrieben formuliert. Es gibt nämlich glücklicherweise sehr wohl Menschen, die all das kritisch betrachten. Einer davon ist der Neurologe Thomas Lempert, der Mitglied der *Arzneimittelkommission der deutschen Ärzteschaft* ist. »Ich habe mich (…) darüber gewundert, dass immer die teuren, neuen Medikamente empfohlen werden – auf den Kongressen, bei Vorträgen, in den Leitlinien – und habe gemerkt, da gibt es oft eine Diskrepanz«[34], sagt er im *Heile Welt Podcast*. »Organisationen neigen dazu, Korruption zu normalisieren. (…) Zum Beispiel wird (bei den Fachgesellschaften) von ›unseren Industriepartnern‹ gesprochen, so als wäre es das Normalste der Welt. (…) Das ist eine korruptionsnahe Praxis«[34], so Lempert.

Korruption ist ein großes Wort. Genauso gehören zu ihr aber auch kleinere alltägliche Szenarien von Bestechlichkeit, die eine Vorteilsnahme mit sich bringen. Es ist sehr üblich, das habe ich seit Studienbeginn schnell gelernt, dass Ärzt*innen Essen, Fortbildungen, manchmal sogar Reisen von Pharmaunternehmen bezahlt bekommen. Damit sind natürlich gewisse Erwartungen verknüpft, das Handeln der Mediziner*innen soll beeinflusst werden. Genau gegen diese gängige Praxis will eine deutsche Initiative unbestechlicher Ärzt*innen klar Haltung zeigen, und ihr Name ist Programm: *MEZIS – Mein Essen zahl' ich selbst.*[35] Denn sich Essen und »andere Dinge bezahlen zu lassen (…), ist auch eine Art von Bestechlichkeit«[34], findet auch Thomas Lempert. Seine Sichtweise auf das System hat meinem anfänglichen unguten Gefühl einen Namen gegeben: Interessenkonflikte in der Medizin. In seiner ehrenamtlichen Arbeit stellt er sich die Frage: Wie unabhängig sind die medizinischen Empfehlungen, nach denen wir uns als Ärzt*innen richten? Achtung, Spoiler: nicht sonderlich unabhängig. Als Mitbegründer von *Leitlinienwatch* nimmt Lempert Behandlungsrichtlinien unter die Lupe. Die Leitlinien der Fachgesellschaften sind das, was ich heranziehe, wenn ich mir in der Klinik unsicher bin, wie das empfohlene Vorgehen bei der Betreuung und Behandlung meiner Patient*innen ist. Sie sind zwar nicht verpflichtend, davon abzuweichen, muss ich aber gut begründen können. Nie habe ich mich eigentlich gefragt, wer diese regelrechten Gebote der Gesundheit verfasst. Erarbeitet werden Leitlinien von einer Expert*innengruppe, die durch eine Kommission in den medizinischen Fachgesellschaften einberufen wird.[36] Dazu erklärt Lempert: »Manchmal geht es (…) über ›old boys networks‹, das heißt, man kennt sich und beauftragt den alten bewährten Kollegen, der das vielleicht schon immer gemacht hat.«[34] Manche der Menschen, die beim Verfassen der Leitlinien beteiligt sind, sind nicht nur Teil von diesen »Alte-Herren-Clubs«, sondern auch Teil von Verträgen und Verknüpfungen mit Pharmafirmen. »Viele führende Ärzte, die in ihren Fächern die Leitfiguren sind, haben diese Kontakte mit der Pharmaindustrie. (…) Vonseiten der Industrie ist es aber etwas langfristig strategisch Angelegtes, man will diese Meinungsführer binden, damit sie im Sinne der Industrie die Meinung der Ärzte formen, und das wird auf Jahrzehnte angegangen. (…) Es ist eine Verflechtung zum gegenseitigen Vorteil«[34], berichtet Lempert. Diese Verwebungen bedeuten eine eingeschränkte Neutralität beim Erstellen einer Leitlinie, die eigentlich unabhängig auf rein medizinisch-wissenschaftlichen Aspekten basieren sollte. Von bisher 140 untersuchten Leitlinien in Deutschland weisen aber ganze 72 Prozent Mängel bei der Regulierung von Interessenkonflikten auf, so die Beurteilung von Leitlinienwatch Ende 2023.[37] Verfassende der Leitlinien legen zum Beispiel nicht offen, wenn sie Honorare von Pharmafirmen bekommen oder vielleicht eine private Beziehung mit jemandem aus der Medizintechnikbranche haben.[38] Fast zwei Drittel der Informationsquellen, nach denen ich mich als Ärzt*in richte, sind also alles andere als so wissenschaftlich neutral und unabhängig, wie ich dachte: ein Armutszeugnis für ein ökonomisiertes Gesundheitssystem.

Der Markt regelt es nicht

Hinzu kommt: Sich bei einem wortwörtlich überlebenswichtigen Bereich wie medizinischer Versorgung auf den freien Markt zu verlassen, ist fahrlässig. Denn wir müssen verstehen: So innovativ und sozial sich die Konzerne auch geben mögen und so gut sich die Geschichte ihres Einsatzes für unsere

Gesundheit vermarkten lässt: Sie ist eben nicht wahr. Und wer mit Blick auf das Gesundheitssystem meint, der Markt regelt das schon, der liegt noch falscher als sonst mit dieser Annahme.

Stelle dir zum Beispiel vor, du hast zu Hause ein krankes Kind, das mit Fieber im Bett liegt. Dagegen helfen unter anderem fiebersenkende Säfte, die Ibuprofen oder Paracetamol enthalten. In der Apotheke wird dir aber gesagt, dieses Medikament ist gerade nicht auf Lager. Oder stelle dir vor, du hast eine Brustkrebserkrankung überlebt und nimmst regelmäßig eine Tablette Tamoxifen ein, die dafür sorgen soll, dass der Krebs nicht zurückkommt. In der Apotheke wird dir aber gesagt, dieses Medikament ist gerade nicht auf Lager. In der nächsten Apotheke das Gleiche, und auch in der danach. Beide Beispiele sind echt und stammen aus dem Jahr 2022, das Problem der Lieferengpässe ist aber nicht neu. Zu solchen Situationen kommt es unter anderem, weil es bei der Herstellung von Medikamenten durch Kostendruck zu Konzentrationsprozessen kommt. Das bedeutet, immer weniger Hersteller produzieren bestimmte Medikamente, oft wird in Indien oder China produziert, unter schlechten Arbeitsbedingungen für die Menschen vor Ort. Damit wird in Kauf genommen, dass Lieferketten anfällig für Störungen sind und zum Beispiel Produktionsprobleme für Fiebersaft entstehen können.[39] Wenn es sich für Herstellerfirmen finanziell nicht mehr lohnt, können sie die Produktion eines bestimmten Medikaments auch einfach beenden. Die wenigen anderen Hersteller, die zum Beispiel noch das Krebsmedikament Tamoxifen herstellen, können den Bedarf dann nicht decken, und die Regale in unseren Apotheken bleiben leer.[40] Denn der Markt regelt es eben nicht.

Armut macht krank

Kapitalistische Logik ist nicht nur in Kliniken, Praxen und Apotheken problematisch, sondern macht einen Besuch bei diesen Anlaufstellen des kaputten Gesundheitssystems oft überhaupt erst nötig. Kurz gesagt: Armut macht krank, und Krankheit macht arm. Wer in Deutschland von Armut betroffen ist, stirbt früher als jene, die sozio-ökonomisch privilegiert sind: Arme Frauen sterben im Schnitt 4,4 Jahre früher, Männer sogar 8,6 Jahre früher als Menschen in der höchsten Einkommensgruppe.[41] Ein Beispiel: Die Lebenserwartung der eher wohlhabenden Bevölkerung des Hamburger Stadtteils Poppenbüttel liegt bei 87 Jahren, während sie wenige Kilometer entfernt bei den eher geringverdienenden Bewohner*innen des Stadtteils Billstedt nur 71 Jahre beträgt.[42] Diese tödliche Wirkung von Armut hat die Covid-19-Pandemie einmal mehr deutlich gemacht: In Regionen, wo das Einkommen, die Bildung und Beschäftigungsrate besonders niedrig sind, waren die Corona-bedingten Todeszahlen besonders hoch – sogar 50 bis 70 Prozent höher als in weniger sozial benachteiligten Regionen.[43] Dass eine sozio-ökonomische Benachteiligung eng mit Rassismus verknüpft ist, könnte auch erklären, warum in der Schweiz und Deutschland überproportional viele Menschen mit ausländischer Staatsangehörigkeit an Corona gestorben sind.[44] Vor allem aber haben arme Menschen weniger gesunde Lebensjahre als die, die keine existenziellen finanziellen Sorgen haben. Sie haben häufiger chronische Krankheiten und fühlen sich auch weniger gesund.[45, 46]

Sozialwissenschaftler*in und Autor*in Francis Seeck schreibt in dem Buch *Zugang verwehrt: Keine Chance in der Klassengesellschaft*: »Armut und Arbeit schreiben sich in den Körper ein«[47], und beides hängt eng zusammen. Bestimmte Berufe erschöpfen den Körper mehr als andere, und prekäre Arbeitsbedingungen – im Krankenhaus und überall sonst – können krank machen. Wer jahrelang in körperlich anstrengenden und schlecht bezahlten Jobs arbeitet, ist mehr Belastungen ausgesetzt, die das Risiko für Erkrankungen erhöhen.[46] Und auch hier gibt es Geschlechterunterschiede. Die Frauen in meiner Familie arbeiten seit ihrer Jugend, sie pflegen Menschen, schieben Nachtschichten, pendeln zu Arbeitsplätzen, stocken niedriges Gehalt mit sogenanntem »Arbeitslosengeld« auf, sie begleiten Menschen beim Sterben, putzen Häuser, tragen Teller zu Tischen, versorgen Kinder und betreuen alte Menschen. Nicht alle dieser Arbeiten werden bezahlt. Unbezahlte Sorgearbeit, die noch immer wie selbstverständlich weiblich sozialisierten Menschen zugeschrieben wird, ist der Grund, warum ebendiese Menschen dem Arbeitsmarkt oft weniger zur Verfügung stehen können.[46] Erwerbslos zu sein, bedeutet eben arbeitslos zu sein, auch wenn es oft so formuliert wird. Das Risiko, erwerbslos zu werden, ist sozial ungleich verteilt, und das Risiko, zu erkranken und zu sterben, ist wiederum unter Erwerbslosen erhöht.[46]

Klassismus – also die Diskriminierung aufgrund von sozialer Klassenzugehörigkeit – verursacht eine ungleiche Verteilung von Ressourcen, die Gesundheit schützen oder fördern auf der einen Seite, und den Risiken für Krankheiten auf der anderen Seite. Wer Mindestlohn verdient, kann sich selten Gemüse leisten, wer alleinerziehend ist, hat keine Zeit für den Rückenpräventionskurs, und wer keinen festen Wohnsitz hat, hat kaum Zugang zu Gesundheitsinformationen. Wer auf dem Land lebt, muss lange Wege für eine Behandlung auf sich nehmen, Wege, für die das Benzin vielleicht zu teuer ist. Wer gesetzlich versichert ist, muss länger auf einen ärztlichen Termin warten als privat Versicherte, und auf Behandlungen verzichten, wenn die geforderten Zuzahlungen zu hoch sind.[27] Wer eine Behinderung hat, muss besonders oft Zuzahlungen für Hilfsmittel oder andere Gesundheitsleistungen zahlen.[46] Und wer in einer Werkstatt für Menschen mit Behinderung arbeitet, bekommt als Lohn für die getane Arbeit lächerliche 159 Euro Monatsgehalt.[46]

Hierarchie der Kranken

»Krankenhäuser sind (…) Einrichtungen mit klaren Hierarchien, oben und unten«[47], so Francis Seeck über die Zweiklassenmedizin. Während Privatpatient*innen oben und Kassenpatient*innen in der Mitte zu finden sind, befinden sich ganz unten Menschen ohne Krankenversicherung. Dazu gehören zum Beispiel Menschen mit ungeklärtem Aufenthaltsstatus, denen nur bei Notfällen eine medizinische Versorgung zusteht. Menschen, die vielleicht aus einem Umfeld, das ihre Gesundheit und ihr Leben bedroht hat, geflohen sind, droht bei uns eine Abschiebung in eben dieses Umfeld, wenn sie hier gesundheitliche Behandlungen brauchen. »Krankheit darf nicht zu Abschiebung führen; (…) andernfalls kann man nicht davon sprechen, dass das Recht auf Gesundheitsversorgung erfüllt wäre«[48], schreibt darum der bereits erwähnte Zusammenschluss der *Medibüros*. Sie kämpfen seit 1994 dafür, »diese humanitäre Katastrophe vor unserer eigenen Haustür zu lindern«[48]. Ehrenamtlich und spendenfinanziert setzen sich diese nicht-staatlichen Anlaufstellen für eine anonyme und kostenfreie medizinische Versorgung für illegalisierte Menschen ein und vermitteln Hilfesuchende an kooperierende Mediziner*innen.

In Halle landen Patient*innen ohne Versicherung zum Beispiel in der Praxis von Allgemeinmedizinerin Alice Gerloff, die Hilfe für die anbietet, die durchs Raster fallen. »Die Untersuchung, das Gespräch, alles, was ich mit meinen Händen und den Geräten, die ich hier habe, leisten kann, das ist natürlich kostenlos. Für alles, was darüber hinausgeht, braucht man einen Partner. Dafür gibt es zum Beispiel ein Labor in Halle, das auch Laboruntersuchungen kostenlos zur Verfügung stellt. Radiologische Untersuchungen sind möglich. Dann wird es meistens schwierig, was fachärztliche Untersuchungen angeht. Es gibt auch Spenden-Apotheken, die sich da beteiligen. Alles, was darüber hinaus ist, muss finanziell über Spenden gelöst werden.«[49] Eigentlich ist diese Hilfe aber strukturell nicht vorgesehen, das System erschwert medizinischem Personal, wirklich allen zu helfen. Die Ethikkommission der Bundesärztekammer erklärt: »Das ökonomische Risiko bei der Behandlung von kranken Migranten ohne ausreichenden Versicherungsschutz tragen derzeit oft gerade solche Ärzte (oder Krankenhäuser), die sich unter großem persönlichem Einsatz für diese Patientengruppe engagieren.«[50]

Auch Menschen ohne Wohnung haben oft keine Krankenversicherung und erschwerten Zugang zu Gesundheitsversorgung bei gleichzeitig höherer Anfälligkeit für Krankheiten. Und auch hier sind es einzelne Personen und Initiativen, die diesen Missstand nicht hinnehmen wollen und das Füllen dieser Versorgungslücke an vielen Orten selbst in die Hand nehmen. Eine dieser Personen im Einsatz für eine gerechtere Gesundheitsversorgung ist Jenny De La Torre. Im Berliner Gesundheitszentrum für Obdachlose, das sie aus Spendengeldern aufgebaut hat, werden Krankheiten behandelt, warme Mahlzeiten serviert, Ausweisfotos geschossen, Rechtsfragen geklärt und Kleidung zur Verfügung gestellt.[51] Und auch der Mainzer Arzt Gerhard Trabert beschäftigt sich wie sein gleichnamiger Verein mit *Armut und Gesundheit* in Deutschland. Er sieht einen klaren Zusammenhang zwischen sozialer Benachteiligung, Gewalterfahrungen, Geschlecht, Wohnungslosigkeit, Fluchterfahrung, Illegalisierung und deren kurz- und langfristige Auswirkungen auf Gesundheit. Für die langjährige Arbeit seiner *Ambulanz ohne Grenzen* und das rollende *Arztmobil* wünscht er sich am ehesten, dass es sie eines Tages nicht mehr braucht und alle einen regulären Anspruch auf Gesundheit haben. Trabert fordert Gleichwertigkeit und Gleichwürdigkeit für alle Menschen und betont, dass Zugang zu medizinischer Versorgung ein Menschenrecht ist.[52] Die Verwirklichung dieses Rechts darf aber nicht auf Dauer vom Engagement Einzelner abhängen, sondern geht uns alle etwas an. So betont auch die Ethikkommission der Bundesärztekammer, es werde »ein gesamtgesellschaftliches Problem auf dem Rücken einiger weniger, besonders engagierter Ärzte und medizinischer Einrichtungen ausgetragen. Da aber auch deren Kapazitäten beschränkt sind, werden Ärzte nicht selten vor die Wahl gestellt, entweder Patienten abzuweisen, selbst wenn diese ernsthaft erkrankt sind, oder aber gravierende finanzielle Nachteile in Kauf zu nehmen.«[50]

Die klassistische Hierarchie im Gesundheitssystem besteht übrigens nicht nur zwischen privat Versicherten und gesetzlich oder nicht Versicherten, nicht nur zwischen Chefärzt*innen und Reinigungspersonal. Sie zeigt sich auch besonders in der Interaktion zwischen Ärzt*innen und Patient*innen, zwischen Menschen aus Akademiker*innenfamilien, die sich schwer in die Lage der sozial benachteiligten Menschen versetzen können, die ihnen gegenübersitzen. Zur Kritik von Klassismus und seinem Zusammenhang mit Gesundheit sollte darum in Zukunft auch gehören, die finanzielle Machtposition, die Ärzt*innen als Gewinner*innen im kapitalistischen System haben, weit kritischer zu betrachten.

Krankheit macht arm

Zur Lebensrealität von vielen Menschen, die schwer oder langfristig erkranken, gehört die Erkenntnis: Krank zu sein, muss mensch sich leisten können. Das habe ich spätestens seit meiner Long-Covid-Erkrankung verstanden. Mit meinem kleinen finanziellen Polster aus der kurzen Zeit, in der ich als Ärzt*in Geld verdient habe, schaffe ich es einigermaßen, den Verdienstausfall und die zusätzlichen Ausgaben, die die Erkrankung mit sich bringt, zu bewältigen. Fehlt mir zum Beispiel die Kraft zum Einkaufen und Kochen, dann lasse ich mir manchmal Einkäufe und Essen liefern. Meine Mobilität ist an manchen Tagen durch meine Muskelschwäche eingeschränkt, und ein Taxi muss her. Luxus, den ich mir leisten kann, viele aus meiner Long-Covid-Selbsthilfegruppe sind aber längst am Rande der finanziellen Existenzkrise, weil das Geld trotz Sozialsicherung vorn und hinten nicht reicht. Denn es kostet viel Zeit, Kraft und Geld, Manager*in der eigenen chronischen Krankheit werden zu müssen. Diese Erfahrung bestätigen viele Betroffene, aber von Mehrkosten durch Abweichung von Körper- oder Verhaltensnormen, durch Erkrankung oder Behinderung, sind sehr viele Menschen betroffen, auch die, bei denen mensch es vielleicht auf den ersten Blick nicht vermuten würde. So berichten etwa Menschen mit ADHS, dass durch die andere Funktionsweise ihres Gehirns zusätzliche Kosten anfallen, die andere nicht betreffen – zum Beispiel weil durch Unaufmerksamkeit Dinge zu Bruch gehen, verloren geglaubte Dinge ständig neu gekauft werden oder das Zahlen von Rechnungen vergessen wird, was Mahngebühren nach sich zieht.[53]

Manche Menschen haben aber auch unabhängig von Krankheit mehr Kosten für ihren Körper. Wer im Leben schon einmal menstruiert hat oder es aktuell tut, der weiß, dass das auf den Geldbeutel drückt: Binden, Tampons, vollgeblutete Bett- und Unterwäsche, die gereinigt oder neu gekauft werden muss, Schmerztabletten, Wärmekissen, krampflösende Mittel, Aknecreme, beruhigender Tee. Laut einer Befragung von über 2000 britischen Menstruierenden fallen bei ihnen rund 550 Euro im Jahr für Periodenprodukte an.[54] Das entspricht einer Summe von 22 000 Euro, die im Laufe des Lebens zusammenkommt, wenn wir von den Durchschnittswerten einer Menstruation zwischen dem 12. und 52. Lebensjahr ausgehen. Wer menstruiert und schwanger werden kann, wird gesellschaftlich meist auch für Verhütung verantwortlich gemacht, das kann in Deutschland je nach Methode bis zu weiteren 270 Euro im Jahr kosten,[55, 56] in unserem Gedankenexperiment wären das zusätzlich über 10 000 Euro, die im Leben dafür draufgehen. Wer sich das nicht leisten kann oder keinen Zugang dazu hat, hat eben Pech. Besonders betroffen sind unter anderem Menschen, die keinen festen Wohnort haben. Das wollen Vereine wie *Social Period* ändern, indem Periodenprodukte für wohnungslose Menschen gespendet werden. In manchen Regionen wie in Schottland oder Neuseeland ist das Thema Periodenarmut schon mehr in der Öffentlichkeit angekommen: Hier gibt es per Gesetz kostenlose Menstruationsartikel in Schulen, Bibliotheken, Wohnungslosenunterkünften und Gefängnissen.[57]

Nicht nur Menstruation muss mensch sich leisten können, nicht nur krank zu sein muss mensch sich leisten können, auch sterben muss mensch sich leisten können. Oder besser: Die Menschen, die nach dem Tod einer geliebten Person zurückbleiben, müssen es sich leisten können. »Nicht nur sterben einkommensarme Menschen früher, sie werden oft auch unwürdig bestattet, und die Rahmenbedingungen können ihr Betrauert-Werden erschweren«[47], erklärt Francis Seeck. Diese erschwerte Trauer ist mir auch im Studium an einem unvermuteten Ort begegnet: im Anatomiekurs, besser gesagt beim Nachdenken über die Körper, anhand derer wir die menschliche Anatomie kennenlernen dürfen. Woher die Körper stammen, die von Medizinstudierenden seziert werden, hatte ich mich vorher nie gefragt. Es sind Körperspender*innen, die nach ihrem Tod ihren Leichnam der Universität zur Verfügung stellen, sodass die Ärzt*innen von morgen lernen können, wie die Nervenbahnen verlaufen, wo die Organe liegen und wie ein Menschenkörper von innen aussieht. Im Gegenzug bezahlt die Universität die Bestattung der Körperspender*innen. Wer sich also die Kosten einer Bestattung nicht leisten kann und diese den eigenen Angehörigen ersparen möchte, kann sich für eine Körperspende entscheiden. Das heißt aber auch, die Bestattung findet erst rund zwei Jahre nach dem Tod statt, was für den Trauerprozess sicher nicht leicht ist. An meiner Uni wurde am Ende des Anatomiekurses von Studierenden eine Gedenkfeier für die Körperspender*innen organisiert, zu der aber nur wenige der eingeladenen Angehörigen kamen. »Klassismus wirkt vor der Geburt, im Laufe des Lebens und sogar über den Tod hinaus«[47], so Seeck.

Das ist erst der Anfang

Wenn wir wirklich an einer menschlicheren Medizin interessiert sind, müssen Geld und Gesundheit, Kapitalismus und Körper in Zukunft weniger miteinander verwoben sein. Dass im Gesundheitssystem Handlungsbedarf besteht, hat die derzeitige Regierung in Deutschland immerhin verstanden: Gesundheitsminister Karl Lauterbach spricht von einer längst überfälligen Reform, für weniger Ökonomie im Medizinbetrieb und weniger Aussteiger*innen aus medizinischen Berufen. Sein Ministerium plant, in Zukunft die Qualität von medizinischer Behandlung mehr in den Mittelpunkt zu stellen und das Fallpauschalensystem immerhin zu reformieren.[11] Aktivist*innen kämpfen derweil weiter für eine komplette Abschaffung ebendieses Systems.

Apropos politische Kämpfe: Der *Notruf NRW*-Streik war am Ende erfolgreich. Die rund 5000 streikenden Krankenhausbeschäftigten wurden lange von den Kliniken ignoriert, aber am Ende haben sie »für uns alle eine bessere Gesundheitsversorgung erkämpft«[5], wie Carla als Vertreterin des Bündnisses *Profite schaden Ihrer Gesundheit* in einem Interview betont. Elf Wochen dauerte der Arbeitskampf der Beschäftigten in Nordrhein-Westfalen, Solidarität und Unterstützung gab es zum Beispiel von der *Berliner Krankenhausbewegung*, die einige Monate zuvor gezeigt hat, dass ein Streik am Ende Tarifverträge für mehr Personal und bessere Arbeitsbedingungen bewirken kann. So auch in Nordrhein-Westfalen: Es wurde ein Entlastungspaket ausgehandelt, das zum Beispiel Freischichten als Ausgleich bei Überlastung zusichert. Carla von *Profite schaden Ihrer Gesundheit* berichtet, viele waren besonders durch die Pandemie am Ende ihrer Kräfte und hatten genug Wut, etwas ändern zu wollen. Und der Kampf für faire Löhne und gerechtere Gesundheitsversorgung wird weitergehen, solange das System kränkelt. »Das ist nicht das Ende, definitiv nicht«,[5] sagt sie.

8. Ableismus und Anamnese
Nicht ohne Uns über Uns

»Hallo Körper, hallo. Darf ich noch mal fragen, was an dir ist zu viel, was zu wenig? Ich komme immer durcheinander. Für was darf ich mich wohlfühlen? Für was muss ich mich schämen? Wann bin ich gut genug? Wann bin ich gut geraten? Achso, ach: nie! (...) Mein Ich zu sehr da, einfach da, ich bin einfach da, und damit schon zu viel, zu provozierend.«[1]

Ninia LaGrande

Ein Bekannter schickte mir vor einer Weile diesen Spruch: »Gesundheit ist nicht alles, aber ohne Gesundheit ist alles nichts.« Dass dieses vermutlich gut gemeinte Zitat ein ziemlich unpassender und ehrlich gesagt beschissener Spruch ist, um ihn einer chronisch kranken Person zu schicken, ist ihm wohl nicht aufgefallen. Denn was soll das bitte heißen, alles ist nichts, solange ich krank bin? Als ob die Menschen, die jeden Tag mit Krankheit oder Einschränkungen leben, nicht zählen, als ob ihr Leben nichts ist.

»Wenn ich das hätte, würde ich mir die Kugel geben!« Das war der Kommentar von jemandem, der von meinem chronischen Erschöpfungssyndrom hörte, das mich seit meiner

Corona-Infektion in meinem Alltag begleitet. Diese Aussage hat mich sehr beschäftigt, denn heißt nicht im Grunde auch das, mein Leben ist es in seinen Augen nicht wert, gelebt zu werden, also lebensunwert? Beide Aussagen spiegeln ziemlich gut den weitverbreiteten Mythos wieder, dass Menschen, die chronisch krank oder behindert sind, pauschal leidend und dementsprechend bemitleidenswert sind. Aber ich brauche das Mitleid nicht, es macht mich zu einer Person, die als anders markiert wird, nicht mehr im »normalen« Kontext stattfindend. Ich brauche die Phrasen der tragischen Geschichte nicht, sie nehmen mir meine Menschlichkeit, machen mich zu einer armen Kranken. Ich brauche die Bestürzung darüber, dass ich nicht mehr in Normen passe, nicht. Sie lässt meine Erkrankung zu meinem ganzen Sein werden und macht den Rest unsichtbar. Ich bin einfach Ich, weder Diagnose noch Tragikgeschichte. Keine Frage, die Erkrankung ist extrem belastend. Und trotzdem: Seit meiner körperlichen Einschränkung bin ich zwar unglücklich mit meinem Gesundheitszustand, inzwischen in einigen anderen Bereichen aber so zufrieden mit meinem Leben wie schon lang nicht mehr, nur: Das glaubt mir niemand.

Bei einem Krankenhausaufenthalt als Patient*in berichtete ich dem Oberarzt in der Visite, wie ich entdeckt habe, dass sich durch das Post-Covid-Syndrom zwar viele Dinge erschwert und Türen geschlossen haben, sich gleichzeitig aber auch einige sehr interessante öffneten. Dass ich zum Beispiel mich und meinen Körper neu kennen und akzeptieren lerne, dass ich meine Prioritäten überdenke, inneren und äußeren Leistungsdruck infrage stelle, meine mentale Gesundheit sich verbessert hat und ich herausfinde, auf wen ich in meinem Umfeld wirklich zählen kann. Seine Erwiderung hat mich etwas perplex gemacht, denn er kommentierte meine Schilderung mit den Worten: »Sie sind eine junge Frau, die aus dem Leben gerissen wurde. Das ist wirklich sehr dramatisch!«

Die Vorstellung, dass jemand krank oder behindert und (zumindest teilweise) zufrieden zugleich sein könnte, sprengte anscheinend sein Bild einer Welt, die »gesund« mit »normal« und »gut« gleichsetzt. Manchmal wird mir aber auch gesagt, es sei so inspirierend, wie ich durchs Leben gehe (dabei muss ich meistens eher sitzen), und es fallen Phrasen wie »innere Stärke«. Die Journalistin und Comedian Stella Young prägte hierfür den Begriff des »Inspiration Porn«[2] und beschreibt damit das Phänomen, dass behinderte und chronisch kranke Menschen nicht einfach als Personen, die wie alle anderen auch ihr Leben leben, gesehen werden, sondern von ihnen, wenn sie schon nicht leiden, wenigstens erwartet wird, dass sie nicht-behinderte Menschen inspirieren. Es fehlt aber die ganzheitliche Wahrnehmung als gleichberechtigte Person auf Augenhöhe.

Die Autorin, Literaturwissenschaftlerin und Aktivistin Tanja Kollodzieyski stellt fest, es gibt anscheinend nur zwei Geschichten, die immer wieder in den Medien erzählt werden: »Entweder leiden wir unglaublich unter unseren Behinderungen oder wir überwinden sie und studieren oder lachen ›trotz Behinderung‹. (…) Die Mehrheit der Menschen mit Behinderung denkt vermutlich öfter an Hobbys, Essen oder Sex als an ihre Behinderung. Manche wünschen sich ein Leben ohne Behinderung, andere können sich das für sich selbst nicht vorstellen. Überraschung: Menschen mit Behinderung sind unterschiedlich.«[3] Kollodzieyski, die sich on- und offline für die Rechte behinderter Menschen einsetzt, erklärt: »Ableismus entsteht dann, wenn nicht-behinderte Menschen es als gesetzt erachten, dass ihre Vorstellungen die Realität abbilden. (…) Die unbemerkte Lücke zur Realität ist ein wesentliches Spezifikum des Ableismus.«[3] Kollodzieyski räumt mit diesen Vorurteilen in ihrem Booklet *Ableismus* auf. Eindimensionale Narrative und falsche Zuschreibungen sind aber nur ein Teil des Problems. Unter dem Begriff »Ableismus« wird die Diskriminierung in Form von ableistischen Strukturen, Annahmen und Barrieren, die behinderte und chronisch kranke Menschen erfahren, zusammengefasst.

Autorin und Aktivistin Luisa L'Audace erklärt in ihrem Buch *Behindert und stolz: Warum meine Identität politisch ist und Ableismus uns alle etwas angeht*: »Der Begriff ›Ableismus‹ leitet sich aus dem Englischen *to be able* ab, was auf Deutsch so viel wie ›fähig sein‹ bedeutet. Wie die Wortherkunft schon vermuten lässt, beruht das ableistische System darauf, den Wert eines Menschen an seiner Leistung festzumachen und gewisse Fähigkeiten wie Sprechen, Sehen, Hören, Gehen etc. als essenziell zu erachten, während Menschen, die nicht oder nur teilweise über diese Fähigkeiten verfügen, als ›unvollständig‹, ›kaputt‹ oder weniger wert gelten.«[4] In unserer Gesellschaft, die auf Leistung und Geld fokussiert ist, werden also Körper, die nicht oder weniger zum Arbeiten zur Verfügung stehen, abgewertet und strukturell benachteiligt. Außerdem wird ihnen der Zugang zu einem selbstbestimmten und gleichberechtigten Leben erschwert oder verwehrt, darum wird es später noch gehen.

Behindert werden

»Wie andere Diskriminierungsformen beruht auch der Ableismus auf Macht und Unterdrückung. Diese Unterdrückungen äußern sich im Ableismus aber weniger offensiv feindlich als darin, behinderte Menschen nicht ernst zu nehmen und ihr Wissen in Abrede zu stellen. Bedürfnisse und Wünsche werden nicht erfragt, sondern übergangen. Es ist für behinderte Menschen daher ein langer und kräftezehrender Weg, eine eigene Stimme zu erlangen«,[3] so Kollodzieyski. Leider wird auf diese Stimmen von selbst betroffenen Menschen noch viel zu wenig gehört. Das geht schon los mit der Frage, wer als behindert gilt, und geht weiter mit der noch viel wichtigeren Frage, wer das überhaupt entscheidet.

Im Jahr 2021 waren laut Statistik 9,4 Prozent der Bevölkerung in Deutschland behindert, das entspricht rund 7,8 Millionen Menschen.[5] Diese Zahl gibt aber nur diejenigen Menschen wieder, die einen Grad der Behinderung von mindestens 50 beantragt und auch amtlich anerkannt bekommen haben. Im Medizinstudium lernen wir diese Art der Definition, die das »medizinische Modell von Behinderung« genannt wird: Gesundheitspersonal, das meist selbst nicht-behindert ist und dem die Expertise für Behinderung zugesprochen wird, entscheidet darüber, wer in diese Kategorie passt und wer nicht. Leider stimmt diese Einschätzung aber nicht immer mit der Lebensrealität der Menschen überein, um die es geht. Behinderung und chronische Erkrankung werden in diesem weitverbreiteten Modell als individuelles gesundheitliches Problem gesehen, das überwunden werden soll. Es wird von nicht-behinderten Menschen als Norm ausgegangen, und es gibt medizinische Bemühungen, alle anderen dieser Norm anzupassen.[6]

Die Coachin Karoline Hinkfoth erklärt in einem Workshop zu Ableismus im Gesundheitswesen dem teilnehmenden Gesundheitspersonal, wie das medizinische Modell der Behinderung sich auf die individuellen Defizite der Betroffenen und deren Anpassungsmöglichkeiten an die Umwelt fokussiert, wodurch es zu einer Individualisierung von Behinderung kommt und eine eingeschränkte Teilhabe persönlichen Mängeln zugeschrieben wird.[7] Das medizinische Modell ist in der Gesellschaft allgemein und besonders im Gesundheitswesen stark vertreten, so Luisa L'Audace. »Dies erklärt auch, warum behinderte Menschen besonders dann Anerkennung und Lob von nicht-behinderten Menschen bekommen, wenn sie ›trotz ihrer Behinderung‹ Dinge tun, die nur bedingt barrierearm für sie sind. Wenn wir jedoch Missstände und Barrieren benennen, klatscht niemand mehr, abgesehen vielleicht von anderen behinderten Menschen.«[4]

Genau um diese strukturellen Probleme, denen behinderte Menschen gegenüberstehen, geht es im sogenannten »sozialen Modell« von Behinderung, das Aktivist*innen als passenderes Konzept für Behinderung bevorzugen. Vorherrschender Ableismus sollte demnach anerkannt und Behinderung als eine Wechselwirkung zwischen Individuum und Umwelt verstanden werden.[7] Die soziale Dimension des Behindert-Werdens soll mehr in den Fokus rücken und als Stellschraube für positive Veränderung im Leben behinderter und chronisch kranker Menschen verstanden werden.

Diese Modelle der Behinderung stammen aus den *Disability Studies*, die ihren Ursprung unter anderem in den USA haben. Der Perspektivwechsel hin zum sozialen Modell hat mir sehr geholfen, zu verstehen, warum ich andere Erfahrungen im Alltag mache, seit ich nicht mehr als gesund gelte. Während ich, wie schon erwähnt, *nicht* so verzweifelt durchs Leben gehe, wie viele von außen vielleicht meinen, ist die – für mich eher neue – Konfrontation mit Ableismus das, was mir mindestens genauso viel wie die Erkrankung selbst zu schaffen macht. Und das geht nicht nur mir so. In vielen Texten von anti-ableistischen Aktivist*innen stoße ich auf Beschreibungen ähnlicher Erfahrungen.

In einer repräsentativen Studie zu Diskriminierung und Gesundheit von 2021 heißt es über Menschen mit Behinderung: »Betroffene werden häufig als schwach, bemitleidenswert oder hilfsbedürftig angesehen, obwohl sie es nicht sind. Weniger sind es körperliche Einschränkungen, die sie daran hindern, etwas zu tun – vielmehr ist es oft die menschengemachte Umgebung, die ihnen Barrieren in den Weg stellt.«[8] Knapp über die Hälfte der befragten behinderten Personen gab an, von Vorurteilen und Diskriminierung betroffen zu sein.[12]

Survival of the fittest

Ein aktuelles Beispiel der Ungleichbehandlung, das von antiableistischen Aktivist*innen angeführt wird, sind die gesundheitspolitischen Entscheidungen im Zuge der Corona-Pandemie, die oft die Lebensrealität behinderter und chronisch kranker Menschen zu vergessen oder willentlich auszuklammern schienen. Schauspieler Jan Kampmann erinnert sich, dass am Anfang die mediale Erzählung war, alte Menschen seien vom Virus gefährdet und sonst niemand. Er selbst und andere Menschen mit Behinderung, die er kennt, haben sich aber Sorgen gemacht, wie sich das Virus auf sie auswirken wird, während ihr Umfeld diese Ängste nicht so recht verstanden oder ernst genommen hat. »Ich habe das Gefühl, es hat Spuren hinterlassen bei den Menschen«[9], sagt er. Um darauf aufmerksam zu machen, dass neben alten eben auch behinderte Menschen besonders durch die Pandemie gefährdet sind, startete er die Initiative *#Risikogruppe* in den sozialen Medien. Von der

Gruppe heißt es: »Hi, wir sind's. Die #Risikogruppe. Du hast gedacht, wir wären kettenrauchende Todkranke oder zumindest alt und tatterig? Weit gefehlt. Keiner von uns ist Rentner, und wir gehen genauso gerne wie du in Clubs, Bars und auf Konzerte. Worauf wir keinen Bock haben, ist sterben.«[10]

Dass ihre Lebensrealität nicht berücksichtigt wurde und die Gesundheitspolitik an dieser vorbeiging, hat auch Autorin und Sozialarbeiterin Anne Gersdorff in dieser Zeit erlebt. Sie wird in ihrem Alltag von einer Assistenz unterstützt. »Personen wie ich, die ihre Assistenz selber organisieren oder ihre Assistenzpersonen selbst anstellen, wurden von der Politik nicht gesehen, weil wir keine große Lobby haben, und es in so einem (gesellschaftlichen) Bild nicht vorkommt, dass Menschen wie ich selbstbestimmt zu Hause leben mit Assistenz, Freundschaften pflegen und arbeiten gehen«[9], sagt Gersdorff. So stand sie vor dem Problem, dass Schutzmaterialien anfangs nur für Wohneinrichtungen für Menschen mit Behinderung verfügbar waren, während sie und ihre Assistenzperson leer ausgingen und später beispielsweise auch nicht für eine Impfung priorisiert wurden.

Im Laufe der Pandemie kam noch ein anderes Problem hinzu: Das Personal, die Behandlungsplätze, die medizinischen Ressourcen wurden knapp. Dann ging es plötzlich um ein Abwägen, wem sie denn im Ernstfall der Überlastung noch zustehen sollten – und wem nicht. »(W)enn die Gesundheitsversorgung knapp wird, wonach soll entschieden werden, wem diese noch zuteil wird und wem nicht? Sprich: Wer darf leben? Oder wer hat zumindest die Chance auf eine Versorgung zum Überleben und wer nicht?«[9] So lautete die Überlegung, sagt die Expertin für Disability Studies, Swantje Köbsell. Damit spricht sie das Konzept der Triage an, das immer mehr ins öffentliche Interesse rückte, als sich die Lage in der Corona-Pandemie zuspitzte. Ursprünglich stammt diese Art der Überlegung zu Priorisierung medizinischer Behandlung aus der Militärmedizin. Es geht darum, der Behandlung derer Vorrang zu geben, die tatsächliche Überlebenschancen haben. In den Notaufnahmen von Krankenhäusern gibt es ein ähnliches System der Ersteinschätzung von Patient*innen, nach dem sich die Behandlungspriorität und so also auch die Wartezeit richtet. So werden zum Beispiel akute Krankheitsbilder wie Schlaganfall oder Herzinfarkt sofort behandelt, während andere länger auf eine Behandlung warten müssen. Dieses notfallmedizinische Konzept wurde im weitesten Sinne auf die Situation während der Pandemie übertragen.

Auch hier war die Überlegung, wie im Falle knapper werdender Beatmungsplätze und Intensivpfleger*innen die meisten Menschen gerettet werden könnten. Bei der Einschätzung, wer am ehesten Überlebenschancen hat und wem darum zuerst geholfen werden sollte, hat sich aber anfangs ein ableistisches Vorurteil eingeschlichen – und genau das war der Punkt, den Aktivist*innen kritisiert haben.

Swantje Köbsell erklärt, dass die Überlebenswahrscheinlichkeit nach einem Punktesystem bewertet werden sollte. Eines der Kriterien, die zur Beurteilung herangezogen werden sollten, war die – wohlbemerkt von außen eingeschätzte – Lebensqualität der Menschen vor der Covid-Erkrankung. Diese wurde auch an der Frage festgemacht, ob Menschen ohne Hilfe im Alltag lebten. Darin spiegelt sich die ableistische Annahme wider, dass Menschen mit Assistenz- oder Pflegebedarf automatisch eine geringere Lebensqualität hätten. »Letztendlich ist das Absprechen von Lebensrecht oder zumindest keine Gleichwertigkeit des Lebensrechtes«[9], so Köbsell.

Die Entscheidung über medizinische Behandlung darf aber nicht von Vermutungen und Stereotypen abhängig sein, findet auch die Richterin Nancy Poser, die als selbst Betroffene im Falle einer Triage aussortiert werden würde, wie sie sagt. »Vor allem aber halte ich diesen Weg – survival of the fittest, der Stärkere soll leben – für falsch. (…) Ich habe seit dem ersten Semester Jura gelernt, dass man Leben nicht gegen Leben abwägen kann, egal welche Chance man diesem Menschenleben beimisst«[11], so Poser. Künstler*in Steven Solbrig findet noch deutlichere Worte: »Die Triage war ein sozialdarwinistischer Schlag ins Gesicht von behinderten Personen.«[9] Nancy Poser legte 2020 eine Verfassungsbeschwerde gegen die vorgesehenen Triage-Richtlinien von Medizinverbänden ein – und bekam 2021 vom Bundesverfassungsgericht recht.[12]

Zugang verwehrt

Auch mit der Berücksichtigung von Menschen mit Behinderung in der allgemeinen medizinischen Versorgung ist es so eine Sache. Unsere Welt ist nicht für Menschen mit Behinderung gemacht, sie ignoriert sie in mancher Hinsicht vollständig – auch im Gesundheitssystem. So ist nicht nur der Zugang zu gesellschaftlicher Teilhabe, sondern auch zu gesundheitlicher Teilhabe erschwert. Während nicht-behinderte Menschen sich mit langen Wartezeiten für Behandlungstermine herumschlagen, kommen für behinderte Menschen noch zusätzlich weitere Barrieren zu medizinischer Versorgung dazu.[13, 14] Das geht schon damit los, überhaupt an Informationen zu gesundheitlichen Themen zu kommen. So werden zum Beispiel behinderte Menschen bei Präventionsprogrammen oft nicht mitgedacht und adressiert,[13] und Informationen sind zu selten in Gebärdensprache, als Audiodateien oder in leichter Sprache verfügbar. So konnten während der Corona-Pandemie anfangs gehörlose Menschen und Personen mit Lernschwierigkeiten nicht die Corona-Pressekonferenzen mitverfolgen, weil sie nicht in Gebärdensprache oder leichte Sprache übersetzt wurden.[9]

Später, als es um die Impfungen ging, erfolgte die Terminvergabe über eine Website der *Kassenärztlichen Bundesvereinigung*, die aber nicht barrierefrei war, wie der Geschäftsführer des *Blinden- und Sehbehindertenvereins* Heiko Kunert kritisiert.[15] So konnten blinde Personen wie er das Angebot nicht nutzen und mussten sich auf Umwegen um einen Termin bemühen. Wenn nun erfolgreich ein Termin vereinbart werden konnte, ist das nächste Problem oft, überhaupt zur Klinik oder Praxis zu gelangen. Hier ist es, wie beim Zugang zu diskriminierungssensibler Gesundheitsversorgung allgemein, insbesondere für Menschen im ländlichen Raum schwer, da lange Anfahrtswege eine Behandlung erschweren können. Laut dem Bundesministerium für Arbeit und Soziales sind insbesondere Menschen mit Behinderungen in den ländlichen Regionen Ostdeutschlands auf diese Weise benachteiligt.[13]

Luisa L'Audace erinnert sich: »Die Klinik, in der ich von klein auf alle paar Monate zu Röntgenkontrollen und Korsettanpassungen vorstellig werden musste, war weit entfernt, und so besteht ein erheblicher Anteil meiner Kindheitserinnerungen aus stundenlangen Autofahrten mit immer neuen Kassetten und CDs, die meine Mutter anschaffte, um mich bei Laune zu halten. Waren wir dann endlich da, hieß es, die schier endlosen Wartezeiten auf den ironischerweise sehr unergonomisch geformten Holzbänken im Wartebereich der orthopädischen Ambulanz totzuschlagen, während wir uns die Zungen an mittelmäßigem Kakao und Kaffee aus dem Automaten verbrannten.«[4]

Diese langen Anfahrtswege werden oft noch länger dadurch, dass die ausgewählte Praxis nicht nur die Behandlung anbieten muss, die jemand braucht, sondern eben auch ein Hineinkommen in die Praxis überhaupt möglich sein muss. So versuchte der Verein *Sozialheld*innen* zuletzt immer wieder, darauf aufmerksam zu machen, dass Menschen mit Behinderung nicht die medizinische Grundversorgung erhalten, weil nur ein Viertel der hausärztlichen und fachärztlichen Praxen in Deutschland barrierefrei zugänglich ist. Bei den gynäkologischen Praxen sind es sogar nur 6 Prozent.[16]

Darum wurde das *Sozialheld*innen* Projekt *Wheelmap* nun um Informationen zur Barrierefreiheit von ärztlichen Praxen erweitert.[17] Diese interaktive und kostenlose Online-Karte ermöglicht es, rollstuhlgerechte Orte in der eigenen Umgebung zu finden und für andere zu markieren. Aber beim gleichberechtigten Zugang geht es auch um noch mehr als rollstuhlgerechte Praxen. »Barrierefreiheit ist mehr als Aufzüge und Rampen. Das heißt für alle Menschen, neurodivergente, psychisch kranke, chronisch kranke, sehbehinderte, hörbehinderte, gehbehinderte, Menschen mit Lernschwierigkeiten. Barrierefreiheit ist sehr viel umfassender als das, was Leute sich gemeinhin darunter vorstellen«[18], erklärt die Aktivistin Lena Cornelissen.

Laut dem Aktivisten und Autor Raúl Aguayo-Krauthausen müsste barrierearmer Zugang zu Gesundheit demnach auch »die Behandlung in verständlicher Sprache, verfügbare Gebärdensprachdolmetschung, flexible Untersuchungseinrichtungen und Personal, das im Umgang mit Menschen mit Lernbehinderungen und Mehrfachbehinderungen geschult ist«[16], beinhalten. Diese sind aber viel zu selten anzutreffen, und laut Bundesministerium für Arbeit und Soziales sind auch geeignete Parkplätze, barrierefreie Toiletten und Orientierungshilfen für Menschen mit Sehbehinderung eher die Ausnahme.[13]

Im Rahmen des Projektes *Barrierefreie Praxis* der *Stiftung Gesundheit* wurden bundesweit (zahn)ärztliche und psychotherapeutische Praxen anhand der oben genannten und weiterer Kriterien zu ihrer Barrierefreiheit befragt. Nur 11 Prozent der Praxen erfüllten mindestens drei der zwölf erfragten Kriterien, rund ein Drittel erfüllte mindestens eines der Kriterien.[13, 19] Es existiert aber außerhalb solcher Befragungen für ärztliche Praxen keine Meldepflicht zur Barrierefreiheit an die *Kassenärztliche Vereinigung*, und beim Neubau von Praxen wird laut der *Antidiskriminierungsstelle des Bundes* die Frage der Barrierefreiheit nur unter baurechtlichen Aspekten überprüft.[13]

Moderatorin Ninia LaGrande versucht, es mit Humor zu nehmen, dass ärztliche Praxen nicht auf ihre Kleinwüchsigkeit eingestellt sind. Bei einem Poetry-Slam berichtet sie von einem Termin bei ihrer Gynäkologin. »Der Stuhl in ihrem Praxisraum ist nicht höhenverstellbar. Ich stehe untenrum völlig nackt, ratlos vor dem Stuhl herum. Mein unterer Körperbereich findet diese Situation etwas unangenehm. ›Ja ups, das tut mir leid, da müssen Sie jetzt irgendwie draufkommen.‹ Sie zieht ihre Gummihandschuhe an und wartet. Nicht nur, dass ich für ein dussliges Rezept so früh und halb nackt hier antanzen muss, jetzt soll ich auch noch Sport machen. Also kraxele ich, untenrum schon fast eingefroren, den Stuhl hoch. (…) Kurz denke ich darüber nach, zukünftig wie die alten Römerinnen zu verhüten: Nach dem Sex schnell hinhocken und niesen.«[20] Wer in Erlangen, Dachau, Frankfurt am Main, Bremen oder Berlin lebt, hat Glück – dort gibt es Spezialambulanzen, in denen eine barrierefreie gynäkologische Behandlung möglich ist.[19] Wer woanders lebt, muss sich auf Behandlungssituationen wie die von Ninia LaGrande beschriebene einstellen.

Diese Diskriminierung durch strukturelle Defizite kann sich aber nicht nur unangenehm für die Betroffenen anfühlen, sondern sich sogar negativ auf die Qualität der Behandlung auswirken: In einer Befragung von 841 gehörlosen Menschen gaben zum Beispiel 43,3 Prozent von ihnen an, dass sie das Gefühl hatten, aufgrund von Kommunikationsschwierigkeiten eine falsche Diagnose erhalten zu haben.[21] Es gibt also Menschen, die eine schlechtere gesundheitliche Versorgung erhalten, einfach nur, weil sie strukturell vergessen werden, ihre gleichberechtigte gesundheitliche Teilhabe in den aktuellen Strukturen einfach nicht vorgesehen ist. Gute und korrekte Behandlung darf aber einfach kein Zufall sein.

Durch diese mangelnde Barrierefreiheit ist sowohl das Recht auf freie Ärzt*innenwahl als auch auf die freie Wohnortwahl für viele Menschen eingeschränkt.[13] Und das, obwohl laut Behindertenrechtskonvention der *Vereinten Nationen* Menschen mit Behinderungen vollen Zugang zu Gesundheit haben sollten.[22] Aufgrund all dieser Zugangsbarrieren gibt es das Problem, dass sich bei Menschen mit Behinderung eigentlich notwendige Untersuchungen oder Behandlungen verzögern.[23] Die Problematik der mangelnden Barrierefreiheit findet laut Luisa L'Audace auch deshalb so wenig Beachtung, weil sie sich in einer Art Sichtbarkeits-Teufelskreis bewegt: Die Mehrheitsgesellschaft betrachtet das Thema als nicht so wichtig, weil die öffentliche Wahrnehmung ist, dass nur sehr wenige Menschen überhaupt Bedarf an Barrierefreiheit haben. Dass behinderte Menschen als eine so kleine Gruppe wahrgenommen werden, liegt wiederum auch an ihrer erschwerten Teilhabe durch Barrieren.[4]

Ableismus beim Ärzt*innenbesuch

Wenn behinderte Menschen trotz etlicher Zugangsbarrieren den Weg zu einer medizinischen Untersuchung oder Behandlung gefunden haben, dann geht es vor Ort leider oft weiter mit der ableistischen Diskriminierung. Denn wenn behinderte Menschen das medizinische System aufsuchen, treffen sie dort meist auf Ärzt*innen und Gesundheitspersonal, das eine ableistisch geprägte fachliche Ausbildung durchlaufen hat und wenig Anregung bekam, eigene Vorurteile kritisch zu hinterfragen.[24]

So erinnere ich mich zum Beispiel an eine Vorlesung, die mir neben vielen problematischen Lehrinhalten ganz besonders als menschenverachtend in Erinnerung geblieben ist. Es ging um den Einfluss, den schädigende Substanzen, die in der Schwangerschaft eingenommen werden, auf den Embryo und Fötus haben. Wenn eine schwangere Person zum Beispiel häufig Alkohol trinkt, kann sich das negativ auf die Entwicklung des Gehirns, der Knochen und Organe des ungeborenen Kindes auswirken. So erklärte der Professor das sogenannte »Fetale Alkoholsyndrom« in der Vorlesung. Um das Ganze zu »veranschaulichen«, hatte er aus der Klinik ein Kind mit dieser Diagnose mitgebracht. Der kleine Junge musste sich neben den Professor stellen, während die unzähligen Medizinstudierenden im Hörsaal aus ihren Sitzreihen auf ihn hinabblickten. Dann fing er an, uns auf die Gesichtszüge des Kindes aufmerksam zu machen, auf Merkmale wie eine bestimmte Augenstellung hinzuweisen. Ich kann mir gar nicht vorstellen, wie es sich für den Jungen angefühlt haben muss, so bloßgestellt und objektifiziert zu werden. Um uns Studierenden zu demonstrieren, dass Kinder mit seiner Diagnose häufig Lernschwierigkeiten haben, stellte der Professor anschließend noch Fragen zu seiner Schulleistung an den Jungen. Es ist mir damals wie heute sehr unangenehm, unfreiwillig Teil dieser regelrechten ableistischen Vorführung und Entmenschlichung geworden zu sein.

Dass solch ein Umgang mit behinderten Menschen und Patient*innen problematisch ist, wird zwar in selbst organisierten studentischen Organisationen wie den vielerorts vertretenen *Kritischen Mediziner*innen* reflektiert, im offiziellen Lehrplan fehlt es indessen noch größtenteils an anti-ableistischen und selbstkritisch reflektierenden Inhalten. In genau dieses System müssen sich aber behinderte und chronisch kranke Menschen immer wieder begeben, wenn sie gesundheitliche Fürsorge benötigen. Die Erfahrung dort wird von vielen als unangenehm, von manchen als traumatisch beschrieben.

Eines der am häufigsten benannten Probleme ist die Erfahrung, von medizinischem Personal nicht ernst genommen zu werden.[25, 26] Dieser Effekt verstärkt sich, wenn die betreffende Person mehrfach marginalisiert ist. So wird zum Beispiel Frauen und rassifizierten Personen sowieso schon wenig Glauben geschenkt, wenn sie zusätzlich eine Behinderung haben, besteht das Problem umso mehr. »Als sichtbar behinderte Frau erlebe ich es ständig, dass Menschen lieber mit meinem Mann sprechen, obwohl es um mich geht, oder dass sie, wenn sie dann doch mit mir reden müssen, ihre Stimme verstellen, als würden sie mit einem Kleinkind sprechen«[4], berichtet Luisa L'Audace. Im Gesundheitssystem findet genau diese Erfahrung, dass nämlich Diagnosen und Behandlungen nur mit der

Begleitperson und über den Kopf der betroffenen Person hinweg besprochen werden, in mehreren Studien Bestätigung.[13]

Die Künstlerin und Schauspielerin Iris Kopera sieht viele Parallelen zwischen der Art, wie alte und wie behinderte Menschen im Medizinsystem behandelt werden. »Uns werden Informationen vorenthalten, uns wird oft nicht zugehört, und mir kommt es so vor, als hätte man keinen Wert mehr.«[27] Manchmal werden aber auch Zusammenhänge hergestellt, wo nicht unbedingt welche da sind. So werden oft die körperlichen Beschwerden von Menschen mit psychischer Beeinträchtigung auf ebendiese reduziert, während bei Menschen mit körperlicher Behinderung von einer gleichzeitigen kognitiven Beeinträchtigung ausgegangen wird.[25] Wie schon im Kapitel zu Kapitalismus erwähnt, gibt es auch Hinweise darauf, dass Menschen mit Behinderung weniger medizinische Leistungen verordnet bekommen, dass also notwendige Untersuchungen und Therapien, sowohl in Krankenhäusern[28, 29] als auch Praxen[30], seltener bei ihnen durchgeführt werden. Und das kann gefährlich werden: In einer Studie mit Brustkrebspatientinnen wurde die Diagnose bei den Frauen mit Behinderung zum Beispiel seltener durch ein Mammografie-Screening erkannt als bei den Frauen ohne Behinderung.[31]

Die Ungleichbehandlung von behinderten Personen im medizinischen Kontext spiegelt sich auch in einer Betroffenenbefragung wider, die von der *Antidiskriminierungsstelle* in Auftrag gegeben wurde. Hier zeigten sich Diskriminierungserfahrungen im Gesundheitssystem im Vergleich zur Gesamtbevölkerung überproportional häufig bei Menschen mit Behinderung und chronischer Krankheit, bei queeren Menschen mit Behinderung sogar zwei- bis fünfmal so häufig.[25] Das hat ernsthafte Folgen für die Betroffenen, denn negative Erfahrungen führen wie auch im Fall von Rassismus, Sexismus und Queerfeindlichkeit dazu, dass Kontakte mit dem Gesundheitssystem gemieden werden. So schreibt es auch Luisa L'Audace: »Ich hatte (...) fürchterliche Angst vor weiteren Krankenhausaufenthalten und Untersuchungen. (...) Das hatte zur Folge, dass ich mich (...) zum Leidwesen meines Körpers vor allen Ärzt*innenterminen gedrückt hatte, die ich irgendwie hatte vermeiden können. Zu tief saßen das medizinische Trauma und die Angst davor, wieder nur Ablehnung und Ableismus zu erfahren, wie so viele unzählige Male zuvor. In meinem Leben war ich vielen Ärzt*innen begegnet. Unzähligen Ärzt*innen, die mich mit allerhand Meinungen zugeschüttet und meinem Vertrauen in das Gesundheitssystem teilweise einen gewaltigen Knacks verpasst hatten.«[4]

Hilfsmittel wären hilfreich

Zu einem Leben mit Behinderung oder chronischer Krankheit gehört für manche Menschen Unterstützung durch Hilfsmittel oder durch Assistenzpersonen, die eine Teilhabe am Alltag erleichtern oder in manchen Bereichen überhaupt erst möglich machen. Auch wenn immer noch ableistische Klischees über Hilfsmittel existieren, die ihren Nutzer*innen mitleidige Blicke bescheren, so betonen viele behinderte Aktivist*innen, dass ihre Hilfsmittel – abgesehen von der Stigmatisierung – für sie eigentlich Freiheit, Selbstbestimmung und Teilhabe bedeuten. »Hilfsmittel sind cool. Nur leider nicht im herrschenden Diskurs. (...) Hilfsmittel sind alles andere als ein Gefängnis. Wären da nicht noch die von der Gesellschaft aufrechterhaltenen Barrieren«,[32], so Aktivist*in Mika Murstein im Buch *I'm a queer-feminist Cyborg, that's okay.*

Aber leider ist es gar nicht so leicht, an die nötige Unterstützung wie Hilfsmittel oder Assistenzpersonen zu kommen. Tanja Kollodzieyski schreibt dazu: »Menschen mit Behinderungen müssen zahlreiche Dinge erstreiten (Hilfsmittel, selbstbestimmtes Leben mit Assistenz, freie Wahl der Wohnform) und ihr Recht auf Nachteilsausgleiche immer wieder mit Bergen von Formularen und ärztlichen Gutachten belegen, insbesondere dann, wenn ihre Behinderung nicht sichtbar ist.«[3] Das kennt auch Politiker Edwin Greve nur zu gut: »Bürokratie ist seit jeher ein fester Bestandteil meines Lebens. Aus eigener Erfahrung weiß ich, dass man Zugangshürden meist nur mit sehr viel persönlichem Aufwand überwinden kann. Meistens klappt das auch nur mit Unterstützung solidarischer Einzelpersonen oder Gruppen.«[33] Den Umfang dieser Bürokratie und die psychische Belastung, die sie auslöst, habe ich erst angefangen zu verstehen, seit ich hauptberuflich arbeitsunfähig und damit gezwungenermaßen Manager*in meiner eigenen Krankheit geworden bin. Einen Grad der Behinderung zu beantragen, wurde mir früh von einer Sozialarbeiterin ans Herz gelegt. Dank meines internalisierten Ableismus habe ich das zuerst lang aufgeschoben. Als ich mich endlich dazu durchgerungen habe, wollte mir eine meiner behandelnden Ärztinnen das Ganze wieder ausreden, weil sie der ableistischen Ansicht war, dass ich »nicht aufgeben sollte«. Als wäre mein Leben vorbei, nur weil auf einem Papierstück stünde, ich habe einen Grad der Behinderung. Ich habe es mir nicht ausreden lassen, aber dann habe ich Bekanntschaft mit Papierkrieg, monatelangem Warten auf Entscheidungen, Widerspruchsverfahren, Telefonwarteschleifen und Psychologisierung gemacht. Ich musste meine kompletten medizinischen Unterlagen fremden Menschen zur Verfügung stellen, die nun jedes Detail meiner Krankenakte kennen. Jemand, mit dem ich in dem monatelangen Prozess nie gesprochen habe, hat dann entschieden, ich hätte hauptsächlich ein psychologisches Problem, entgegen der Studienlage zum Post-Covid-Syndrom, Gaslighting lässt grüßen. Inzwischen beschäftigt mich dieses Verfahren schon seit über einem Jahr, ein Ende ist bisher nicht in Sicht. Diese langen und zermürbenden Antragsverfahren sind ein unglaublich belastendes strukturelles Hindernis für eine gleichberechtigte Teilhabe, denn die Nachteilsausgleiche, die eigentlich ein Recht sind, müssen hart erkämpft werden. Das ist anstrengend und raubt Energie. Die Ironie, dass ich oft durch meine Fatigue nicht genug Kraft hatte, um verschiedensten Stellen auf unzähligen Formularen zu beweisen, dass ich nicht genug Kraft für den Alltag habe, hat mich oft verzweifeln lassen. Meine Geschichte ist aber kein ärgerlicher Einzelfall, vielmehr werden Informations- und bürokratische Hürden in Teilhabestudien zumindest als bestehendes Problem anerkannt.[34] Etwas weniger allein in dieser Situation habe ich mich gefühlt, als ich das Buch von Luisa L'Audace las, die hierin strukturellen Ableismus sieht: »Damit in unserer kapitalistischen Gesellschaft möglichst wenig Geld in die Teilhabe behinderter Menschen investiert werden muss, sind die Auflagen streng, um von offizieller Seite überhaupt als solche anerkannt zu werden. (…) Und so sehen sich behinderte Menschen ständig einer Art Rechtfertigungsdruck ausgesetzt, um zum Beispiel den Schwerbehindertenstatus, eine bestimmte Pflegestufe, Hilfsmittel und Co zu erhalten. (…) gegebenenfalls (fallen wir) durchs Raster – und der Staat spart Geld. (…) Dabei ist es kein Wunder, dass die meisten nicht in die Schubladen der Institutionen passen, die darüber entscheiden, wer Anspruch auf Nachteilsausgleiche, Pflege und Co hat und wer nicht. Schließlich werden diese Kategorien von nicht-behinderten Menschen definiert und speisen sich aus Vorurteilen.«[4]

Oft muss auch Geld für Unterstützung von den Betroffenen ausgelegt werden, das später von den zuständigen Stellen erstattet wird. Wenn jemand aber nicht genügend Geld hat, um es zum Beispiel für eine Assistenz vorzustrecken, dann kann das sogar den Unterschied ausmachen zwischen selbstbestimmtem Leben zu Hause und erzwungener Unterbringung in vollstätionären Einrichtungen. Betroffene versuchen darum, sich gegenseitig zu unterstützen, zum Beispiel in Form eines Hilfefonds der Aktionsplattform *AbilityWatch*, der Spenden für die Überbrückung genau dieser schwierigen finanziellen Situation für Menschen mit Assistenzbedarf sammelt.[35] Prekarität erschwert den Zugang zu Hilfsmitteln, dadurch verschlechtert sich die Gesundheit, und der Bedarf an Hilfe steigt, während die Armut oft überhaupt erst durch Arbeitsunfähigkeit aufgrund von Behinderung zustande kam, so beschreibt Mika Murstein den Zusammenhang zwischen Klassismus, Kapitalismus und Behinderung. »In meiner Vision von crip future besitzen wir alle Werkzeuge und Hilfsmittel, die wir brauchen, die Teilhabe, Partizipation und Mobilität bedeuten würden. Diese Werkzeuge, Technik und Hilfsmittel gibt es schon reichlich, aber in der Gegenwart ist der Zugang zu ihnen beschränkt. Mich macht die Vorstellung einer Zeit sehr happy, in der diese Mittel und diese Leben aufgewertet wären«[32], so Murstein. Edwin Greve hat eine ähnliche Vision: »Zugang darf nicht von Glück oder vom persönlichen Umfeld abhängig sein. Ich möchte, dass wir solche Zustände gemeinsam überwinden. Damit wir das, was wir haben, solidarisch teilen und das, was uns fehlt, gemeinsam erschaffen und für alle zugänglich machen!«[36]

Unfreiwillig inspirierend

Wenn behinderte Menschen dann mit Unterstützung durch ihre erkämpften Hilfsmittel oder eine Assistenz ganz selbstverständlich am gesellschaftlichen Leben teilnehmen, stößt das aber immer noch auf Verwunderung. So erlebt es auch der Aktivist und Social-Media-Manager Michel Arriens. Er ist genervt davon, wenn er für die alltäglichen Dinge, die er tut, Bewunderung erntet. Wenn er zum Beispiel in einem Club tanzen geht, dann wird ihm gesagt, wie toll es ist, dass er »trotz seiner Behinderung« dort so abgeht. »Es ist eindeutig, dass ein Großteil der nicht behinderten Bevölkerung nicht viel von Menschen mit Behinderung erwartet«[37], schreibt er in seinem Blog. Dass viele behinderte Menschen einfach *mit* ihrer Behinderung ein gutes Leben führen, ist in vielen Köpfen noch nicht angekommen. Arriens schreibt: »Aber was, wenn man an seinem fremdbestimmten ICH rüttelt, zugeschriebene Merkmale und die damit verbundenen Vorurteile infrage stellt? Man sich die Fragen stellt, wie man von seiner Umwelt wahrgenommen wird, wie man von seiner Umwelt wahrgenommen werden möchte und wie man sich selbst sieht? Wenn man arbeitet, eine Partnerin hat, selbstständig lebt, in Discos tanzt, in den Urlaub fliegt, Sex hat und irgendwann vielleicht Kinder bekommt? Weil ein Mensch aus den Vorurteilen ausbricht, sich nicht in Ketten legen lässt, seine eigene Identität lebt, ist die Bewunderung dafür groß, und man wird unweigerlich zum Held der eigenen Geschichte.«[37]

Selbstbestimmung: keine Selbstverständlichkeit

Eine Sonderform des Mythos, Menschen mit Behinderung sei kaum etwas zuzutrauen, ist die Annahme, sie könnten keine eigenen Entscheidungen über ihr Leben treffen. Wie Arriens anspricht, wird behinderten Menschen körperliche, reproduktive und sexuelle Selbstbestimmung immer wieder abgesprochen. Aktivistin und Journalistin Natalie Dedreux sagt dazu: »Zum Beispiel wie das ist, eine Familie zu gründen und zu haben, das will ich gerne allein entscheiden. (...) Ich will nicht, dass immer kontrolliert und über mich bestimmt und gesprochen wird, so kommt mir das (aber) rüber.«[38] Das liegt daran, dass behinderte Menschen, so wie ältere Menschen auch, desexualisiert werden, es entspricht nicht dem gesellschaftlichen Bild, dass Sexualität und Familienplanung eine Rolle für sie spielen. »Das Erstaunen ist somit bei vielen groß, wenn sie erfahren, dass viele behinderte Menschen sehr wohl über ein Sexleben verfügen und Beziehungen führen. Dass dies dann auch noch mehr als Beziehungen und Sex zwischen Mann und Frau beinhalten kann, sprengt ihren Horizont schließlich vollständig«[4], schreibt Luisa L'Audace.

Auch Moderatorin Kübra Sekin und Politiker Edwin Greve bestätigen dieses Phänomen in einem Interview: Besonders queere Sexualität von Menschen mit Behinderung wird unsichtbar gemacht. »Uns wird oft abgesprochen, dass Geschlecht für uns eine Relevanz hat oder dass wir Sexualität leben«,[39] erklärt Greve. Auf der anderen Seite kann es aber auch passieren, dass Menschen aufgrund ihrer Behinderung, genauso wie aufgrund ihrer Queerness, rassistischer Zuschreibungen oder anderer Merkmale exotisiert und fetischisiert werden, was alles andere als ein Begegnen und Begehren auf Augenhöhe ist. »(W)ährend wir von den einen entsexualisiert werden, werden wir von den anderen fetischisiert. Im Vordergrund stehen dabei bestimmte (meist sichtbare) Behinderungen oder aber der Gedanke, eine Person von sich abhängig zu machen und an sich zu binden, ohne dass sie fliehen kann«[4], so L'Audace. Das *Othering*, also das anders machen von queeren Menschen mit Behinderung oder chronischen Erkrankungen, spiegelt sich auch in ihren Erfahrungen mit dem Gesundheitssystem wider. Bei einer Befragung von 665 Menschen in Nordrhein-Westfalen gaben 22 Prozent von ihnen an, schon unangenehme Fragen zum Privatleben gezwungenermaßen beantwortet zu haben, und 18 Prozent wurden vom Gesundheitspersonal in der Behandlungssituation schlicht ignoriert oder übergangen.

Eine selbstbestimmte Sexualität zu leben ist besonders schwierig für Personen, die schwanger werden können und in Einrichtungen für Menschen mit Behinderungen leben.[19] Durch das Absprechen der Sexualität von Menschen mit Assistenz-, Betreuungs- oder Pflegebedarf, fehlt es sowohl an Zugang zu Informationen wie auch zu selbstbestimmter Verhütung. Individuelle Sexualaufklärung über Körper, Verhütung oder sexuell übertragbare Krankheiten ist besonders selten und schwer zugänglich für junge Menschen mit Lernschwierigkeiten.[40, 41] Während ihnen Sexualität zwar abgesprochen wird, ist aber auffällig, dass gleichzeitig die Zahl der sterilisierten Personen bei behinderten Menschen in Einrichtungen überproportional hoch ist,[41, 42] und nicht zu der Zahl von denen passt, die angeben, tatsächlich sexuell aktiv zu sein.[42, 43] Das eigentlich Erschreckende ist aber, dass in einer repräsentativen Befragung des *Bundesministeriums für Familie, Senioren, Frauen und Jugend* von über 1500 Frauen mit Lernschwierigkeiten die Hälfte derer, die sterilisiert sind, dies gar nicht gewollt hat. Ganze 42 Prozent der befragten Frauen gaben an, dass sie von Betreuenden und Ärzt*innen falsche Informationen bekamen, überredet oder gedrängt wurden, und 15 Prozent sagten sogar, sie wurden gegen ihren Willen sterilisiert.[43] Ganz offiziell werden Menschen mit Lernschwierigkeiten außerdem ohne Zustimmung sterilisiert, wenn dies gerichtlich angeordnet wurde. Gesetzliche Grundlage hierfür ist der umstrittene Paragraf 1905 des Bürgerlichen Gesetzbuches.

Zu diesem Thema arbeitet die Juristin Julia Zinsmeister, die sich auf die Rechte von Menschen mit Lernschwierigkeiten spezialisiert hat. Sie betont, dass die derzeitige rechtliche Lage vorsieht, dass in solchen Fällen die Person als dauerhaft einwilligungsunfähig eingestuft sein muss *und* sexuell aktiv *und* mildere Verhütungsmittel nicht infrage kommen *und* eine eventuell eintretende Schwangerschaft lebensbedrohlich sein könnte. Diese Situation dürfte nur in sehr wenigen Ausnahmefällen greifen, so Zinsmeister.[44] Vor diesem Hintergrund ist es erstaunlich, dass etwa zwischen 2006 und 2016 insgesamt 506 solcher Sterilisationen gerichtlich genehmigt wurden.[45] Immerhin: In den letzten Jahrzehnten kam es zu einer starken Abnahme der Fälle von Anträgen auf Sterilisationen, über die von einem Betreuungsgericht entschieden wurde.[45] Zu außergerichtlich geregelten Sterilisationen sind die letzten Übersichtsdaten die oben beschriebenen von 2012, damals waren behinderte cis Frauen doppelt so häufig sterilisiert wie der Bevölkerungsdurchschnitt.[42] Im Jahr 2015 untersuchte der UN-Ausschuss für die Rechte von Menschen mit Behinderung, wie gut die UN-Behindertenrechtskonvention in den Ländern umgesetzt wird, die sich ihr verpflichtet haben. Gegenüber Deutschland heißt es von der UN: »Der Ausschuss empfiehlt dem Vertragsstaat, die notwendigen Maßnahmen, einschließlich gesetzgeberischer Art, zu treffen, (a) um § 1905 des deutschen Bürgerlichen Gesetzbuchs aufzuheben und die Sterilisierung ohne die vollständige und informierte Einwilligung des/der Betroffenen gesetzlich zu verbieten und sämtliche Ausnahmen abzuschaffen, einschließlich der ersetzenden Entscheidung bzw. nach richterlicher Genehmigung.«[41] Das bedeutet im Klartext so viel wie: Deutschland, halte dich endlich an das, was du behinderten Menschen groß und öffentlich versprochen hast, mache deinen Job und ändere deine Gesetze, um Zwangssterilisationen eindeutig zu verbieten!

Behinderte Menschen und ihre Verbündeten kämpfen also darum, nicht zu einer Sterilisation gedrängt oder gar gezwungen zu werden, während nicht-behinderte Menschen wiederum sogar um das Recht der Sterilisation kämpfen müssen, wie Arbeit und Anliegen des Vereins *Selbstbestimmt steril* zeigt.[46] Wie kann es sein, dass ein medizinischer Eingriff wie die Sterilisation manchen Menschen aufgedrängt wird, während er anderen verwehrt wird? Die Antwort lautet in diesem Fall Ableismus. Wenn wir nun darüber sprechen, dass die Kämpfe für sexuelle und reproduktive Selbstbestimmung je nach Marginalisierung unterschiedlich aussehen, dass manche Menschen für Verhütung und Abtreibung, andere wiederum vermehrt für das Recht auf Reproduktion kämpfen, müssen wir neben Ableismus übrigens ebenfalls über weitere Marginalisierungen sprechen. Denn der Kampf um Selbstbestimmung ist zum Beispiel auch für (behinderte wie nicht-behinderte) queere Menschen und jene, die von Rassismus betroffen sind, ein anderer, als der des Mainstream-Feminismus, der sich überwiegend auf *weiße*, nicht-behinderte cis hetero Frauen und das Thema Abtreibung konzentriert. Die Aktivistin für reproduktive Gerechtigkeit Loretta Ross etwa weist darauf hin, dass afroamerikanische Menschen, die schwanger werden können, eher um das Recht kämpfen müssen, selbstbestimmt Kinder bekommen zu können, wozu Zugang zu Reproduktionsmedizin, eine gewaltfreie Geburtshilfe und eine sichere Umgebung für das Aufwachsen ihrer Kinder zählt. Sie sieht die Gründe hierfür historisch begründet im eugenischen Denken der Zeit der Sklaverei. Sie fordert darum, Kämpfe für Selbstbestimmung solidarisch, menschenrechts-basiert und intersektional zu führen.[47]

Diese Themenkomplexe und Forderungen des heutigen anti-ableistischen und intersektionalen Aktivismus sind übrigens allesamt nicht neu, sie stützen sich auf Schwarze Aktivist*innen und auf die Arbeit der sich selbst so benannten *Krüppelbewegung* der 1980er-Jahre. Der*die Autor*in und Journalist*in Kirsten Achtelik gibt im Buch *Selbstbestimmte Norm. Feminismus, Pränataldiagnostik, Abtreibung* einen Überblick über die Debatten und politische Arbeit der damaligen Bewegung und das Spannungsfeld zwischen Forderungen der Selbstbestimmung aus feministischer und anti-ableistischer Perspektive.[48] Ein Zitat der Aktivistin Nati Radtke zeigt, dass die Themen von damals noch hochaktuell sind: »Es gab Widersprüche und Streit. So kämpfte die Frauenbewegung für das Recht, kein Kind austragen zu müssen, und wir behinderten Frauen stellten uns hin mit der Forderung, Kinder bekommen zu dürfen.«[49]

Natürlich kann ein Schwangerschaftsabbruch immer verschiedenste Beweggründe haben, die nicht zwangsläufig ableistisch sind, und die Möglichkeit zur selbstbestimmten Abtreibung ist eine wichtige feministische Forderung. Es ist ein komplexes Thema im Spannungsfeld von Selbstbestimmung und Selektion, das sich nicht in wenigen Sätzen abhandeln lässt, viel eher braucht es ganze Bücher – so wie zum Beispiel das erwähnte Buch von Kirsten Achtelik. Dort heißt es: »Wenn die Mehrfachbelastungen sowie gesellschaftliche und eigene Perfektionserwartungen Schwangere* dazu bringen, sich ein möglichst pflegeleichtes Kind zu wünschen, kann unsere Antwort nur sein: Umsturz aller Verhältnisse, in denen wir, unsere Lieben und alle anderen pflegeleicht sein müssen! Für ein Zulassen von Schwäche, Ambivalenzen, Unlust und Kaputtheit! Gegen die Idee der perfekten, strahlenden, immer einsatzbereiten Mutter! Gegen die Illusion des gesunden, perfekten, talentierten, superschlauen und immer freundlichen Kindes!«[48]

Eine selbstbestimmte Sexualität und der Wunsch nach Kindern können sich immer noch die wenigsten bei behinderten Menschen vorstellen, vermutlich auch, weil es durch fehlende Inklusion an Berührungspunkten und sichtbaren Beispielen im Umfeld fehlt. Bei aller gesellschaftlichen Unsichtbarmachung und Stigmatisierung, natürlich gibt es sie: Behinderte und chronisch kranke Menschen, die selbst Kinder bekommen – nicht *trotz,* sondern schlicht mit ihrer Behinderung oder Krankheit. Leider sind sie aber noch häufig einer Beurteilung von außen ausgesetzt. Ninia LaGrande berichtet beispielsweise, wie sie sich übergriffige Fragen zu Geburt und Elternschaft von Fremden anhören muss. »Sie haben Glück, es wird nicht so wie Sie«, sagte zu ihr der Arzt, der in der Schwangerschaft eine Untersuchung auf Kleinwüchsigkeit bei ihrem ungeborenen Kind durchführte. »Na danke!«, konnte sich LaGrande da nur denken, denn sie ist mit ihrem Leben ziemlich zufrieden, erzählt sie.[50]

Diese Bevormundung und Beeinflussung beim Thema Fortpflanzung bringen Aktivist*innen mit ableistischen Stereotypen in Verbindung, die spätestens aus der Zeit der Nationalsozialist*innen stammen. Coachin Karoline Hinkfoth ordnet in ihren Workshops zu Ableismus im Gesundheitswesen historisch ein, wie die Entwertung und Verachtung von behindertem Leben damals zum Entzug von reproduktiven Rechten von behinderten, kranken und neuro-atypischen Menschen führte.[7] Seitdem hat sich viel verändert, die Fremdbestimmung und das sehr negativ geprägte Bild von einem Leben mit Behinderung seien aber vor allem in der Medizin noch stark präsent, so Hinkfoth. Das macht sie auch daran fest, dass es sehr hohe Abbruchraten von Schwangerschaften gibt, bei denen eine Behinderung des Fötus festgestellt wurde, außerdem existieren hier gesetzlich unterschiedliche Regelungen zum Schwangerschaftsabbruch je nachdem, ob beim Fötus eine (zu erwartende) Behinderung vorliegt. Anti-ableistische Aktivist*innen kritisieren, dass so eine Selektion entsteht, die das Narrativ des unwerten Lebens von behinderten Menschen weiter bedient und diskriminierend ist.

»Hauptsache, nicht-behindert« steckt meist dahinter, wenn schwangeren Menschen für ihr zukünftiges Kind gewünscht wird: »Hauptsache, gesund!« – »Und was, wenn nicht? Und wer sagt überhaupt, was gesund ist?«[51], fragt sich Autor und Aktivist Raúl Aguayo-Krauthausen. »Ich habe weder das Gefühl, dass ich ein Schaden bin – noch, dass ich einen habe. (…) Ich würde so weit gehen und sagen: Ich habe Glasknochen und ja – ich bin subjektiv betrachtet gesund. (…) Wir sollten aufhören, Menschen in ›krank‹ und ›gesund‹ zu kategorisieren, und das Ganze mehrdimensional betrachten«[51], macht Aguayo-Krauthausen deutlich.

Hinter verschlossenen Türen

Während beim Stichwort Selbstbestimmung Sexualität und Körper wichtige Aspekte sind, werden behinderten Menschen in sehr vielen weiteren Lebensbereichen eigene Entscheidungen abgesprochen. Selbstbestimmt leben, dazu gehört auch, selbst zu wählen, wo und wie mensch wohnen möchte. Diese Wahl haben Menschen mit Behinderung oder chronisch Kranke aber nicht immer selbstverständlich. »Tritt der Fall ein, dass die Pflege zu Hause unter anderem aufgrund von bürokratischen Barrieren, der Falscheinschätzung von Institutionen oder dem Fachkräftemangel nicht gewährleistet werden kann, haben viele behinderte Menschen keine andere Wahl mehr, als in eine Einrichtung zu ziehen«[4], erklärt Luisa L'Audace. Sie beschreibt diese Orte als »Sonderwelten«, die behinderte Menschen exkludieren, nicht zuletzt aufgrund des Narrativs, sie würden eine Belastung für den Rest der Gesellschaft darstellen. Und auch Künstler*in Steven Solbrig bezeichnet Wohneinrichtungen für Menschen mit Behinderung als »eine Welt für sich, nur bedingt geöffnet, mit eigenen Regeln und festen Strukturen«[9]. Im Jahr 2022 hat das Bundesministerium für Arbeit und Soziales einen Bericht über eine repräsentative Umfrage zur Teilhabe von behinderten Menschen veröffentlicht, an der auch 3354 behinderte Personen, die in Einrichtungen leben, teilgenommen haben. Die Befragung ergab, dass 40 Prozent von ihnen nicht selbst darüber entschieden haben, dort zu wohnen, und ein Viertel von ihnen lieber anders wohnen würde, nämlich in einer Wohnung mit ihren Partner*innen oder allein. Die größere Unzufriedenheit von Einrichtungsbewohner*innen gegenüber behinderten Menschen in Privathaushalten hängt mit der fremdbestimmten Wohn-Entscheidung und gleichzeitig mit dem fremdbestimmten Wohn-Alltag zusammen. Im Bericht heißt es: »Bei Menschen, die in Einrichtungen leben, ist der Anteil derer, die ihr Leben als meistens fremdbestimmt wahrnehmen, im Vergleich zu Privathaushalten weitaus höher: Mehr als ein Viertel der Befragten in Einrichtungen (26 Prozent) gibt an, dass meistens andere Menschen bestimmen, wie sie leben.«[34] Anders formuliert sind die Bewohner*innen von Einrichtungen dem Personal gewissermaßen ausgeliefert. Wie erniedrigend das im Alltag sein kann, lässt sich nachlesen auf der Empowerment Platform *Angry Cripples*, die von den Aktivist*innen Luisa L'Audace und Alina Buschmann ins Leben gerufen wurde.[52] Dort erzählt die Betroffene Emily, wie ihr Alltag in Kindheit und Jugend als Bewohnerin in einer solchen Einrichtung in Potsdam aussah: »Es gibt natürlich nicht nur Negatives, aber das Negative überwiegt deutlich«[53], berichtet sie. Sie fühlte sich auf dem Gelände abgeschottet von der Außenwelt, weil Tore und Mauern sie umgaben, aber auch weil der Kontakt zu ihren Eltern stark reguliert wurde. Ein Kontaktverbot zu ihnen wurde als Druckmittel zur Disziplinierung genutzt, Besuche zu Hause waren nur erlaubt, wenn sie sich »gefügt« hat. Außerdem erzählt Emily: »Wenn du, wie ich, bei der Körperpflege auf Hilfe angewiesen bist, hattest du schlechte Karten. Es wurde bestimmt, wann du duschen gehen darfst. (…) Ich habe wirklich gestunken, weil mir bei der Körperpflege einfach nicht geholfen wurde. Wenn ich meine Menstruation hatte, wurden meine Hygieneartikel nicht rechtzeitig gewechselt. Ich konnte sie aufgrund meiner kurzen Arme nicht allein wechseln, und dann bin ich einfach mit einer total blutverschmierten Hose rumgerannt.«[53]

Vieles im medizinischen Bereich passiert hinter sprichwörtlich und real verschlossenen Türen, zu denen nur das Personal den Schlüssel hat. Und besonders stark von der Außenwelt abgeschirmte Räume bedeuten ein besonders hohes Risiko für Gewalt. »Menschen, die weder gesehen noch gehört werden, denen nicht geglaubt wird, sind vielen Formen von Gewalt ausgesetzt – bis hin zum Mord«[54], schreibt Autorin Emilia Roig. So ist es zuletzt 2021 in Potsdam geschehen: Eine Pflegehelferin tötete vier Bewohnende der Einrichtung, in der sie arbeitete.[55] Das Rechercheprojekt *#AbleismusTötet* der Behinderten- und Menschenrechtsorganisation *AbilityWatch* deckt mit seiner Arbeit auf, dass solche Vorkommnisse keineswegs Einzelfälle sind.[56] Das Team aus Journalist*innen und Wissenschaftler*innen dokumentiert Gewaltfälle in Wohneinrichtungen für behinderte Menschen seit 2010, die bisherige Recherche ergab eine Betroffenenzahl von 217, die durch 229 Täter*innen in 41 Einrichtungen Gewalt erfuhren.[57] *Cripping Home – Euer Heim ist unser Albtraum* heißt passenderweise eine Lecture Performance von Künstler*in Steven Solbrig.

Die Bewohner*innen sind gewissermaßen in diesen Wohnheimen eingesperrt, ihnen wird kein Platz in der öffentlichen Wahrnehmung zugestanden. Anti-ableistische Aktivist*innen machen seit Jahrzehnten immer wieder auf die teils katastrophalen Zustände in solchen Einrichtungen aufmerksam, und es passiert: nichts. Es ist nicht so, als wäre das alles nicht bekannt, aber es ist so, dass es kaum jemanden zu interessieren scheint. Oder aber die Auseinandersetzung damit wäre zu unbehaglich. Das ist gefährlich und höchst unsolidarisch, denn so werden Menschen, die ohnehin besonders viel Gewalt ausgesetzt sind, alleingelassen.

2019 veröffentlichte das österreichische Sozialministerium eine Studie über Menschen mit Behinderung, die zeigte: »Das Ausmaß der erlebten Gewalt ist teilweise um das Drei- oder

Dreieinhalbfache höher als in der Gesamtbevölkerung«[58], wie die Wissenschaftlerin Yvonne Seidler erklärt. In Deutschland gab es 2021 die bisher ersten repräsentativen Daten zur Lebenssituation von Frauen mit Behinderung.[19, 43] 1561 Frauen zwischen 16 und 65 Jahren wurden für eine Studie befragt. Sie sind demnach von allen Formen der Gewalt fast doppelt so häufig betroffen wie Frauen ohne Behinderung. Die Forschenden betonen den wechselseitigen Zusammenhang von Gewalt und Behinderung: Nicht nur eine Behinderung erhöht das Risiko für Gewalt, auch frühere Gewalterfahrungen erhöhen das Risiko für gesundheitliche Langzeitfolgen und Behinderungen.[43]

»Gewalt und Diskriminierung im institutionellen Kontext waren für viele Betroffene schwierig zu thematisieren. Schutz und Beschwerdemöglichkeiten waren in Einrichtungen kaum vorhanden. Abhängigkeiten verstärkten die Schutzlosigkeit. Übergriffe durch Personal von Institutionen oder ambulanten Diensten wurden ausschließlich in der Rückschau geschildert. Dies kann als Hinweis gesehen werden, dass es wegen der Abhängigkeitsverhältnisse oftmals nicht möglich ist, aktuelle Übergriffe zu offenbaren.«[43] Solche Studien und Geschichten sind alarmierend. Wir brauchen dringend mehr Sichtbarkeit für Menschen, über deren Kopf hinweg gesprochen und entschieden wird.

Sichtbarkeit und Vorbilder

Um diskriminierende, ableistische Behandlung im Gesundheitssystem in Zukunft zu minimieren, muss viel passieren. Es braucht einen gleichberechtigten Zugang zu medizinischer Versorgung, barrierefreie und unabhängige Meldestellen für Betroffene von Diskriminierung oder Übergriffen, und vor allem Konsequenzen, die auf diese folgen. Es braucht mehr Bewusstsein und sensiblere Kommunikation, selbst bei Gesundheitspersonal, das auf die Betreuung von behinderten Menschen spezialisiert ist. Denn was »Menschen die, wie sie sagen, ›mit behinderten Menschen arbeiten‹, (…) mit ihrem vermeintlichen Fachwissen (…) allerdings nicht hinterfragen, ist, dass sie dieses Wissen nahezu ausschließlich von nichtbehinderten Ausbilder*innen und Dozent*innen bezogen haben«[4], merkt Luisa L'Audace an. Nicht nur lernt Gesundheitspersonal zu selten aus Betroffenenperspektive über den Umgang mit behinderten Menschen, sondern bei vielen Ärzt*innen und Pflegepersonal ist kaum Wissen und Erfahrung im Umgang mit Menschen mit mehrfacher Behinderung und Lernschwierigkeiten vorhanden, was sich negativ auf die fachliche Betreuung auswirken kann.[13] Um diese Versorgungslücke zu füllen, wurden spezielle Zentren gegründet, die sich auf die Behandlung von Menschen mit Lernschwierigkeiten und Mehrfachbehinderung fokussieren, qualifiziertes Personal zu finden, ist aber mitunter schwer.[13]

Nicht nur um eine bessere medizinische Versorgung zu gewährleisten, sondern auch um Stigmatisierung nach und nach abzubauen, brauchen wir mehr Menschen mit Behinderung und chronischen Erkrankungen, die uns ganz selbstverständlich in unserem Alltag begegnen, eben auch als Personal im Gesundheitssystem. Wir brauchen mehr Bewusstsein für unsichtbare Behinderungen wie psychische Erkrankungen genauso wie medizinisches Personal, das mit sichtbaren Behinderungen den Klinikalltag mitgestaltet.

Wie das aussehen kann, zeigt Doktor Demir, der seit 2021

als Arzt in der Sachsenklinik in der *ARD*-Serie *In aller Freundschaft* arbeitet: Tan Cağlar spielt den Neuzugang, der als dickköpfiger Chirurg das Klinikteam ordentlich aufmischt. Der neue Kollege im weißen Kittel benutzt einen Rollstuhl, um sich auf den Stationsfluren der Klinik fortzubewegen, das ist in der Serie aber eher Nebensache. Der Schauspieler und Comedian Tan Çağlar benutzt übrigens auch privat im Alltag einen Rollstuhl. Das ist kein unwichtiges Detail, denn häufig werden behinderte Menschen in Filmen und Serien von nicht-behinderten Schauspieler*innen gespielt, was leider oft Stereotype reproduziert, statt sie zu bekämpfen. Ein TV-Arzt als Positivbeispiel, das mag vielleicht etwas simpel klingen. Aber solche Bilder können symbolhaft viel für die Repräsentation und Normalisierung von Teilhabe bedeuten. Fiktive Figuren in Medien und Popkultur können eine wichtige Rolle für das Verlernen von Stereotypen spielen, denn Bilder sind mächtig. So mächtig, dass ich kurz davor bin, mal wieder von einer Ärzt*innenserie in den Sog des Binge-Watching gezogen zu werden. Aber das sind nicht nur fiktive Bilder, natürlich gibt es auch in echten Kliniken Gesundheitspersonal, das ganz ohne Kamera und Inszenierung zeigt, dass Behinderung und Arbeit im Gesundheitssystem sich nicht gegenseitig ausschließen.

Zum Beispiel Leopold Rupp, der als Anästhesist in der Universitätsklinik in Berlin arbeitet. Das Krankenhaus ist für ihn als Rollstuhl-Nutzer im Vergleich zu anderen Lebensbereichen sogar besonders barrierearm, erklärt er. »Alles ist ebenerdig, es gibt keine Stufen, alle Türen sind elektrisch. Das bedenkt man immer nicht, aber es ist ein sehr inklusiver Arbeitsplatz, wenn man ehrlich ist.«[59] Er wird von einer Arbeitsassistenz begleitet, die zum Beispiel hilft, Medikamente aus hohen Schrankfächern zu holen. Für den langen Weg durch das Medizinstudium gibt es Rat und Unterstützung beim *Netzwerk für Medizinstudierende mit Behinderung*, das von der *Bundesvertretung der Medizinstudierenden in Deutschland (bvmd)* ins Leben gerufen wurde. Und in den USA gibt es die *Docs with Disabilities*, eine Initiative für mehr Inklusion und Sichtbarkeit im medizinischen Bereich, die auch wichtige Forschung zu ableistischer Diskriminierung von Gesundheitspersonal durchführt. All diese Menschen arbeiten mit daran, dass das Gesundheitssystem ein inklusiverer Ort wird. Es gibt Hoffnung, es gibt aber noch viel zu tun.

9. Teufelskreise und Therapien
We are Here, We are Queer

»Eure Spritzen helfen nicht
gegen Narben, die dort wachsen
geholfen hätte Respekt
geholfen hätte Würde
geholfen hätte es, wenn ihr zugehört hättet
doch ihr wusstet es besser

Sie wissen es immer besser
wie mein Körper zu sein hat
bis ins letzte Detail
dabei wollte ich meinen Körper
keinen Modelkörper(…)
Laie für den eigenen Körper
Fremdbestimmt und hübsch gemacht
Und meine Narben jucken,
weil ich nicht mitreden durfte«[1]

Marco Linguri

Jenseits der Normen

Die Medizin war immer schon stark daran beteiligt, gesellschaftliche Normen zu legitimieren und durchzusetzen. Was gesellschaftlich wie medizinisch als normal gilt, entspricht dem Weltbild derer, die die Norm festgelegt haben[2] – und sie verbissen verteidigen. Bei der Geburt werden wir einer von zwei möglichen Kategorien zugeteilt, die wir nicht infrage stellen sollen, und körperliche oder romantische Zuneigung sollten wir nur gegenüber Menschen empfinden, die bei ihrer Geburt in die entgegengesetzte Kategorie eingeteilt wurden. Dieses System wird auch Cis-Heteronormativität genannt. Es wurde historisch gewaltvoll zementiert, wie wir in vorherigen Kapiteln gesehen haben. Das Problem ist nur: Diese konstruierte Normalität bildet nicht die Realität ab, denn viele Menschen passen einfach nicht in dieses starre Schema.

»Die Situation des Normalseins ist für mich unerreichbar in dieser Welt. Normal in den Augen der anderen. Ich für mich empfinde mich als normal.«[3] Das schreibt Ari, eine von schätzungsweise 120 000 bis 160 000 inter* Personen in Deutschland. »Intergeschlechtlich ist ein Mensch dann, wenn die körperlichen Geschlechtsmerkmale nicht gänzlich in diese medizinisch definierten Kategorien von Mann und Frau passen«, erklärt Charlotte Wunn vom Verein *Intergeschlechtliche Menschen*. »Das kann beispielsweise den Hormonhaushalt einer Person betreffen, (…) das kann sich auch im Chromosomensatz widerspiegeln (…), bei intergeschlechtlichen Körpern ist es auch so, dass die äußeren und inneren Geschlechtsorgane von dieser männlichen und weiblichen Norm abweichen können. (…) Tatsächlich ist Geschlecht ein Spektrum, und intergeschlechtliche Menschen haben eine

Körperlichkeit, die zwischen diesen beiden Polen von männlich und weiblich liegt.«[4]

Solche Variationen der Geschlechtsmerkmale, wie es die menschenrechtsbasierte Bewegung nennt,[5] werden in der Medizin als »Störung« gesehen und bis vor Kurzem noch chirurgisch »behandelt«, mit dramatischen Folgen für die Betroffenen. Diese wehren sich seit Jahren gegen die Fremdbestimmung. Inter* Person Robi schreibt: »Ich bin keine Diagnose und möchte mich nicht darauf reduzieren lassen; ich bin nicht DSD (disorders of sexual development); ich bin keine ›Störung der Geschlechtsentwicklung‹, ich möchte mich der Macht der Medizin ganz klar widersetzen. Diese versucht, mich zu definieren, und hat meinen Körper dahingehend verändert. Ich bin keine ›Fehlbildung‹. Ich bin inter*, ich bin Robi, und ich freue mich, Teil von geschlechtlicher Vielfalt und viel mehr zu sein.«[3] Noch im Jahr 2016 wurden in Deutschland 2079 Genitaloperationen an inter* Kindern unter zehn Jahren durchgeführt, um sie mithilfe des Skalpells den Kategorien »Mädchen« oder »Junge« zuzuordnen.[6] »Die Medizin beansprucht eine Deutungshoheit über unsere intergeschlechtlichen Körperlichkeiten und Identitäten. Die Medizin missinterpretiert und pathologisiert geschlechtliche Vielfalt als ein ›medizinisches Problem‹. Sie versucht uns Inter* zu ›korrigieren‹. (…) Wieso finden diese zwangsmedizinischen Eingriffe immer noch statt?«,[3] fragt sich Robi. Anhand von zentimetergenauen Vorgaben, wie groß eine Klitoris oder wie klein ein Penis sein darf, wird durch medizinisches Personal entschieden, was »korrigiert« werden muss. Dabei wird das Geschlecht häufig entsprechend der »Machbarkeit« festgelegt – also abhängig davon, was sich eben leichter operieren lässt.[4] Weil Narbengewebe nicht mitwächst, bedeutet das etliche Folgeoperationen und jahrelange Pathologisierung und psychische Belastung für die Betroffenen.[7] Viele erfahren erst Jahre später, dass an ihnen ohne ihre Zustimmung operative Eingriffe durchgeführt wurden.[4,7] Wie sich das für die Betroffenen anfühlt, beschreibt Ari: »Dass ich das Problem bin, habe ich als Kind gelernt. Ich bin abnorm und bin unwert zu leben, wie ich bin. Als Kind wurde ich verändert, damit es mir besser geht, haben die Erwachsenen gesagt. Was ich fühle oder möchte, wurde ich nicht gefragt. Was ich möchte, wurde mir gesagt und auch, wie ich mich zu entwickeln habe. Ich habe gelernt, was an mir falsch ist, obwohl ich damit geboren bin. Wie kann etwas Angeborenes falsch sein?«[3] Zwar gibt es schon seit 2005 eine schrittweise Veränderung der medizinischen Leitlinien, zu einem deutlichen Rückgang der Zahl der durchgeführten Operationen hat das aber nicht geführt, wie zuletzt Daten aus dem Jahr 2016 zeigten,[6] während neuere Daten fehlen. Erst seit 2021 gilt offiziell das Verbot solcher Operationen, das Gesundheitssystem fühlt sich aber für viele inter* Menschen weiterhin nach einem unsicheren Ort an.

»Es sind die Fragen, die Blicke, Gesten und was ich zu hören bekomme, wenn ich halb nackt im Bett liegen werde, vor dem ich Angst habe. Sie werden einen Körper sehen, der wie Frau, aber auch wie Mann aussieht. Was ich erkläre, werden sie nicht verstehen und erklären mir, wer ich bin. Sie hören nicht richtig zu. Der eine versteht, (…) und der Nächste sagt mir, dass so etwas nicht möglich ist. Es gibt mich, also gibt es auch so was. Sie haben kein Wissen und geben es nicht zu, verdecken aber ihr Unwissen durch Erklärungen, die falsch sind. Dabei wird es nicht mehr darum gehen, warum ich dort bin. Plötzlich steht mein Geschlecht im Mittelpunkt. (…) Alles schon erlebt, besonders bei Besuchen von Ärzten. Plötzlich bist du abnorm, und im schlimmsten Fall werden sie auch grob und beleidigen dich auf das Äußerste. (…) Obwohl ein Krankenhaus ein Ort der Geborgenheit sein sollte, wo jede Person Hilfe bekommen sollte, ist die Realität für Interpersonen nicht so. Welche Alternativen habe ich zum Krankenhausbesuch? Ich gehe einfach nicht hin so, wie ich auch nicht immer zu Ärzten gehe, obwohl ich müsste. (…) Der erlebte Schmerz und die erfahrene Ungerechtigkeit sitzt tief in mir. Nach fast 50 Jahren empfinde ich Erlebtes, als wäre es gestern.«[3] So berichtet Ari von ihren Erlebnissen als Patientin und ihrer Angst davor, als queere Person bei gesundheitlichen Beschwerden in eine Praxis oder Klinik zu gehen. Damit ist Ari nicht allein.[8]

Die Angst vor dem Outing

Queere Menschen sind eine heterogene Gruppe, die Gemeinsamkeit ist die Abweichung von einer konstruierten Norm von Geschlecht (z. B. inter*, trans*, nicht-binär) oder Sexualität (z. B. bisexuell, lesbisch, schwul, pansexuell) und die Benachteiligung, die das mit sich bringt. 21 Prozent der queeren Menschen erleben Diskriminierung im Gesundheitswesen, das ergab 2022 eine Befragung von 8700 queeren Menschen in Deutschland.[9] Wo queere Patient*innen sich im Gesundheitssystem körperlich oder seelisch vermehrt entblößen müssen, sind die Diskriminierungserfahrungen besonders häufig.[10] Es gibt Daten, die darauf hinweisen, dass queere Menschen mit Behinderung, chronischer Erkrankung oder Beeinträchtigung besonders betroffen sind, nämlich zwei- bis fünfmal so häufig wie die Gesamtbevölkerung.[11] Die meisten Studien zur Diskriminierung von queeren Personen zeigen außerdem, dass trans*, nicht-binäre und inter* Menschen wie Ari und Robi im Vergleich zu anderen Gruppen der queeren Community am stärksten von Ungleichbehandlung, Belästigung und Gewalt betroffen sind, auch im Gesundheitswesen.[10–12] Daten aus Nordrhein-Westfalen zeigen zum Beispiel, dass 1 bis 4 Prozent der befragten cis Menschen im Gesundheitswesen negative Erfahrungen aufgrund ihres Geschlechts gemacht haben, demgegenüber waren 62 Prozent der inter* und 45 Prozent der trans* Menschen betroffen.[11]

Bei einer im Jahr 2020 durchgeführten Befragung von über 16 000 queeren Menschen in Deutschland gaben 30 Prozent der befragten inter* Personen an, sich im Gesundheitswesen aus Angst vor Belästigung oder Gewalt nicht vor Personal zu outen. Ähnlich sah es bei trans* Menschen (31 Prozent) und bisexuellen Männern (29 Prozent) aus, etwas geringer fiel der Anteil bei bisexuellen Frauen (21 Prozent), schwulen Männern (17 Prozent) und lesbischen Frauen (13 Prozent) aus.[13] »Ganz viele trans* Personen haben einfach Angst davor, zu Ärzt*innen zu gehen«[14], erklärt Gen Eickers vom Podcast *trans sein*. Dort sprechen er und seine Co-Host Sophie Rauscher darüber, wie es aber auch anders gehen kann. In der Podcastfolge *Gesundheit* ist Martin* Viehweger zu Gast, der* uns schon einmal im Buch beim Thema Praxisabrechnung begegnet ist. Er* findet für sich selbst die Bezeichnung Aktivist* für sexuelle Gesundheit passender als die Berufsbezeichnung Arzt. Seine* Berliner Praxis ist eine der wenigen in Deutschland, die allgemeinmedizinische und infektiologische Betreuung anbietet und gleichzeitig sensibilisiert für die Bedarfe und Bedürfnisse von trans* Menschen.[15] Rauscher berichtet, es sei ihr noch nie passiert, auf einer Praxis-Website wie der von Viehweger explizit zu lesen, dass trans* Personen willkommen sind. Am Empfangstresen wurde sie in der Praxis gefragt, wie sie angesprochen werden möchte, auch das sei etwas, das sie sonst in ärztlichen Praxen nie erlebt. »Ich kann das tatsächlich von meiner eigenen Geschichte bestätigen, dass ich schon das Gefühl hatte, ich müsste mich bei jeder Ärztin, von der ich eine Behandlung wollte, erst erklären, also erst noch mal ein Stück weit Biografie offenlegen, teilweise dann auch mit bestimmten Rückfragen rechnen, die eventuell sogar unangebracht in dem Kontext sind. All das führt natürlich dazu, dass sehr viele trans* Personen Respekt davor haben, zu einer Arztperson zu gehen, weil die Erfahrung gemacht worden ist, sehr häufig, dass die eigene Identität gar nicht wahrgenommen oder ernst genommen oder akzeptiert wird.«[14]

Aus einer 2014 durchgeführten EU-weiten Befragung von 6579 trans* Personen ist bekannt, dass 22 Prozent der Befragten das Gefühl hatten, von Gesundheitspersonal wegen ihres trans*-Seins diskriminiert zu werden.[16] Ähnliche Daten sind auch aus den USA und Kanada bekannt.[17, 18] Vor allem die Zufriedenheit mit allgemeinmedizinischer Versorgung wurde negativ bewertet, weniger als die Hälfte berichtet von positiven Erfahrungen. 20 Prozent gaben an, Allgemeinmediziner*innen wollten ihnen nicht helfen, 11 Prozent wurde die medizinische Behandlung »schlichtweg verweigert«.[16] Aktuellere Daten von 2019 aus Berlin zeigen, dass sogar rund 80 Prozent der über 200 befragten nicht-binären und trans* Menschen Benachteiligung im Gesundheitswesen erlebt haben. Im Vergleich zu anderen befragten Gruppen haben sie öfter aus Angst vor Diskriminierung (65,7 Prozent) oder Pathologisierung (50 Prozent) Gesundheitsleistungen gar nicht in Anspruch genommen.[10]

Aus Erfahrung oder aus Angst vor einer schlechten Erfahrung haben sich viele queere Menschen vor ihrem behandelnden medizinischen Personal nicht geoutet, wobei es leider manchmal zu Zwangsoutings kommt. Bei einer Befragung in Nordrhein-Westfalen gaben 62 Prozent der trans*, nicht-binären und inter* Personen an, im Gesundheitsbereich in Bezug auf ihre Geschlechtsidentität geoutet zu sein, von allen 678 befragten queeren Menschen waren 55 Prozent bezüglich ihrer sexuellen Orientierung geoutet.[11] Lesbische Frauen wurden in einer Studie von 2016 zu ihrer Nutzung von hausärztlichen Praxen befragt, von den 766 Befragten gaben nur 40 Prozent an, ihre sexuelle Orientierung gegenüber ihrer ärztlich behandelnden Person offengelegt zu haben, 12,4 Prozent von ihnen gaben an, Diskriminierung im deutschen Gesundheitssystem erlebt zu haben. 7,7 Prozent von ihnen hatte eine gesundheitlich notwendige Untersuchung oder Behandlung aus Angst vor Diskriminierung nicht wahrgenommen, und 3,8 Prozent wurde wiederum eine Behandlung aufgrund ihrer sexuellen Orientierung sogar verweigert.[19]

Let's talk about Sex, Baby

Vor einiger Zeit war ich zum jährlichen Termin bei meiner Gynäkologin, sie plauderte mit mir und fragte die üblichen Fragen. Ob ich die Pille verschrieben haben möchte, wollte sie wissen. Ich verneinte, woraufhin sie mir verkündete: »Ach, is doch Berlin, is doch Sommer, da weiß man doch nie!« Sosehr ich ihre offene und sex-positive Kommunikation schätze, so merke ich bei ihren Aussagen und Fragen zu meiner sexuellen Gesundheit, dass sie fälschlicherweise davon ausgeht, ich sei hetero. Noch problematischer als diese automatische Annahme sind die Wissenslücken oder sogar Falschinformationen, die manche Gynäkolog*innen haben, wenn es um die sexuelle Gesundheit von queeren Menschen geht. Queere cis Frauen aus Nordrhein-Westfalen berichten in einer Befragung, welche Aussagen ihnen schon begegnet sind: »Hahaha, schwanger werden können Sie ja nicht. Machen Sie sich mal keine Sorgen«,[11] wurde einer gesagt, eine andere wurde gar nicht erst untersucht, weil die Gynäkologin meinte, es bestünde beim gleichgeschlechtlichen Sex mit anderen cis Frauen kein Risiko zu erkranken. Ich selbst erinnere mich tatsächlich auch nicht daran, im Medizinstudium etwas über geschlechtliche und sexuelle Vielfalt gelernt zu haben oder über die gesundheitlichen Bedarfe der Menschen, die der queeren Community angehören. Diese Daten- und Informationslücke wirkt sich negativ auf die Gesundheit der unsichtbar gemachten Menschen aus.

Dass bei queerem Sex, auch wo eine ungewollte Schwangerschaft unwahrscheinlich oder unmöglich ist, Verhütung trotzdem sehr wichtig ist, das habe ich weder von meiner Gynäkologin noch im Medizinstudium oder im Aufklärungsunterricht in der Schule gelernt, sondern von der queerfeministischen Community. Cis heteronormative sexuelle Aufklärung und Ausrichtung von Präventions- und Verhütungsinformationen ist nicht nur exkludierend für queere Menschen, sie kann auch schwerwiegende Folgen haben. Beispielsweise kann es beim Sex zwischen zwei Menschen mit Vulva sehr wohl zu Krankheiten kommen: zum Beispiel zu einer bakteriellen Infektion mit Chlamydien. Das kommt bei jeglichem sexuellen Kontakt, ob hetero oder queer, sehr häufig vor, kann symptomlos verlaufen und dadurch immer weitergegeben werden. Die Infektion lässt sich gut mit Antibiotika behandeln, unbehandelt kann sie aber sogar zu Unfruchtbarkeit führen. Dieser Aspekt wird viel zu selten aufgegriffen, wenn es um unerfüllten Kinderwunsch geht, und queere Menschen werden bei Verhütungsthemen gern vergessen. Warum wird hierzu nicht mehr aufgeklärt? Der Aktivist Adrian Shanker berichtet im von ihm herausgegebenen Buch *Bodies and Barriers – Queer Activists on Health*, wie er seinen Arzt zu Risikofaktoren für Analkrebs fragt und sich wundert, warum dieser ihm noch nie einen analen Pap-Test angeboten hat, obwohl er weiß, dass Shanker schwul ist.[20] Es ist genau der Test, der jährlich bei mir am Gebärmutterhals durchgeführt wird, um Zellveränderung und Krebsvorstufen an der Schleimhaut frühzeitig zu erkennen und behandeln zu können. Typischer Auslöser ist das Humane Papilloma Virus (HPV), das aber auch für andere Krebsarten wie Rachenkrebs oder Analkrebs verantwortlich sein kann. Es ist bekannt, dass HPV sexuell übertragbar ist, und inzwischen gibt es darum sogar eine Impfung. In der Aufklärung und Präventionsarbeit wird aber meist von cis-Heterosex in Form einer Vagina, die einen Penis aufnimmt, ausgegangen. Dass es noch viele weitere Formen von Sex gibt, trifft nicht nur auf queere Menschen zu. Alle Menschen, die rezeptiven Analsex haben, haben ein 15- bis 20-mal höheres Risiko, an Analkrebs zu erkranken.[12]

Warum werden die betreffenden Menschen nicht genauso umfangreich aufgeklärt und vor einer tödlichen Erkrankung geschützt? Weil mal wieder das Bewusstsein für Menschen fehlt, die nicht in angebliche Begehrensnormen passen. Und mal wieder sind es Betroffenenverbände, die die Lücken an Gesundheitsinformationen füllen. Wer sich zu analer Gesundheit informieren möchte, kann sehr viel lernen in der deutschsprachigen *Poschüre*, die gemeinsam von verschiedenen schwulen Präventionsprojekten erstellt wurde.[21] »Alle von uns haben diesen wichtigen Körperteil. Manche von uns empfinden Lust damit. Wenige von uns denken über die Gesundheit unseres Anus nach. Noch weniger von uns wurden jemals von medizinischem Personal danach gefragt«,[20] schreibt Shanker. »Mein Arzt hat nichts falsch gemacht, es ist nur, dass niemand darüber nachdenkt.«[20]

Das Risiko vom Vergessen-Werden

Diskriminierung kann eben nicht nur in Form von Gewalt bedrohlich sein, sondern kann auch durch Vernachlässigung auf indirektere Weise extrem gesundheitsgefährdend sein. »Bitte komm mir nicht mit dem Sprichwort, dass Krebs nicht diskriminiert«,[22] schreibt auch Shankers Mitautorin Liz Margolies in *Bodies and Barriers.* »Der Stress und das Stigma, als sexuelle oder geschlechtliche Minderheit zu leben, trägt absolut zu schlechterer Gesundheit und höheren Krebsrisiken für (queere) Menschen bei.«[22] Damit meint sie die höheren Raten einiger Krebsarten bei queeren Menschen, die mit spezifischen Risikofaktoren, Gesundheitsverhalten und Früherkennungsmaßnahmen zusammenhängen.[12, 23]

Es gibt gewisse Besonderheiten in der Behandlung, Diagnostik und Prävention von Krebs bei queeren Menschen, die bisher zu wenig berücksichtigt oder überhaupt erst erforscht werden.[24] Da ist zum Beispiel das Thema Krebsfrüherkennung für trans* Menschen. Da es bisher in der Medizin stark vernachlässigt wird, wurde es von einer Interessenvertretung eben kurzerhand selbst in die Hand genommen. Die nordrhein-westfälische *Landeskoordination Trans** hat zum Thema eine eigene Broschüre von und für trans* Menschen herausgegeben. »(Es) wird Krebsvorsorge geschlechtlich aufgeladen, wobei trans* Menschen selten wirklich mitgedacht werden. (…) Wir möchten euch eine Informationsquelle zur Verfügung stellen, in der wir Organe einfach Organe sein lassen«,[25] schreiben die Autor*innen Hannah Engelmann und Dany Hewelt.

Eigentlich richtet sich die Broschüre an Patient*innen, aber auch als Ärzt*in habe ich hier sehr viel lernen können. Dass nach geschlechtsangleichenden Operationen manche Krebsrisiken entfallen können, während andere bestehen bleiben, aber durch die Transition in Vergessenheit geraten. Dass das erhöhte Darmkrebsrisiko bei cis Männern ebenso für trans* Frauen zutrifft, die eine Hormontherapie durchführen. Oder dass eine Person, die ich als männlich wahrnehme, einen Uterus haben könnte und dementsprechend die Früherkennung für Gebärmutterhalskrebs regelmäßig durchführen lassen sollte, oder eine Person, die ich weiblich wahrnehme, eine Prostata-Untersuchung benötigen könnte. Dass bei einer Testosterontherapie die Abstriche zur Krebsvorsorge am Gebärmutterhals uneindeutig sein können. Dass das Abbinden von Brüsten starke positive Effekte auf die Psyche, aber oft auch Nebenwirkungen auf den Körper haben kann. Und dass manchmal auch einfach die Aufarbeitung von Traumata, die vielleicht durch Untersuchungen wieder reaktiviert werden können, an erster Stelle stehen muss. Auch dass trans* Menschen oft die besten Expert*innen für den eigenen Körper sind, wird in der Broschüre betont – dieses wertvolle Patient*innenwissen wird aber bisher oft in der Behandlung nicht priorisiert. Als Ärzt*innen lernen wir eben nicht, zu sagen »Ich weiß es (noch) nicht«. Stattdessen geben wir unseren Patient*innen das Gefühl, sie seien das Problem, um unsere eigenen Wissenslücken zu verbergen. Die Hierarchie zwischen ärztlichem Personal und Patient*in, die uns so sehr verinnerlicht wird, muss viel stärker aufgebrochen werden, das ist ein wichtiges Puzzleteil für eine bessere Versorgung. Wir sprichwörtlichen »Götter in Weiß« sind nämlich am gefährlichsten, wenn wir selbst daran glauben, wir seien tatsächlich das, wozu wir gern stilisiert werden: über allem stehend. Der wichtigste Satz in der Broschüre ist darum für mich dieser: »Du verdienst eine hochwertige Gesundheitsversorgung, und niemand – auch niemand mit weißem Kittel und Doktortitel – hat das Recht, Dich respektlos zu behandeln.«[25]

Die Sache mit der Sucht und den Safer Spaces

Die medizinische Behandlung von queeren Menschen muss deutlicher auf Augenhöhe stattfinden, muss endlich weniger Teil des Problems und mehr Teil der Lösung werden. Denn schlechte Erfahrungen sind schlecht für die Gesundheit. Das Gesundheitspersonal kann diskriminierend und damit selbst gesundheitsgefährdend für die Patient*innen sein. Aufgrund von früheren schlechten Erfahrungen mit dem Gesundheitssystem wird dieses nämlich von queeren Personen eher gemieden, dadurch werden zum Beispiel Angebote zur Krebsvorsorge seltener in Anspruch genommen und Krebserkrankungen später erkannt. Gleichzeitig sind Screening- und Präventionsprogramme weniger auf die queere Community ausgerichtet und erreichen sie viel seltener. Dieses Dilemma wird durch Klassismus verstärkt: Weite Fahrtwege zu queer-sensiblen Praxen können sich Menschen im ländlichen Raum und mit wenig Geld seltener oder gar nicht leisten, was erhebliche gesundheitliche Folgen haben kann. Es ist eine Art Gesundheits-Teufelskreis, in dem queere und andere marginalisierte Menschen ihre

Runden drehen. Denn häufige Diskriminierungserfahrungen führen zu chronischem Stress, was ungesunde Bewältigungsmechanismen bedingen kann. Und dieses Verhalten zur Stressbewältigung kann wiederum ein Risikofaktor für die Entstehung von Krankheiten wie Krebs sein.

Internationale Studien zeigen immer wieder, dass queere Menschen eher Zigaretten, Alkohol oder andere Drogen konsumieren.[12] Zum Beispiel veröffentlichte das britische Statistikamt Daten von 2018, die zeigen, dass bisexuelle, lesbische oder schwule Menschen statistisch signifikant häufiger rauchen oder einmal geraucht haben als heterosexuelle Menschen.[26] Die britische Forschungsorganisation *Queer Voices Heard* sieht in einer groß angelegten Studie verschiedene Gründe für das erhöhte Risikoverhalten und Suchterfahrungen von queeren Menschen.[27]

Zum Beispiel spielt der soziale Aspekt von Suchterkrankungen eine Rolle. Da hätten wir zum Beispiel das Problem, dass Begegnungs- und Schutzräume der queeren Community häufig Bars oder Clubs sind, in denen Alkohol, Drogen und Zigaretten konsumiert werden. Wer schon einmal versucht hat, mit dem Rauchen aufzuhören, weiß, wie schwierig das ist, wenn das Umfeld immer wieder Trigger-Situationen für einen Rückfall bietet. Ich habe es schon bei mir selbst festgestellt: Wenn ich in queeren Räumen unterwegs bin, muss ich mich weniger verstellen, ich fühle mich dort besser verstanden, sicherer und freier als anderswo, es tut meiner psychischen Gesundheit gut, dort zu sein. Gleichzeitig bin ich dort oft umgeben von Menschen, die rauchen. Besonders wenn ich einen schlechten Tag hatte, ich zum Beispiel deprimierende Daten zu Diskriminierung im Gesundheitssystem recherchiert habe, wächst in mir das Verlangen nach einer Zigarette. Das wohlige Gefühl, das

das Nikotin kurz in meinem Körper bewirkt, ist eine Form der Stressbewältigung, auch wenn ich eigentlich ganz genau weiß, dass es meinem Körper auf lange Sicht sehr schadet. Und selbst wer keine eigene Erfahrung mit dem Rauchen hat, ist durch das passive Inhalieren schädlicher Stoffe gefährdet. »Was hat es zu bedeuten, wenn unsere queeren Orte, wo wir hingehen, um uns sicher zu fühlen, genau die Orte sind, in denen das bloße im Raum Stehen eine ungesündere Zukunft bedeutet?«,[28] fragt sich Shanker. Auch der Autor Daniel Schreiber, der dem Thema Alkohol 2014 das Buch *Nüchtern* gewidmet hat, findet, Sucht und Substanzabhängigkeit sollten unter queeren Menschen stärker zur Sprache gebracht werden.[29]

Zwischen Unsichtbarkeit und Stigmatisierung

Bisher bleibt es oft den queeren Aktivist*innen selbst überlassen, Aufmerksamkeit für Problematiken zu generieren und sich für die eigene Gesundheit einzusetzen. Mit dem Mehraufwand der Aufklärung werden Betroffene alleingelassen. Das Unwissen von Gesundheitspersonal und die fehlende Kompetenz in queerer Gesundheit[11] bedeuten eben immer auch eine zusätzliche Belastung für Betroffene. Sie selbst müssen die Wissenslücken füllen, die die medizinische Ausbildung und Forschung aufweisen. »Als nicht-binäre und behinderte Person im deutschen Gesundheitssystem zu (über-)leben ist kräftezehrend. (…) Gerade bei Spezialist_innen ist die Wartezeit lang und die Sprechzeit pro Patient_in knapp bemessen. (…) tatsächlich muss ich oft Aufklärungsarbeit leisten, die von der Zeit abgeht, die ich behandelt werde (und für die ich nicht bezahlt werde, im Vergleich zur Arztperson)«,[30] erklärt

Autor*in Ravna Marin Siever. Das muss sich ändern, sagt sier, »damit ich nicht mehr in Sprechzimmer 1 sitzen und über den Vielfalts-Teilaspekt ›Geschlecht und Körperkonfiguration‹ aufklären muss, statt behandelt zu werden«[30], so wie jeder innerhalb der vermeintlichen Norm auch. Oft ist es aber einfach noch so, dass queere Menschen von einer gleichberechtigten adäquaten medizinischen Behandlung weit entfernt sind.[31]

Weil medizinisches Personal oft gar nicht auf die Idee kommt, die Person, die bei ihnen Hilfe sucht, könnte nicht in die vorbestimmte medizinische Norm passen. Wenn schon die Existenz mancher Menschen geleugnet oder einfach vergessen wird, macht das eine Thematisierung ihrer Benachteiligung umso schwerer. Ari, die wir am Anfang des Kapitels kennengelernt haben, erzählt: »Besonders an der Unsichtbarkeit intergeschlechtlicher Personen leide ich. Ich dachte lange, dass ich die Einzige bin, die so ist. Dieses Gefühl des Alleinseins auf dieser Welt hat mir viele Ängste bereitet und mich schwach gemacht.«[3] Und der*die nicht-binäre Dichter*in Alok Vaid-Menon drückt es so aus: »Wie soll dir das Leid, das dir zugefügt wird, geglaubt werden, wenn Menschen nicht einmal glauben, dass du überhaupt existierst?«[32]

Queere Menschen erleben einerseits oft dieses schmerzhafte Absprechen ihrer Existenz, ihre Unsichtbarmachung. Auf der anderen Seite kommt es dann aber bei Sichtbarmachung zu einer starken Reduzierung auf ihre geschlechtliche Identität oder sexuelle Orientierung. In einer Befragung in Nordrhein-Westfalen berichtet eine Person: »Mehrere Ärzt_innen stellten Fragen über mein Sexualleben oder meinen Körper, die nichts mit der jeweiligen Behandlung zu tun hatten.«[11] Andere beschrieben, dass jegliche Erkrankung auf ihr Queer-Sein zurückgeführt wurde. Das geht manchmal so weit, dass es in Teilen der trans* Community einen Namen dafür gibt: »Trans Broken Arm Syndrome«.[8] Der Begriff beschreibt das Phänomen, dass – ähnlich wie bei mehrgewichtigen Personen alles mit ihrem Gewicht erklärt wird – bei vielen trans* Personen sämtliche Erkrankungen auf ihr Trans*-Sein geschoben werden, selbst wenn es sich um einen gebrochenen Arm handelt. Das hat der Sexual- und Traumapädagoge Alexander Hahne auch schon selbst erlebt. Obwohl seine chronischen Hüftschmerzen nach einer Verletzung schon Jahre vor seiner Transition begannen, erlebt er immer wieder, dass Ärzt*innen die Schmerzen mit seiner Hormoneinnahme in Verbindung bringen. »Dass ich trans bin, wird von verschiedenen Ärzt:innen immer wieder zum Thema gemacht, auch wenn es nichts mit meinem Anliegen zu tun hat«,[15] sagt er in einem Interview. Er selbst bietet darum in seiner professionellen Arbeit unter anderem Beratung und Praxistipps für Gesundheitspersonal im Umgang mit trans* und nicht-binären Kolleg*innen und Patient*innen an.[33]

Queerfeindlichkeit ist ungesund

Im Gesundheitssystem gilt ein Prinzip der besonderen medizinischen Fürsorge für die, die einen erhöhten Bedarf dafür haben: Kritisch Kranke erhalten intensivmedizinische Behandlung, Menschen mit besonders hohen Risikofaktoren für bestimmte Erkrankungen erhalten häufigere Vorsorgeuntersuchungen. Diese Logik scheint aber nur innerhalb einer privilegierten Gruppe zu greifen, was natürlich an kapitalistische, ableistische, neokoloniale und weitere Machtprinzipien geknüpft ist. Das Prinzip der besonderen Fürsorge für besonders benachteiligte Menschen greift für queere und andere, vor allem mehrfach-marginalisierte Menschen nicht. So ist nicht nur ihre medizinische Versorgung schlechter und teils sogar (re-)traumatisierend, sondern der Bedarf an Zugang zu Gesundheitsleistungen ist auch höher als in der Durchschnittsbevölkerung.

Da ist zum einen der schon beschriebene Minderheitenstress, der bei queeren Menschen zu einem erhöhten Risiko für psychische Erkrankungen und Selbstmord führt.[34] So leiden queere Menschen in Deutschland gegenüber cis-hetero Menschen dreimal häufiger an Depression und Burn-out, sie fühlen sich doppelt so häufig einsam, und insbesondere trans* Personen sind häufiger von Angststörungen betroffen.[35] Auch der Blick auf andere Länder ist recht eindeutig: 2015 ergab zum Beispiel eine Befragung US-amerikanischer trans* Menschen, dass 40 Prozent von ihnen schon einmal versucht haben, sich das Leben zu nehmen, während der Bevölkerungsdurchschnitt dort bei 4,6 Prozent liegt.[17] In Neuseeland kommen versuchte Selbstmorde bei trans* Jugendlichen fünfmal häufiger vor als bei cis Jugendlichen,[36] und internationale Studien zeigen, dass auch selbstverletzendes Verhalten häufiger vorkommt.[37]

Aber nicht nur in Bezug auf die Psyche sind die Chancen auf ein gesundes Leben für queere Menschen geringer. Auch körperliche Erkrankungen wie Herzkrankheit, Migräne oder chronische Rückenschmerzen, die auf eine Langzeit-Stressbelastung hinweisen, sind häufiger.[35] Fast doppelt so viele queere wie cis-hetero Menschen waren zum Beispiel 2019 länger als sechs Wochen krankgeschrieben. Über die Hälfte der trans* und inter* Menschen gaben bei einer europaweiten Befragung an, chronische gesundheitliche Probleme oder Langzeiterkrankungen zu haben, bei den bisexuellen Frauen waren es knapp die Hälfte und bei bisexuellen Männern und lesbischen oder schwulen Befragten rund ein Drittel.[38, 39] Eine retrospektive Kohorten-Studie in den Niederlanden stellte fest, dass zwischen 1972 und 2018 das Sterberisiko für trans* Menschen doppelt so hoch war wie bei cis Menschen.[40] Besonders bei den 2927 trans* Frauen, die in die Studie eingeschlossen wurden, wurden 2- bis 3-fach erhöhte Sterberaten im Vergleich zur Gesamtbevölkerung festgestellt. Die Hauptgründe für die Tode der trans* Frauen waren Herz-Kreislauf-Erkrankungen, Lungenkrebs, HIV-Erkrankungen und Selbstmord. Strukturelle Trans*- und Queerfeindlichkeit ist tödlich.

Lebensrealität und Lebensgefahr

Das Leben von queeren und insbesondere von inter*, trans* und nicht-binären Menschen ist aber nicht nur durch Erkrankungen bedroht, sondern auch von der Gewalt, der sie ausgesetzt sind.[41] So kam es 2022 in Deutschland durchschnittlich viermal am Tag zu Straftaten, die als Hasskriminalität gegen queere Personen registriert wurden, 213 davon waren homo- und transfeindliche Körperverletzungen. Der Großteil dieser Straftaten ist entweder rechts motiviert oder konnte keiner Ideologie zugeordnet werden, während linke, religiöse und ausländische Ideologien laut der Daten des Bundeskriminalamts weniger ins Gewicht fallen.[42] Die *EU-Grundrechte-Agentur* veröffentlichte 2020 Ergebnisse einer Befragung, in der 13 Prozent der Menschen in den letzten fünf Jahren körperlich angegriffen wurden, weil sie queer sind.[13] Es ist ironisch, dass trans*-feindliche Rhetorik betroffene Menschen als Bedrohung, beispielsweise auf öffentlichen Toiletten, darstellt, während queere Menschen aber selbst in Deutschland vor allem im öffentlichen Raum Angst vor Übergriffen haben und 8 Prozent schon nach erlebter Hasskriminalität medizinisch versorgt werden mussten.[13] Insgesamt sind die Zahlen zu queer-spezifischer Gewalt vermutlich viel höher, da nicht alle Vorfälle gemeldet werden. Manchmal ist der Hass so groß und die Gewalt so stark, dass es sogar zur Tötung von queeren Menschen kommt. In Deutschland wurde zuletzt 2022 in Münster der trans* Mann Malte C. durch einen Faustschlag getötet, nachdem er sich schützend vor zwei Frauen gestellt hatte, die bedroht wurden. Das Vorjahr 2021 war weltweit das bisher tödlichste Jahr für trans* Menschen, vor allem von Rassismus betroffene trans* Frauen wurden ermordet.[43, 44]

Ein Outing ist für Schwarze trans* und nicht-binäre Menschen besonders gefährlich, weil sie massiv von Übergriffen und Gewalt betroffen sind, erklärt Andreas Tsepo Bollwinkel von der *Initiative Schwarzer Menschen in Deutschland (ISD)*. Queere Orte und Initiativen geben nicht immer allen Menschen die gleiche Geborgenheit. »Queere Schutzräume in Deutschland sind meist Schutzräume für *weiße* queere Menschen«[45], so Tsepo Bollwinkel. Er selbst hat als queere Person Rassismuserfahrungen gemacht und gründete darum innerhalb der *ISD* die Gruppe *Black & Queer*. Genau an dieser Intersektion von Rassismus und Queerfeindlichkeit setzt auch das bereits erwähnte Berliner Gesundheits- und Communityzentrum *Casa Kuà* an. Die Begegnungsstätte richtet sich insbesondere an queere Menschen, die gleichzeitig von Rassismus betroffen sind. »Das deutsche Gesundheitssystem priorisiert die Bedürfnisse von Menschen mit *weißen*, cis-männlichen Körpern. Deshalb wollten wir ein Zentrum explizit für marginalisierte Communities schaffen«[46] erklärt Tzoa vom Team. »Krankheit kann (…) durch viele Faktoren verursacht werden: auch durch systemische und strukturelle Diskriminierung, Einsamkeit oder Isolation. Es ist uns wichtig, Praktizierende zusammenzubringen, die dies in ihrer medizinischen Praxis beachten. Wir definieren Gesundheit im weiteren Sinne – nicht nur als Behandlung von Symptomen.«[46]

Für viele queere Personen sind solche Schutzräume auch deshalb so wichtig, weil sie aufgrund ihrer Geschlechtsidentität oder sexuellen Orientierung ein schwieriges Verhältnis zu ihrer ursprünglichen Familie haben. Dadurch fehlt wichtiger Rückhalt, den sie in einer diskriminierenden Gesellschaft gut gebrauchen könnten. Die Aktivistin Sara Grzybek erzählt im Podcast *Kleine Pause*, wie sie in der Schulzeit für sich feststellte, dass sie nicht hetero ist. »In meiner Familie wurde das gar nicht positiv aufgenommen. Im Zuge dessen war ich dann auch nicht mehr sicher zu Hause.«[47] Sie musste mitten in der Abiturklausuren-Phase ihr Zuhause verlassen und bei einem Freund auf dem Sofa unterkommen.

Doppelt ausgeschlossen sind oft auch queere Menschen mit Behinderung, für die manche Schutz- und Begegnungsräume im wahrsten Sinne des Wortes nicht zugänglich sind. Der Politiker und Aktivist Edwin Greve hat es selbst schon erlebt, dass er mit seinem Rollstuhl aufgrund fehlender Rampen keinen Zugang hatte. Es ist wichtig, dass alle, die sich als Teil der queeren Gemeinschaft fühlen, auch in die entsprechenden Räume kommen können, erklärt er im Gespräch mit Moderatorin Kübra Sekin. Auch bei Demonstrationen ist es manchmal schwer mit der politischen Teilhabe, es bräuchte öfter Konzepte wie einen Ruhewagen für Menschen, die nicht oder schwer laufen können, so Greve. Denn im Grunde ginge man ja gemeinsam auf die Straße, gegen Körpernormen. Mit denen ist er als trans* Mann auch im medizinischen System häufig konfrontiert. »Mein Körper (ist) spannend für Ärzt*innen, (…) das hat so einen Attraktionsfaktor bekommen«[48], berichtet er. Manches Gesundheitspersonal benimmt sich ihm gegenüber »wie im Zoo«, erzählt er, er bekommt zu hören, »so etwas wie ihn« sähen sie selten. Das macht Besuche in einer ärztlichen Praxis schwierig. »Du brauchst eine Praxis, die muss Rollstuhlzugänglich sein, du brauchst vielleicht Fachärzt*innen, die sich mit etwas Spezifischem auskennen, (…) und dann möchtest du aber noch, dass die Person in Bezug auf Gender ein bisschen sensibler ist, (…) dann ist die Auswahl an Ärzt*innen plötzlich sehr sehr begrenzt.«[48]

Um genau diese Suche nach medizinischen Anlaufstellen, die auf verschiedenste Diskriminierungsformen sensibilisiert sind, zu erleichtern, hat Sara Grzybek die Website *Queermed* aufgebaut, nach dem Vorbild des gleichnamigen österreichischen Online-Verzeichnisses. Dort wurden schon über 400 Einträge gesammelt, die Empfehlungen beinhalten Angaben über Sensibilisierung zu queeren Identitäten, aber auch zu Themen wie Rassismus, Mehrgewichtigkeit, Behinderung, Religion, sexualisierter Gewalt oder ADHS. »Queermed Deutschland soll auffangen, was aktuell durch das deutsche Gesundheitssystem nicht möglich ist: eine respektvolle, sensibilisierte Gesundheitsversorgung für alle in Deutschland lebenden Menschen«[49], heißt es auf der Website.

Was war und was werden kann

Die medizinische Pathologisierung und Stigmatisierung sowie der daraus folgende gesellschaftliche Ausschluss von queeren Menschen haben lange Tradition, die nur träge infrage gestellt und aufgebrochen wird. Als die Covid-19-Krise begann, unser Leben, wie wir es kannten, umzukrempeln, war oft die Rede von der ersten Pandemie, von der die aktuell lebenden Generationen betroffen sind. Dabei wurde ausgeblendet: Es wütete schon einmal, seit 1981, eine tödliche Pandemie, die bis heute weltweit circa 35 Millionen Todesopfer forderte – zum Vergleich: Die Covid-Todeszahlen liegen derzeit bei knapp 7 Millionen.[50] Die Rede ist natürlich vom Aquired Immunodeficiency Syndrome (AIDS), das durch die Infektion mit dem Human Immunodeficiency Virus (HIV) verursacht wird. Die AIDS-Pandemie war traumatisierend für die queere Community, die so wichtigen außerfamiliären sozialen Gemeinschaften vieler Menschen brachen auseinander, viele verloren große Teile ihres Freund*innenkreises. Infizierte Menschen erfuhren einen noch stärkeren gesellschaftlichen Ausschluss als zuvor. Zu der Zeit, als noch nicht bekannt war, über welche Wege eine Infektion stattfindet, weigerte sich sogar das medizinische Personal oft, HIV-Infizierte zu behandeln, und lesbische Ehrenamtliche sprangen ein, um die Sterbenden zu versorgen.[51] Der Aktivist Bernd Gaiser erinnert sich im Podcast *Queer Story*, wie noch Anfang der Neunzigerjahre schlagartig alle Menschen gingen, als er mit einem AIDS-erkrankten Freund, der die typischen körperlichen Symptome hatte, einen Raum betrat.[4]

Heute kann jemand mit einer HIV-Infektion ein weitgehend uneingeschränktes Leben führen, und das genauso viele Jahre lang wie andere auch, denn die Lebenserwartung ist dank medizinischer Entwicklungen nicht vermindert. Natürlich nur, wenn für die infizierte Person der Zugang zu Gesundheitsversorgung gut möglich ist, sowohl strukturell als auch finanziell. Das ist nicht für alle gleichermaßen möglich, beispielsweise ist es schwierig für geflüchtete Menschen in Deutschland. Theoretisch existieren aber hochwirksame Medikamente. Die Weiterentwicklung von Therapien für infizierte Personen hat unglaubliche Fortschritte gemacht, und auch für Nicht-Betroffene ist die Verhinderung einer Ansteckung mit einer vorsorglichen Tablette, der sogenannten Präexpositionsprophylaxe (PrEP), sehr leicht geworden. Wer HIV-positiv ist und regelmäßig die tägliche Tablette einnimmt, drückt so die Zahl der HI-Viren im Blut unter die Grenze der Nachweisbarkeit im Labor, ist somit nicht ansteckend für andere. Leider hat sich das HIV-Stigma aber nicht genauso gut zurückdrängen lassen wie die Erkrankung selbst. Das zeigt der Fall des Marburger Zahnmedizinstudenten Frank Martin, der 2021 aufgrund seiner HIV-Infektion von seiner eigenen Universität Hausverbot bekam. Dass die Betriebsärztin ihn überhaupt nach einer Infektion gefragt und daraufhin getestet hatte, sehen Expert*innen der *Deutschen Aidshilfe* kritisch, da es veraltete Vorstellungen über HIV-Infektionen offenbare. Denn HIV-positive Mitarbeitende dürfen ohne besondere Auflagen im Gesundheitswesen arbeiten, lediglich bei verletzungsträchtigen Operationen, wie im Fall von zahnärztlichen Behandlungen, muss nachgewiesen werden, dass die Viruslast unter der Nachweisgrenze liegt – was beim Marburger Zahnmedizinstudenten Frank Martin der Fall war. Trotzdem setzte ihn die Universität erniedrigenden monatlichen Treffen aus, in denen er nach seinen Sexualpraktiken gefragt wurde und auf eigene Kosten die teuren HIV-Tests durchführen lassen musste. Das ging neun Monate lang so. Darauf folgte ein bisher zweijähriger Rechtsstreit, der Martin schon jetzt sein Erspartes und seine Gesundheit kostete.[52]

Dass sich das gesellschaftliche HIV-Stigma hartnäckig hält, zeigt sich bis heute auch beim Thema Blutspende. Das Vorurteil, dass homo und queerer Sex automatisch riskanter sind als Hetero-Sex, bedingt eine ungleiche Behandlung von Männern, die Sex mit Männern haben, gegenüber heterosexuellen Menschen. Die Regelung zur Blutspende sah bis vor Kurzem vor, dass heterosexuelle Menschen nicht spenden dürfen, wenn sie innerhalb der letzten vier Monate mindestens drei verschiedene Sexualkontakte hatten. Bei bisexuellen und schwulen Männern galt das Verbot aber schon ab einem einzigen Sexualkontakt im gleichen Zeitraum. Dabei wurden weder Verhütung noch die genaue Sexualpraktik erfragt.[53] Das heißt: Ging ein hetero Mann zur Blutspende, der zuvor ungeschützten Sex hatte, durfte er sein Blut spenden. Sein schwuler Nachbar, der sich regelmäßig auf sexuell übertragbare Krankheiten testen lässt und einen Monat vorher geschützten Sex hatte, wurde pauschal von der Blutspende ausgeschlossen.

Diese Unterscheidung ist stigmatisierend und wissenschaftlich nicht nachvollziehbar, findet auch die *Deutsche Aidshilfe.*[54] Sie wünscht sich, dass die Erstellung der Richtlinien zur Blutspende endlich interdisziplinärer wird und Selbsthilfeverbände stärker in das Verfahren eingebunden werden. Das ist bei der Neuregelung, die seit September 2023 gilt, erneut nicht geschehen, wodurch die bisherige Diskriminierung leider nicht wirklich beendet wird, wie die *Deutsche Aidshilfe* kritisiert. Stattdessen hat die Bundesärztekammer eine Richtlinie veröffentlicht, nach der Menschen zwar nicht mehr direkt nach ihrer sexuellen Orientierung gefragt werden, viele queere Männer aber weiterhin indirekt durch die Stigmatisierung von Analsex diskriminiert und von der Blutspende ausgeschlossen werden.[55] Alle Menschen würden übrigens von einer diskriminierungsfreien Regelung in Deutschland profitieren, denn es gibt seit Jahren einen großen Mangel an den potenziell lebensrettenden Blutkonserven. Laut einer repräsentativen Umfrage würden über eine halbe Million der Männer, die bisher von der Blutspende ausgeschlossen waren, gern spenden. Die Lücke der jährlich in Deutschland fehlenden 50 000 Liter Blut wäre damit locker geschlossen.[53]

In Sachen Geschlechtervielfalt und Queerness gibt es noch sehr viel zu tun in der Medizin. Damit meine ich nicht nur, dass mir verboten wurde, in einer Hausarbeit gendersensible Sprache zu verwenden, und auch nicht, dass es drei Jahre gedauert hat, bis von meiner Universität das Hissen der Regenbogenflagge während des Pride-Monats erlaubt wurde.[56] Sondern ich meine damit vor allem die Vernachlässigung und Gewalt, denen Menschen immer noch ausgesetzt sind, deren Körper oder Identität nicht in die medizinisch geprägten Normen von Geschlecht und Sexualität passen. Es sind immerhin gute Nachrichten, dass sich etwas bewegt in Sachen queerer Gesundheit und Gesetzgebung. Gleichzeitig ist es erschreckend, wie lang dieser Fortschritt gedauert hat. Die »Umerziehung« von homosexuellen Menschen in sogenannten Konversionstherapien ist zum Beispiel erst seit 2020 offiziell in Deutschland verboten. Bis 2021 waren die oben beschriebenen Genitaloperationen an intergeschlechtlichen Kindern noch nicht verboten. Und erst seit 2022 gelten trans* Menschen nicht mehr offiziell als psychisch krank, und das von trans* Verbänden viel kritisierte »Transsexuellengesetz« soll endlich durch ein Selbstbestimmungsgesetz abgelöst werden. Für mehr positiven Wandel braucht es auch mehr Datengrundlagen, das Thema scheint aber noch nicht so recht bei uns angekommen zu sein. Tippe ich in der Suchleiste des Statistischen Bundesamts für Deutschland die Begriffe »LSBTQ« oder »Queer« ein, teilt mir die Website mit: Kein Treffer.

10. Veränderung und Visionen
Gute Besserung

> »Wenn die kreative Arbeit, neue Welten zu erschaffen, sich für Dich schwierig und überwältigend anfühlt, dann darum, weil sie es ist. Die Welt, in der wir leben, lässt solche Ideen falsch, abnormal, abweichend und krank erscheinen.«[1]
>
> Rupa Marya & Raj Patel

Es gibt einige Geschichten, die unsere Sichtweise auf die Welt verändern, die etwas in uns anstoßen. Für mich war ein solcher Input die Dokumentation *Vessel* aus dem Jahr 2014. Der Film begleitet die niederländische Organisation *Women on Waves*. Sie beschäftigt sich mit der Problematik, dass viele Länder durch ihren gesetzlich eingeschränkten Zugang zu Abtreibungen die Gesundheit ungewollt Schwangerer gefährden. Um diese Gesetze zu umgehen, bedient sich die Organisation eines eigentlich einfachen Tricks – sie agiert in internationalen Gewässern, wodurch die jeweiligen Gesetze der Länder nicht greifen. Die mobile Schiffsklinik und ihr Team rund um die Ärztin Rebecca Gomperts hilft ungewollt Schwangeren mit Abtreibungen auf hoher See und macht sich damit zur Zielscheibe von Aggression bis hin zu militärischen Interventionen. Das Ziel, allen eine Selbstbestimmung über ihren eigenen Körper möglich zu machen, treibt das Team aber immer weiter an, und im Laufe der Zeit entwickelt sich eine weltweite Bewegung, die sich für fairen Zugang zu sexueller und reproduktiver Gesundheit starkmacht. Solche Vorbilder und Geschichten sind es, die mir an schwierigen Tagen helfen, den Einsatz für gleichberechtigte Gesundheit nicht aufzugeben.

Auch während der Arbeit an diesem Buch gab es schwierige Tage, an denen mich all die Diskriminierungsdaten deprimierten und die entmutigenden Zahlen in mir ein Gefühl der Schwere auslösten. An solchen Tagen machte ich mich gezielt auf die Suche nach hoffnungsvollen Geschichten, nach Ideen für ein besseres System, nach Perspektiven für einen positiven Wandel, gesamtgesellschaftlich wie im Gesundheitswesen. Ich fand Menschen und Gemeinschaften, die auf kreative und kämpferische Weise für eine gesündere Welt einstehen, manche aus dem vorhandenen System heraus, andere jenseits bestehender Strukturen. Durch die Recherche, durch die Arbeit in unserem Verein *Feministische Medizin*, durch den Kontakt zu anderen Organisationen und auch im Studium und Arbeitsalltag durfte ich schon unglaublich viele verschiedene Menschen erleben, die sich für eine gerechtere Gesundheit einsetzen. Es machen mir meine Mitstreiter*innen im Verein Mut, die nicht nur in unserer Vereinsarbeit, sondern auch an ihren jeweiligen Arbeits-, Ausbildungs- und Studienorten in Universitäten, Kliniken, Praxen und Beratungsstellen ihre intersektional feministische Sicht auf die Medizin einfließen lassen und diese auch in ihrer Freizeit auf der Straße und in digitalen Räumen kundtun. Und natürlich tun dies auch unglaublich viele weitere Menschen und Initiativen, die wir teilweise im Buch schon kennengelernt haben. Die Forderung nach der

Integration von feministischen und anderen Menschenrechts-basierten Theorien in die klinische Medizin hat es inzwischen auch in die Debatten der Bioethik geschafft.[2] An so vielen Stellen überlegen Menschen, wie Forschung fairer, wie Versorgung vorurteilsfreier, Medizin menschlicher und wie Gesundheit gerechter werden kann.

Unsere Gesundheit ist ein Menschenrecht, und wir haben gesehen, dass dieses Recht durch Diskriminierung bedroht wird. Die Diskriminierung, die wir im Alltag erleben, verursacht Traumas, körperliche wie emotionale Wunden, und Stress, der sich in unseren Körper einschreibt und uns krank macht. Wir haben auch gesehen, dass genau das Gesundheitssystem, das eigentlich die Förderung von Gesundheit zum Ziel hat, ein diskriminierender und somit krank machender Ort sein kann. Die Bekämpfung einer Medizin der Macht und Marginalisierung gehört ganz oben auf die Agenda, wenn wir ernsthaft an einer gleichberechtigten Gesundheitsversorgung interessiert sind. Wir müssen mitwirken bei der Umgestaltung dieses derzeitigen Systems, in dem wir existieren.

Zeit für Zusammenschlüsse

Komplizierte Probleme brauchen komplexe Lösungen, auch wenn Populist*innen gern etwas anderes behaupten. Die politischen Entscheidungsträger*innen haben viele schwierige Hausaufgaben vor sich, wie wir in diesem Buch gesehen haben. Wir können aber nicht immer geduldig auf Veränderung durch die Verantwortlichen warten, wenn unsere Gesundheit auf dem Spiel steht. Aber wie können wir einen Wandel angehen?

Es gibt für verschiedene Menschen unterschiedliche Antworten auf diese Frage. Fest steht, wenn wir etwas verändern wollen, müssen wir uns mit anderen zusammentun. Denn die Energie, die freigesetzt wird, wenn Menschen sich vernetzen, ihre Geschichten teilen, und daraus Visionen und Forderungen entstehen, ist nicht zu unterschätzen. Mir wurde das zum ersten Mal körperlich spürbar klar in einem Konferenzsaal in New York. Dort fand 2019 die Jubiläumskonferenz zum hundertjährigen Bestehen der *Medical Women's International Association* statt. Dieser Weltärztinnenbund besteht aus über 50 nationalen Organisationen aus aller Welt. Medizinstudentinnen und Ärztinnen aus Asien, Afrika, Europa, dem Pazifik, Nord- und Lateinamerika trafen sich alle an einem Ort, um sich über berufliche und gesundheitliche Themen auszutauschen. Ich hatte das große Glück, dorthin reisen zu dürfen, mit der Delegation des 1924 von Hermine Heusler-Edenhuizen mitgegründeten *Deutschen Ärztinnenbundes.* Was ich dort erlebte, war überwältigend. Denn wir füllten ein ganzes Hotel. Jedes einzelne Zimmer war belegt mit Frauen aus dem medizinischen Bereich, jedes einzelne Panel war weiblich besetzt, jedes Seminar von einer Referentin geführt, selbst jede Toilette war mithilfe von Klebeschildern kurzerhand zu einer Frauentoilette umgewidmet worden. Es ist unbeschreiblich, wie es sich als weiblich sozialisierte Person anfühlt, in einer männlich dominierten Welt plötzlich das seltene Gefühl zu haben, nicht nur dazuzugehören, sondern (dort) genau richtig zu sein. Ich lernte über den Arbeitsalltag japanischer Ärztinnen, Ansätze zur Verbesserung von Müttergesundheit in Kamerun, wie die Versorgung von Opfern sexualisierter Gewalt in Korea aussieht, wie Ärztinnen in Italien oder Ghana mit Belästigung am Arbeitsplatz umgehen. Am Ende durfte ich sogar einem Vortrag der feministischen Ikone Gloria Steinem lauschen und hatte das Gefühl, fliegen zu können. Eine Erfahrung der Gemeinschaft zu machen, zu realisieren, dass man nicht allein ist, dass die Ungerechtigkeiten, die einem widerfahren, kein persönliches Pech, sondern ein systemisches Problem sind, hat ungeheure Kraft. Aus diesem Gefühl von »Ich auch!«, also »Me Too!«, ist schließlich eine große politische Bewegung entstanden. Aktivistin Luisa L'Audace beschreibt, wie sich auch durch andere Stichworte im Netz betroffene Gruppen verbinden und verbünden. Ende 2020 hatte Aktivist*in Kayle Hill den Hashtag *#AbleismTellsMe* ins Leben gerufen und machte damit laut L'Audace weltweit Diskriminierungserfahrungen durch Ableismus sichtbar. »Die Folge davon waren nicht nur Aufklärung und Awareness, sondern auch ein Gemeinschaftsgefühl, das nur dann entsteht, wenn viele Menschen zusammenkommen. Menschen, die ähnliche Erfahrungen teilen und sich gegenseitig dazu ermutigen können, zu ihren Gefühlen zu stehen. Wir sind nicht allein. Das wurde besonders an diesem Tag deutlich.«[3]

Zuletzt war mir dieses Gefühl der Verbundenheit wieder sehr präsent, als ich mich als Patient*in auf einer Reha mit anderen Long-Covid-Betroffenen austauschen und endlich verstanden fühlen konnte. Der ständige Rechtfertigungsdruck, die große Unwissenheit, die permanente Unterstellung des Übertreibens, die überfordernden bürokratischen Hürden, die finanziellen Ängste, die Einsamkeit der Erschöpfung und viele weitere Dinge, die die Erkrankung mit sich bringt, musste ich endlich nicht mehr erklären, sondern fühlte mich ausnahmsweise verstanden. Andere marginalisierte Menschen berichten ähnliche Erfahrungen des Empowerments, die Austausch und Vernetzung mit sich bringen. So berichtet zum Beispiel Robi: »Ich erlebte viele Gänsehautmomente bei den Peer-to-Peer Beratungen von Inter*Organisationen, welche mich in der Aufarbeitung meiner Vergangenheit voranbrachten. (…)

Ohne die Selbsthilfestrukturen der Inter*Verbände und die vielen Gespräche mit weiteren Inter*Personen hätte ich nicht den Mut und die Kraft aufgebracht, Inter* als Teil von mir gutzuheißen.«[4]

Die Kämpfe, die vor uns kamen

Zusammenschlüsse von marginalisierten Menschen, die gemeinsam für eine fairere Gesundheit und Gesellschaft einstehen, sind natürlich nicht neu. Vor der Zeit von Hashtags und Netzaktivismus sah der Einsatz für Gesundheitsgerechtigkeit anders aus, aber innovativ war er allemal. Mir ist bei der Suche nach Ansätzen für ein anderes Gesundheitssystem einmal mehr klar geworden, dass wir für unseren heutigen Gesundheitsaktivismus unglaublich viel lernen können von denen, die vor uns kamen und uns den Weg bereitet haben. Denn natürlich sind auch unsere Forderungen nach Selbstbestimmung, nach Zugang zu Wissen und Versorgung, nach machtkritischer Medizin, nach Gleichbehandlung und Gesundheitsgerechtigkeit nicht neu, sondern sie reihen sich in eine lange Tradition verschiedener politischer Kämpfe ein. Schon immer gab es Menschen, die sich gegen ungerechte Systeme stark gemacht und neue Räume geschaffen haben.

Die 1980er-Jahre waren maßgeblich geprägt von der weltweiten Aids-Krise und dem konservativen Backlash, den die queere Community erfuhr, auch im deutschsprachigen Raum. In diesen Jahren bildete sich die Aids-Bewegung, ein breites Bündnis aus queeren Initiativen, Sexarbeiter*innenprojekten, Sucht-Selbsthilfegruppen, (Ex-)Inhaftierten-Zusammenschlüssen und migrantischen Organisationen, die sich für Aufklärung der Bevölkerung und Empowerment der Betroffenen einsetzten.[5] In den 1980er-Jahren fanden auch gemeinsame Kongresse der feministischen und der sogenannten Krüppelbewegung der damaligen BRD statt. In der Debatte um Selbstbestimmung waren »die Positionen von behinderten Frauen, Ökofeministinnen und Lesben (…) besonders einflussreich[6]«, schreibt Kirsten Achtelik über die Kongresse gegen Gen- und Reproduktionstechniken. Die Kongresse mit jeweils rund 2000 Teilnehmenden gaben auch Speaker*innen aus Indien, Namibia, El Salvador und Singapur eine Bühne, um eine solidarische Haltung zu etablieren und Erfahrungen aus Ländern des globalen Südens mit einzubeziehen. Außerdem waren antiimperialistische und antikapitalistische Positionen wesentlich in den Debatten vertreten, so Achtelik.[6]

Diese Zusammenarbeit fand statt im Rahmen einer großen deutschen Gesundheitsbewegung in den 1970er- und 1980er-Jahren, die aber laut Inga Zimprich und Julia Bonn im kollektiven Gedächtnis kaum erinnert wird.[7] Das wollte das Künstlerinnen-Duo ändern und gründete darum die *Feministische Gesundheitsrecherchegruppe (FGRG)*. In Zeitschriften und Ausstellungen dokumentieren sie eine politische Bewegung, »an der Schnittstelle zwischen Hausbesetzer*innenszene und zweiter Welle Frauen*bewegung, in der zahlreiche neue Modelle von Gesundheitssorge erprobt und Methoden radikaler gegenseitiger Fürsorge entwickelt wurden«[8]. Eine der Selbsthilfeformen aus dieser Zeit waren antipsychiatrische Beratungsstellen, die die Erfahrungsexpertise der Betroffenen aus früheren Krisen wertschätzen und sie nicht wie Psychiatrieinstitutionen gewaltvoll in eine extern definierte Norm von Psyche und Verhalten zwängen.[7] Eine andere Praktik der Gesundheitsbewegung war der selbstermächtigte Zugang zur eigenen Sexualität und Anatomie, der für Menschen mit Vulva in Workshops zur vaginalen Selbstuntersuchung oder der gemeinsamen Selbstbefriedigung ermöglicht wurde.[9] Wer es satt hat, im Gegensatz zum behandelnden medizinischen Personal noch nie die eigene Portio (»Muttermund«) gesehen zu haben, der kann sich bis heute bei Initiativen wie dem *Feministischen Frauen Gesundheits Zentrum (FFGZ)* ein Spekulum bestellen und mithilfe eines Spiegels nachschauen.

Auch aus ärztlichen Reihen und anderen Gesundheitsberufen schlossen sich Menschen der Gesundheitsbewegung an. In Berlin gründete sich in den 1970er-Jahren die *FrAktion Gesundheit* als »ärztlicher Aufstand gegen die Halbgötter in Weiß«[10], wie es online heißt. Ihr Ziel war es unter anderem, die konservative ärztliche Führungsriege und die patient*innenferne kommerzialisierte Medizin zu kritisieren. Diese »neue Generation von Ärzten in sozialer Verantwortung« war vor allem alteingesessenen Ärzt*innen mit nationalsozialistischer Vergangenheit, wie dem damaligen Präsidenten der Bundesärztekammer, ein Dorn im Auge. »Doch die gesundheitspolitische Bewegung für eine Ärzteschaft, die sich ihrer gesellschaftlichen Aufgabe bewusst ist, setzte sich außerhalb der Ärztekammern durch«[10], schreibt die Gruppe über die frühen 1980er-Jahre, später etablierte sich die Fraktion aber auch innerhalb der Berliner Ärztekammer, wo sie bis heute vertreten ist. 1980 fand dann der erste Deutsche Gesundheitstag mit rund 12 000 Teilnehmenden statt, eine Protestveranstaltung als Gegenprogramm zum Deutschen Ärztetag, der sich als Hauptversammlung der Bundesärztekammer ausschließlich an Ärzt*innen richtet und bis heute in dieser Form jährlich stattfindet. 1981 versammelten sich in Hamburg sogar über 18 000 Teilnehmende mit und ohne medizinischen Hintergrund zum Gesundheitstag, um über alternative Projekte, soziale Gesundheitszentren und integrierte Versorgungsnetzwerke zu sprechen.

Community Care

Utopien und Ideen, wie unser Umgang mit Körpern und Krankheit und eine selbstbestimmte gemeinsame Gesundheitsfürsorge aussehen könnten, gibt es bis heute viele verschiedene. Eine davon lernte ich dank der oben genannten *Feministischen Gesundheitsrecherchegruppe* kennen: die *Radikale Therapie*. Ich war fasziniert von diesem Konzept der selbst organisierten Gruppentherapie mit Elementen aus der Psychiatrie, des Feminismus und Marxismus, das Ende der 1960er-Jahre in den USA entstand und seit den 1980er-Jahren auch in Deutschland praktiziert wird. Die Praxis folgt dem Prinzip einer Begegnung auf Augenhöhe: Die Teilnehmenden einer Gruppe sind gleichberechtigt und wechseln sich mit der Leitung der Treffen ab, jede Person wird als Expert*in für das eigene Leben anerkannt. Im Gruppenprozess unterstützen sich die Teilnehmenden gegenseitig in der Bearbeitung ihrer therapeutischen Themen mithilfe von Techniken aus Bereichen wie der Humanistischen Psychologie oder der Radical Psychiatry. Meist finden die Gruppentreffen getrennt für Frauen, Männer oder queere Personen und seltener in gemischten Gruppen statt, um einen Schutzraum vor Sexismus zu schaffen. Die Selbsthilfetreffen von Radikalen Therapiegruppen sind kostenlos und bilden bis heute eine Alternative für Menschen, die sich im System von Psychiatrie und Psychotherapie nicht wiederfinden oder vielleicht einen erschwerten Zugang dazu haben.[11, 12]

Gesundheitsaktivismus bedeutet nämlich für viele marginalisierte Menschen nicht nur, die Unzulänglichkeiten des bestehenden Systems sichtbar zu machen und seine Lücken zu füllen, sondern auch die Geschichte von (vermeintlicher) Krankheit komplett neu zu erzählen und jenseits des Systems eigene Räume für Gesundheit und Fürsorge zu schaffen. Die Aktivistin und Autorin Audre Lorde stellte 1988 in der Auseinandersetzung mit ihrer Brustkrebserkrankung fest, dass Selbstfürsorge für sie ein Akt der Selbsterhaltung und damit des politischen Widerstands in einer diskriminierenden Gesellschaft ist.[13] Und auch gemeinsame und gegenseitige gesundheitliche Fürsorge für marginalisierte Körper ist politisch, und zum Beispiel in queeren, anti-ableistischen oder dekolonialen Bewegungen eine etablierte Praxis. Wie das konkret in Form von eigens gegründeten Unterstützungsgruppen aussehen kann, beschreibt Aktivist*in, Pflegekraft und Autor*in Alice aus den USA: »Wir teilten Medikamente, versorgten uns gegenseitig mit Essen und kamen vorbei, wenn jemand Fürsorge brauchte. Wir verändern vielleicht nicht die Welt, aber wir helfen uns gegenseitig zu überleben, indem wir präsent und aufmerksam für die Bedürfnisse der anderen sind. Das sind die Dinge, die die Welt etwas weniger zum Hindernislauf machen. Am wichtigsten dabei ist, dass es nicht nur eine einzelne Person ist, die Unterstützung leistet, sondern drei oder vier Personen, die sich umeinander kümmern. Keine*r von uns muss alleine Fürsorgende*r sein.«[14] Die US-amerikanische Künstlerin und Aktivistin Cassie Thornton beschreibt, inspiriert von solidarischen Gesundheitszentren in Griechenland, eine ähnliche Struktur der Fürsorgegruppen in *The Hologram: Feminist, Peer-to-Peer Health for a Post-Pandemic Future*. Ein Hologram, so Thornton, besteht aus drei Personen, die sich in regelmäßigen Treffen um das körperliche, psychische und soziale Wohlergehen einer vierten Person kümmern. Jede der drei Personen hat wiederum eine eigene Dreiergruppe von Fürsorgepersonen, wodurch ein Netzwerk der gegenseitigen gesundheitlichen Fürsorge entsteht.[15]

Diversity gegen Diskriminierung?

Während Patient*innen sich eigene Räume schaffen, ist medizinisches Personal auf der anderen Seite Teil eines diskriminierenden und hierarchischen Systems und damit Teil des Problems. Aber wie wir gesehen haben, gab und gibt es zum Glück viele Menschen in Gesundheitsberufen, die jeden Tag aufs Neue versuchen, Teil der Lösung zu sein. Diejenigen, die als Bestandteil der Strukturen ebendiese hinterfragen, aufbrechen und sie neu zusammenfügen möchten, die im Gesundheitskontext antirassistische, queerfeministische, machtkritische, antiklassistische, dekoloniale, anti-ableistische- oder Arbeitskämpfe führen, bekommen inzwischen endlich mehr Sichtbarkeit. Das ist nicht nur für einen langfristigen Systemwandel wichtig, sondern hat auch direkte positive Auswirkungen auf Interaktionen mit Patient*innen, wie eine Übersichtsstudie aus den USA schlussfolgert. Emotionale Unterstützung durch medizinisches Personal, Freund*innen und Familie kann schützend wirken gegen die negativen Effekte, die Diskriminierung auf die Gesundheit hat, oder diese zumindest abfedern.[16]

Weil wir psychologisch dazu neigen, Menschen, die uns ähnlich sind und in denen wir uns selbst wiederfinden, mehr Verständnis entgegenzubringen und sie mehr mitzudenken, ist die feministische Forderung nach mehr Repräsentation von marginalisierten Menschen im medizinischen Bereich besonders relevant. Wie wir gesehen haben, sind wir weit davon entfernt, die Vielfalt der Gesellschaft in den privilegierten Positionen des Gesundheitssystems repräsentiert zu sehen. Dabei erscheinen beispielsweise im Bereich der Geschlechtergerechtigkeit in den letzten Jahren immer mehr Studien, die nahelegen, dass mehr Repräsentation von Frauen in Form von mehr beschäftigten Ärztinnen sogar überlebenswichtig vor allem für weibliche Patientinnen sein könnte. So hat eine Datenanalyse aus den USA signifikant höhere Überlebensraten für weibliche Herzinfarkt-Patientinnen festgestellt, wenn sie von einer Ärztin behandelt wurden, während deren männliche Kollegen die Sterbewahrscheinlichkeit der Patientinnen erhöhten. Interessanterweise war dieser Effekt geringer, wenn die Ärzte viele weibliche Kolleginnen hatten oder schon viele weibliche Patientinnen behandelt hatten.[17] Aber nicht nur die Sterblichkeit in der Kardiologie, sondern auch in anderen Fachgebieten scheint in den USA vom Geschlecht der ärztlich behandelnden Person abhängig zu sein. Eine Analyse der repräsentativen Daten von über einer Million US-amerikanischer Krankenhauspatient*innen der Jahre 2011 bis 2014 zeigte sowohl eine signifikant höhere Überlebensrate als auch eine signifikant niedrigere Rate an Wiederaufnahmen in die Kliniken, wenn die zuvor ärztlich behandelnde Person eine Frau war.[18] Ähnliche rückblickende Datenanalysen von über einer Million Patient*innen, die zwischen 2007 und 2019 chirurgisch behandelt werden mussten, wurden in Kanada durchgeführt, und auch hier führt sich dieses Muster fort. Negative postoperative Folgen wie Komplikationen, Wiederaufnahme in die Klinik oder sogar Tod waren drei Monate und ein Jahr nach der Operation signifikant seltener, wenn die Operation von einer Frau durchgeführt wurde.[19, 20] Die Forschenden der Studie vermuten, Gründe für diese Ergebnisse könnten das Nicht-Ernstnehmen der Symptome von Patientinnen seitens der Ärzte sein, aber auch weniger detaillierte Symptombeschreibungen, die Patientinnen ihren Ärzten geben. Eine ähnliche Untersuchung aus Schweden sieht einen Zusammenhang zwischen den besseren postoperativen Ergebnissen von Ärztinnen in ihrem langsameren Arbeitstempo gegenüber Ärzten.[21] Die Autor*innen der kanadischen Studie sehen einen potenziellen Zusammenhang zwischen ihren Ergebnissen und soziokulturellen Faktoren, unbewusstem Bias und Kommunikationsstilen der verschiedenen Geschlechter. Andersherum weisen sie darauf hin, dass die Beziehung zwischen Ärzt*in und Patient*in laut einer älteren Studie gestärkt wird durch eine geteilte Identität, beispielsweise im Bereich von Geschlecht, eigenen Werten, Community und Ethnizität, oder aber zumindest durch eine offene und patient*innen-zentrierte Kommunikation seitens des ärztlichen Personals.[22] So gibt es auch Daten im Zusammenhang mit anderen Dimensionen der Diversität des medizinischen Personals, die hierauf hinweisen. In den USA konnte beispielsweise im Bereich der Geburtshilfe eine signifikant geringere Säuglingssterblichkeit Schwarzer Kinder nachgewiesen werden, wenn die Geburt von Schwarzem ärztlichem Personal betreut wurde statt von *weißen* Ärzt*innen.[23] Das zeigt einmal mehr: Diversität in Kliniken ist nicht nur moralisch richtig, sondern auch medizinisch wichtig.

Check your Privilege & Check your Prejudice

Mehr Diversität allein heißt aber noch lang nicht, dass es auch weniger diskriminierend zugeht. Auch marginalisierte Menschen können die Machtstrukturen aufrechterhalten, die ihnen eigentlich schaden. Vielfalt in den Führungsebenen ist eben keine Garantie für ein gerechteres Gesundheitssystem, wenn nicht auch struktureller Wandel und eine ernsthafte Reflexion stattfinden. Das sollte für medizinisches Personal genauso wie für Patient*innen damit beginnen, sich der eigenen Privilegien bewusst zu werden. Wer denkt, gesellschaftliche und gesundheitliche Diskriminierung sei kein Problem, ist wahrscheinlich einfach selbst nicht so sehr von ihr betroffen. Ein Bekannter sagte mir einmal, als ich strukturellen Sexismus thematisierte, er möchte nicht schon wieder über »Frauenthemen« sprechen. Für ihn schien das Thema einfach nicht so relevant, er hatte gerade keine Lust, gedankliche Kapazitäten darauf zu verwenden. Dass das Thema kein nettes Hobby ist, mit dem ich mich gern beschäftige, sondern unausweichliche Lebensrealität, auf die ich täglich gezwungen bin, meine Energie zu verwenden, dass es ein Privileg ist, an manchen Tagen nicht über Ungleichbehandlung nachdenken zu müssen, war ihm wohl nicht bewusst.

Aber selbst wenn wir unsere Privilegien prüfen und uns aktiv hinterfragen, können wir trotzdem unbeabsichtigt diskriminierend sein. Stereotype sind Teil unseres Lebens, denn unser Gehirn ist darauf programmiert, vermeintliche Muster zu erkennen und Menschen so in Schubladen zu stecken. Eine versteckte Voreingenommenheit haben wir also alle. »Sie haben keine Vorurteile? Glückwunsch, Sie sind ein medizinisches Wunder!«[24], heißt es in einer Grundlagenstudie zu gesundheitlichen Auswirkungen von Diskriminierung in Deutschland. Die repräsentative Befragung von 1527 Teilnehmenden ergab, dass nur 38 Prozent von ihnen sich ihrer eigenen Vorurteile bewusst waren. Zwar sahen die Studienteilnehmenden Vorurteile größtenteils als ernst zu nehmendes Problem, unterschätzten aber, wie häufig sie tatsächlich vorkommen – nämlich im Grunde bei allen Menschen. Von den befragten Personen hatten am ehesten von Diskriminierung betroffene Menschen, Personen unter 35 Jahren und Frauen ein Problembewusstsein.

Um Vorurteile und daraus entstehende Diskriminierung zu bekämpfen, müssen wir uns also erst einmal eingestehen, dass wir sie alle in uns tragen, ob wir wollen oder nicht. Ja, auch du. Ja, auch ich. Das ist natürlich eine bittere Pille, die es zu schlucken gilt, vor allem weil die meisten Menschen doch von sich sagen würden, im Grunde gerecht zu sein.

Um zu zeigen, dass unser Unterbewusstsein uns hier oft einen Strich durch die Rechnung macht, haben Forschende aus den USA den *Implicit Association Test* entwickelt. Dieser misst unsere Glaubenssätze und Haltungen, derer wir uns vielleicht nicht bewusst sind – oder nicht bewusst sein wollen. Natürlich wollte ich nun wissen: Wie vorurteilsvoll bin ich, nachdem ich ein Buch über Diskriminierung geschrieben habe? Auf der Website des *Project Implicit* kann ich zwischen vielen verschiedenen Testvarianten wählen, die unterbewusste Vorannahmen in Bezug auf Religion, Geschlecht, Hautfarbe, Körpergewicht, Alter, Behinderung oder sexuelle Orientierung untersuchen. Ich wähle einen Test, der meine Assoziation zwischen Geschlecht und Berufsfeld prüft, nämlich, ob ich entsprechend dem gängigen Stereotyp Naturwissenschaften eher mit Männern assoziiere. Ich muss nun mithilfe von zwei Tasten Begriffe wie Chemie, Frau, Astronomie, Mann, Kunst, Biologie oder Musik in gemeinsame Kategorien einordnen, wobei meine Reaktionszeit gemessen wird.

Die Grundidee des *Implicit Association Test* ist, dass Begriffe schneller von mir miteinander verknüpft werden, wenn ich eine unbewusste Präferenz für die Paarung habe, die ich auswähle. Meine Ergebnisse haben mich überrascht und frustriert: Mein Test ergab bei mir eine starke automatische Assoziation zwischen den Konzepten von »männlich« und »Naturwissenschaften«. Obwohl ich selbst als weiblich sozialisierte Person einen naturwissenschaftlichen Beruf gewählt habe. Obwohl ich so viele weibliche Wissenschaftlerinnen kenne. Obwohl ich schon so viele wütende Wortgefechte mit Männern geführt habe, die mir erklären wollten, dass Frauen zu Hause an den Herd und in der Uni in die Geisteswissenschaften gehören. Obwohl ich immer wieder versuche, Vorurteile und Diskriminierung zu kritisieren und zu bekämpfen. Obwohl ich doch Feminist*in bin. Mein Ergebnis ähnelt leider sehr denen der 628 295 Testdurchläufe, die Menschen zwischen 2003 und 2015 auf der Website durchgeführt haben, wie mir eine Grafik am Ende verrät. 70 Prozent der durchgeführten Tests zeigten eine leichte, mittlere oder starke automatische Assoziation zwischen Männern und Naturwissenschaften bei den Teilnehmenden. Bei den anderen Themen sehen sowohl meine Ergebnisse als auch die Gesamtstatistiken ähnlich aus, die automatische Assoziation zwischen Begriffen wie gut, toll, fantastisch und Konzepten wie heterosexuell, *weiß*, nicht-behindert, jung, cisgender, dünn ist bei den meisten Menschen stärker, was auf eine unbewusste Präferenz dieser Eigenschaften gegenüber anderen hinweist. Das sind keine guten Nachrichten. Genauso wenig wie der Fakt, dass Studien aus den USA gezeigt haben, dass unbewusste Voreingenommenheit natürlich auch im Gesundheitskontext existiert und sich negativ auf die Kommunikation zwischen medizinischem Personal und Patient*innen auswirkt und nachteilige Effekte auf Therapieempfehlungen, Empathie und Schmerztherapie haben kann.[25]

Die gute Nachricht ist aber: Vorurteile sind nicht unveränderbar,[24] und unbewusste Voreingenommenheit ist beeinflussbar.[26] Das ist die Botschaft der US-amerikanischen Juraprofessorin Dayna Bowen Matthew, die in ihrem Buch *Just Medicine: A Cure for Racial Inequality in American Health Care*[26] unsere unbewusste Voreingenommenheit gegenüber rassifizierten Menschen als eine der wichtigsten Ursachen für gesundheitliche Ungleichheit im (US-amerikanischen) Gesundheitssystem bezeichnet. Dabei betont sie auch, dass Vorurteile auf beiden Seiten, sowohl bei medizinischem Personal als auch bei den Patient*innen selbst, existieren, woraus ein Teufelskreis der schlechten Kommunikation und Behandlung entsteht. Die unbewusste – und trotzdem gesundheitsgefährdende – Diskriminierung, die von Gesundheitspersonal ausgeht, möchte Matthew mehr als strukturelles Problem verstanden wissen. Als Juristin sieht sie einen Lösungsansatz in angepassten Antidiskriminierungsgesetzen, die bisher das reale menschliche Verhalten, das aus unbewusster Prägung entsteht, zu wenig adressiert.

Gesundheitsutopien

An einem milden Winternachmittag warte ich mit zwei Freundinnen aus der *Feministischen Medizin* in der Eingangshalle einer Kunstgalerie in einer losen Gruppe aus Menschen, die sich dort versammelt haben. Wir sind hier, um an einem Workshop teilzunehmen, der Interessierte für ein faireres Gesundheitssystem der Zukunft vernetzen möchte. Die Organisator*innen der *Neuen Gesundheitsbewegung* hatten mit circa 15 Teilnehmenden gerechnet, gekommen sind über 60 Menschen. Unterschiedlichste Perspektiven sind wenig später in einem unscheinbaren Kellerraum versammelt, alte, junge, queere, von Rassismus betroffene und behinderte Menschen sind hier, Patient*innen und Menschen aus Gesundheitsberufen. Bei erzählerischen Übungen wird schnell klar: So unterschiedlich die Menschen, so ähnlich sind die negativen Erfahrungen mit dem Gesundheitssystem. Es bleibt bei mir nach verschiedenen Gruppengesprächen am Ende das einzigartige Gefühl, das entsteht, wenn Menschen, die etwas verändern wollen, gemeinsam diskutieren, sich inspirieren und vernetzen. Es ist eine Mischung aus Müdigkeit und Motivation, die den Raum füllt, wir sind müde vom aktuellen System und motiviert, dieses zu ändern. Es bewegt sich etwas.

Autor*in Şeyda Kurt schreibt: »In Körpern vereinen sich Gewalt und Widerstand, all die Scheußlichkeiten und Schönheiten unserer Welt. Und all die Utopien.«[27] In meiner Utopie für ein gerechteres Gesundheitssystem werden vernachlässigte, gedemütigte, misshandelte Menschen behutsam und wohlwollend umsorgt und ihre Körper wertschätzend und als wertvoll behandelt. Ich träume nicht von einer gleichen Behandlung für alle, sondern von einer gleichberechtigten Behandlung im Sinne von besonderer Fürsorge für besonders marginalisierte Menschen. Ich träume von Begegnungen auf Augenhöhe und von mehr Menschlichkeit in der Medizin. Und ich träume davon, dass wir die nötige Zeit, die Räume, die Finanzierung, die Anerkennung und die Strukturen haben, um dies zu ermöglichen. Mit diesen Visionen bin ich nicht allein. Wir sind viele. Und das sollte uns Mut machen.

Empfehlungen zum Vertiefen und Dranbleiben

Im Folgenden habe ich für interessierte Leser*innen eine Auswahl an besonders lohnenswerten Büchern, Artikeln, Blogs und anderen Medien zusammengestellt.

Bücher

- Behindert und Stolz: Warum meine Identität politisch ist und Ableismus uns alle etwas angeht (Luisa L'Audace; 2022)
- Die kranke Frau: Wie Sexismus, Mythen und Fehldiagnosen die Medizin bis heute beeinflussen (Elinor Cleghorn; 2022)
- Inflamed: Deep Medicine and the Anatomy of Injustice (Rupa Marya & Raj Patel; 2021)
- Die Unsterblichen: Krankheit, Körper, Kapitalismus (Anne Boyer; 2021)
- Bodies and Barriers: Queer Activists on Health (Adrian Shanker; 2020)
- Vulva: Die Enthüllung des unsichtbaren Geschlechts (Mithu Sanyal; 2009)
- Auf Leben und Tod: Krebstagebuch (Audre Lorde; 1984)

Zeitschriften, Broschüren und Booklets

- Das Schweigen brechen (Schwarzbuch Krankenhaus; 2023)
- Diskriminierung in der Medizin (Kritische Medizin München; 2021)
- Inter* Perspektiven (TransInterQueer e. V.; 2021)
- Practices of Radical Health Care: Materialien zur Gesundheitsbewegung der 70er und 80er Jahre (Feministische Gesundheitsrecherchegruppe; 2019)
- Gesundheit braucht Politik: Zeitschrift für eine soziale Medizin (Verein Demokratischer Ärztinnen und Ärzte; erscheint viermal jährlich)

Blogs, Podcasts und digitale Medien

- Our*Bodies – Feministisches Gesundheitsmagazin (Onlinemagazin)
- Mehr als Du denkst, weniger als Du denkst (Infokampagne)
- Diagnose: Unsichtbar (journalistisches Projekt)
- We Care – Gesundheit und Politik: Gesundheitspolitik aus progressiver und linker Perspektive (Telegram-Channel der Basisgruppe Medizin Göttingen)
- Kritische Medizin München (Blog)
- Heile Welt (Podcast von Pia Sophie Schüler & Madeleine Sittner)
- Queer's Anatomy (Podcast der Schwulenberatung Berlin)
- Armut und Gesundheit: Der Public Health Podcast
- Gyncast mit Mandy Mangler (Podcast von Esther Kegelboom & Anna Kemper)

Filme und Dokumentationen

- Worüber Niemand in der Medizin spricht (TEDx Talk von Shreyasi Bhattacharya; 2021)
- TRANS – I Got Life (Imogen Kimmel & Doris Metz; 2021)
- Crip Camp: A Disability Revolution (Nicole Newnham & James LeBrecht; 2020)
- Der marktgerechte Patient (Leslie Franke & Herdolor Lorenz; 2018)
- Vessel (Diana Whitten; 2014)

Studien und Fachartikel

- Rassismus und seine Symptome. Bericht des Nationalen Diskriminierungs- und Rassismusmonitors. (Deutsches Zentrum für Integrations- und Migrationsforschung; 2023)
- Vorurteile & Diskriminierung machen krank. (IKK classic; 2021)
- Diskriminierungsrisiken und Diskriminierungsschutz im Gesundheitswesen (Antidiskriminierungsstelle des Bundes; 2021)
- Das Fallpauschalensystem und die Ökonomisierung der Krankenhäuser – Kritik und Alternativen (Bündnis Krankenhaus statt Fabrik; 2020)
- Gesundheitliche Lage der Frauen in Deutschland (Robert-Koch-Institut; 2020)
- Die gesundheitliche Lage von lesbischen, schwulen, bisexuellen sowie trans- und intergeschlechtlichen Menschen (Journal of Health Monitoring; 2020)
- Drivers of poor medical care (The Lancet; 2017)

Anlaufstellen für Patient*innen

- Verzeichnis für sensible Gynäkolog*innen: Gynformation.de
- Verzeichnis für queerfreundliche Ärzt*innen: Queermed.de
- Suchmaschine für trans*relevante medizinische Leistungen: TransDB.de
- Suchmaschine für Mediziner*innen die sich mit den Wechseljahren auskennen: Wexxeljahre.de/Arztsuche
- Liste muslimischer Psychotherapeut*innen: DrHatun.de/ratgeber-oberkategorie/liste-muslimischer-psychologinnen-psychotherapeutinnen-beraterinnen/
- Verzeichnis für rollstuhlgerechte ärztliche Praxen, Apotheken und andere Orte: Wheelmap.org
- Verzeichnis für rassismussensible Psychotherapeut*innen: derzeit in Planung vom Bundesfachnetz Rassismus und Gesundheit
- Hilfe für gewaltbetroffene Frauen: Hilfetelefon.de oder unter +49 116 016
- Juristische Beratung nach sexueller Belästigung: Antidiskriminierungsstelle.de oder unter +49 30-185551855
- Verzeichnis für Sexarbeiter*innen-freundliche medizinische Anlaufstellen: RoterStoeckelschuh.de
- Gesundheitsrechtliche Information und Beratung: Patientenberatung.de
- Datenbank für Selbsthilfegruppen: Nakos.de
- Verzeichnis für medizinische Hilfe ohne Versicherung: MediBueros.org

- Solidarische Gesundheitszentren: Poliklinik-Syndikat.org
- Informationen zu Schwangerschaftsabbrüchen und Verhütung: DoctorsForChoice.de/unsere-Arbeit/Information

Danke

Luci – für die Initialzündung und den Input, Imke Rösing – für dein Interesse, die Zuversicht & das Feedback, Marion Preuß – für die Pep-Talks & feministischen Visionen, Elizabeth Bandulet – für die einfühlsame & kompetente Betreuung, Antje Steinhäuser – für die Begeisterung, die Begleitung & die konstruktive Kritik, N'joula Baryoh– für deine Offenheit & deine Zeit, Paula Winkler – für die tollen Fotos, Philippa Ruda von DisCheck für die wertvollen Anmerkungen, Schreibzentrum Berlin – für die gemeinsame Schreibzeit am dritten Mittwoch, Rica – für die Idee zum Titel & Alina – für den kreativen Input, Lisa, Steffen & alle, die probegelesen haben – für die hilfreichen Anmerkungen, Emmi & Natasha – für das Mitfiebern & Fangirling, den Zuspruch & die Insidertips, das Brainstorming & Rückversichern, den Gruppenchat & Girlsupport, Maria – für die Ermutigungen & das Excitement, für das Angeben & die Weisheiten, vor allem für deine Freundinnenschaft, Colette – für den Emotional Support & den Tech Support, die Maus-Mentalität, die Telefonate & einfach alles, Kim – für deinen Enthusiasmus, die gemeinsamen Sessions in der Bibliothek & die Playlist, die mich fast jeden Tag beim Schreiben begleitet hat, Awa, Tess & Caspar – für die nötige Ablenkung und Abendgestaltung, für die Köstlichkeiten und das gemeinsame Kichern, Izzie, Pune, Sina, Karina, Ana-Sophia, Hannah, Vera,

Marie & alle femmeds – für die Inspiration & das Empowerment, für die Schwarmintelligenz & die Badass-Attitüden, für eure klugen Köpfe & kritischen Reflexionen, Mia, Mandy, Laura, Mamshka, Paps, Pitti, Thomas, Schwesterherz – für die Blumen, für das Nachfragen & das Zuhören, für die Links & das Lob, für das Da-sein & das An-mich-glauben, für den Austausch & die Gespräche, Trudie & Yuna – für die Kuscheleinheiten, Matti, Lefi, Anna, Nadja, Ole – für eure Gesellschaft & Pausengespräche, eure Wohnungen & WiFi, eure Schreibtische & Kaffeemaschinen.

Zitate im Buch

Der Abdruck der folgenden Schmuckzitate erfolgte mit freundlicher Genehmigung der jeweiligen Verlage:

S. 47: Grada Kilomba, in: O Quilombismo: *Von Widerstand und Beharren. Von Flucht als Angriff. Von alternativen demokratisch-egalitären politischen Philosophien – Handbuch*, Haus der Kulturen der Welt, 2023

S. 77: Anne Boyer: *Die Unsterblichen: Krankheit, Körper, Kapitalismus*, Matthes & Seitz, 2021

S. 138: Rupi Kaur: *home body: zu hause in mir*, übersetzt von Anna Julia Strüh und Christine Strüh, Fischer New Media, 2020

S. 200: Şeyda Kurt: *Radikale Zärtlichkeit – Warum Liebe politisch ist*, HarperCollins, 2021

S. 293: Rupa Marya und Raj Patel: *Inflamed: Deep Medicine and the Anatomy of Injustice*, Farrar, Straus and Giroux, 2021